国际货运代理实务

（第三版）

主　编　李　凌
副主编　陈永芳　陈　虹
薛庆会　李海峰

对外经济贸易大学出版社
中国·北京

图书在版编目（CIP）数据

国际货运代理实务 / 李凌主编. —3 版. —北京：
对外经济贸易大学出版社，2018. 9
ISBN 978-7-5663-1958-6

Ⅰ. ①国… Ⅱ. ①李… Ⅲ. ①国际货运-货运代理-
教材 Ⅳ. ①F511. 41

中国版本图书馆 CIP 数据核字（2018）第 175175 号

国际货运代理实务（第三版）

李 凌 主编

责任编辑：高 卓

对 外 经 济 贸 易 大 学 出 版 社
北京市朝阳区惠新东街 10 号 邮政编码：100029
邮购电话：010-64492338 发行部电话：010-64492342
网址：http://www.uibep.com E-mail：uibep@126.com

北京时代华都印刷有限公司印装 新华书店经销
成品尺寸：185mm×260mm 14.5 印张 335 千字
2018 年 9 月北京第 3 版 2018 年 9 月第 1 次印刷

ISBN 978-7-5663-1958-6
印数：0 001-3 000 册 定价：35.00 元

前　言

改革开放以来，我国对外经济贸易和国民经济取得了举世瞩目的可喜成绩，2017年我国货物进出口贸易总额再次居世界第一位，吸引外资连续二十多年居发展中国家之首。我国对外经济贸易和国民经济的不断发展，为国际货运代理业的发展奠定了基础；而与此同时国际货运代理业也在为对外经济贸易和国民经济发展服务的过程中，不断壮大和发展，服务水平及国际竞争能力有了明显的提高，已形成了模式多样的经营竞争体制，正逐渐与国际接轨，并向物流业发展。

国际货运代理业作为我国对外经济贸易工作的重要组成部分，在改革开放的过程中逐渐从小到大，无论在数量上还是在质量上都得到了长足的发展。

随着我国加入世界贸易组织，服务业进一步对外开放，这既给我国国际货运代理业带来更为激烈的市场竞争，也带来了前所未有的商机和广阔的发展空间。

鉴于目前我国大多数货运代理企业经营规模偏小，许多企业还处于发展起步阶段，竞争实力有限，缺乏专业人才，服务不够规范等现状，特编写此书作为广大从事货运代理人员的职业培训以及广大在校学生学习专业知识的专用教材。本教材具有以下突出特色。

1. 实用性强

本教材不仅具有较高的理论性，而且具有较强的实用性和操作性，结合中国实际情况编写。

2. 博采众长

本教材的编写借鉴了与货运代理业务有关的政府管理部门、全国高校和货运代理企业等各方面的专家教授的建议和意见。

3. 内容翔实

本教材涉及国际货运代理业务的海运、空运、陆运、多式联运等主要环节，涵盖了开展国际货运代理业务必需的各方面知识。

本教材由山东外贸职业学院国际运输与物流系李凌副教授主编。陈永芳、陈虹、薛庆会和李海峰为副主编。刘希全教授、张雪梅教授、王廷勇、李贵年、康桂云等同志也参与了教材的编写。

在此，也要感谢青岛海程邦达国际货运代理有限公司、山东泛亚国际货运代理有限公司青岛分公司、青岛华瀚国际物流有限公司、山东捷丰国际储运有限公司以及亚致力物流有限公司青岛分公司等合作企业，对教材编写提出了宝贵意见！

由于编写时间紧、任务重，难免出现一些疏漏甚至错误，真诚欢迎读者批评指正。

李　凌

2018 年 5 月 1 日

前言

目　　录

项目一

国际运输与货运代理

任务一　国际货物运输

任务描述：了解运输行业的特点，掌握国际货运行业的经营方针。

一、国际货物运输的含义

国际货物运输就是货物在国家与国家、国家与地区之间的运输。

国际货物运输是国际贸易的一个重要环节。在国际贸易中，没有运输，国际间商品的交换是不可能实现的。合同成交以后，只有通过运输，按照约定的时间、地点和条件把商品交给对方，合同才算最后履行完毕。

国际贸易的发展要求运输业的规模与其相适应，而运输业的发展又会促进国际贸易的发展。

二、国际货物运输的特点

与国内运输相比，国际货物运输具有以下特点。

（一）国际货物运输是中间环节很多的长途运输

国际货物运输是国家与国家、国家与地区之间的运输。一般来说，运输的距离都比较长，往往需要使用多种运输工具，通过多次装卸搬运，要经过许多中间环节，如转船、变换运输方式等，经由不同的国家和地区，要适应各国不同的法规和规定，中间环节很多，其中任何一个环节发生问题，就有可能影响整个的运输过程。

（二）国际货物运输涉及面广，情况复杂多变

国际货物运输涉及国内外许多人员和部门，包括不同国家和地区的货主、交通运输、商检机构、保险公司、银行或其他金融机构、海关、港口以及各种中间代理商等。同时，由于各个国家和地区的法律、政策规定不一，贸易、运输习惯和经营做法不同，金融货币制度的差异，加之政治、经济和自然条件的变化，都会对国际货物运输产生较大的影响。

（三）国际货物运输的时间性强

按时装运进出口货物，及时将货物运至目的地，对履行进出口贸易合同，满足商品竞争市场的需求，提高市场竞争能力，及时结汇，都有着重大意义。特别是一些鲜活商品、季节性商品和敏感性强的商品，更要求迅速运输，不失时机地组织供应，才有利于提高出口商品的竞争能力，有利于巩固和扩大销售市场。

（四）国际货物运输的风险较大

由于在国际货物运输中环节多，运输距离长，涉及面广，情况复杂多变，加之时间性又很强，在运输沿途国际形势的变化、社会的动乱、各种自然灾害和意外事故的发生以及战乱、封锁禁运或海盗活动等，都可能直接或间接地影响到国际货物运输，以至于造成严重后果，因此，国际货物运输的风险较大。因此，为了转嫁运输过程中的风险损失，各种进出口货物和运输工具，都需要办理运输保险。

（五）国际货物运输涉及国际关系问题，是一项政策性很强的涉外活动

国际货物运输是国际贸易的一个组成部分，在组织货物运输的过程中，需要经常同国外发生直接或间接的广泛的业务联系，这种联系不仅是经济上的，也常常会涉及国际间的政治问题，是一项政策性很强的涉外活动。这就要求我们不仅要用经济观点去办理各项业务，而且要有政策观念，按照我国的对外政策的要求从事国际运输业务。

三、国际货物运输的要求

（一）选择最佳的运输路线和最优的运输方案，组织合理运输

所谓合理运输，就是按照货物的特点和合理流向以及运输条件，选择最恰当的运输工具，走最少的里程，经最少的环节，用最少的运力，花最少的费用，以最短的时间，把货物运到目的地，获得最佳效益。组织合理运输的措施主要有：

（1）合理选择运输方式和运输工具。

（2）正确选择运输路线和装卸中转港口。

（3）提高包装质量，改进包装方式。

（4）提高装载技术。

（二）树立系统观念，加强与有关部门配合协作，努力实现系统效益和社会效益

在国际货物运输工作的安排中，要切实加强与货主、运输企业、商检、海关、银行金融、港口、船代和货运代理等部门之间的联系，相互配合、密切协作，充分调动各方面的积极性，形成全局系统观念，共同完成国际货物运输任务。

（三）树立为货主服务的观点，实现“安全、迅速、准确、节省、方便”的要求

（1）安全。由于国际贸易运输牵涉面较广，环节较多，风险较大，这就要求在运输过程中特别注意要做到货物完好无损和各种运输工具的安全，尽量避免发生事故，确保货物安全运达目的地。

（2）迅速。严格按照合同的要求，把进出口货物及时地运进来或运出去，尽量缩短商品在途时间，以满足国内外客户的需要。

（3）准确。把进出口货物准确无误地运到交货地点，防止发生错发、错交、错运及单货不符、单证不符等问题，准确地将货物交给收货人。

（4）节省。将运输成本降到最低。加强经营管理，节省各项流通费用。

（5）方便。简化手续，减少层次，为货主着想，急客户所急，立足于为客户服务。

任务二 国际货运代理

任务描述：掌握货运代理的经营范围；研讨货运代理在国际运输中发挥的作用。

一、国际货运代理企业的含义

国际货运代理企业是接受货主委托，以委托人的名义或者以自己的名义，为委托人办理国际货物运输及相关业务并收取一定服务报酬的法人企业。

二、国际货运代理行业的性质和发展

从国际货运代理行业的性质来看，国际货运代理业在社会产业结构中属于第三产业，性质上属于服务行业。从政治经济学角度看，它隶属于交通运输业，属于运输辅助行业。

由于国际货物运输是国家与国家、国家与地区之间的长途运输，中间环节很多，涉及面很广，情况十分复杂，任何一个承运人或货主都不可能亲自处理每一项具体运输业务，许多工作需要委托他人代为办理，运输代理人就是为适应这种需要而产生的。运输代理属于运输中间人性质，既不是货主也不是承运人，不拥有货物也不拥有运输工具。运输代理人的出现大大推动了国际货物运输的发展，运输代理已经成为现代运输机构中不可缺少的重要组成部分。

三、国际货运代理的经营范围

国际货运代理企业可以接受委托，作为代理人或独立经营人从事全部或部分以下经营活动。

（1）揽货、订舱、托运、仓储、包装。

（2）货物监装监卸、集装箱装箱拆箱、中转及相关的短途运输服务。

（3）代为填写、缮制、签发有关单证、交付运费、结算及交付杂费。

（4）办理货物的报关、报验、报检、保险等手续。

（5）国际展品、私人物品及过境货物运输代理。

（6）国际多式联运、集运。

（7）国际快递（不含私人信函）。

（8）咨询及其他国际货运代理业务。

课堂讨论：国际贸易中，货运代理存在的必要性。

四、国际货运代理的作用

国际货运代理在国际货物运输中起着任何其他人也取代不了的作用。这些作用大致可以归纳为以下几个主要方面。

（一）组织协调作用

国际货运代理人凭借其拥有的运输知识和其他相关知识，组织运输活动、设计运输路线、选择运输方式和承运人（或货主）；协调货主、承运人及其他相关人员和部门的关系，可以节省委托人的时间和精力，节省费用，降低成本。

（二）服务作用

国际货运代理人利用自身专业知识和经验，为委托人提供货物的承揽、交运、拼装、集运、接卸等服务，为委托人办理报关报验、保险等手续。国际货运代理人通过向委托人提供各种专业服务，可以使委托人不必在自己不熟悉的业务领域花费更多的精力和心思，有助于提高委托人的工作效率。

（三）沟通控制作用

国际货运代理人拥有广泛的业务关系，发达的服务网络，先进的信息技术手段，可以随时保持货物运输关系人之间、货物运输关系人与其他有关企业、部门的有效沟通，对货物运输的全过程进行准确跟踪和控制，保证货物安全、及时运抵目的地，顺利办理相关手续，并应委托人的要求提供全过程的信息服务及其他相关服务。

（四）咨询顾问作用

国际货运代理人可以就货物的包装、储存、装卸和照管，货物的运输方式、运输路线和运输费用，货物的保险、进出口单证和价款的结算，领事、海关、商检、卫检、动植检、进出口管制等有关当局的要求等向委托人提出明确、具体的咨询意见，协助委托人设计、选择适当处理方案，避免、减少不必要风险、周折和浪费。

（五）降低成本作用

国际货运代理人凭借自身优势，为委托人选择货物的最佳运输路线、运输方式，最佳仓储保管人、装卸作业人和保险人，争取公平、合理的费率，甚至可以通过集运效应使所有相关各方受益，从而降低货物运输关系人的业务成本，提高业务效益。

（六）资金融通作用

国际货运代理人可以代替收、发货人支付有关费用、税金，提前与承运人、仓储保管人、装卸作业人结算有关费用，凭借自己的实力和信誉向承运人、仓储保管人、装卸作业人及银行、海关提供费用、税金担保或风险担保，可以帮助委托人融通资金，减少资金占压，提高资金利用效率。

总之，国际货运代理人是整个国际货物运输的设计师和组织者，特别是在国际贸易竞争激烈、社会分工越来越细的情况下，其地位越来越重要，作用越来越明显。

五、我国国际货运代理企业的设立与备案

2005 年 3 月 7 日，商务部颁布《国际货运代理企业备案（暂行）办法》，明确了货

运代理企业注册登记备案的条件和程序，取代了之前的审批制度。新设立的内资货运代理企业，只要符合《中华人民共和国公司法》（简称《公司法》）规定的设立条件，达到《中华人民共和国国际货物运输代理业管理规定》中有关经营不同货运代理业务所需要的最低注册资本的要求，在当地工商局就可以直接登记注册成立公司。

对于外商投资的货运代理企业的设立仍然实行审批制度。自 2005 年 12 月 11 日起，外国投资者可以以 100% 的股权独资经营国际货运代理业务。

需要备案的货运代理企业范围：目前我国仅对全部由国内投资主体投资设立的货运代理企业及其分支机构，实行登记注册后的备案制度。企业不论是以前经商务部批准成立的，还是目前直接向工商管理机关注册成立的，都应当向商务部门办理备案手续。

货运代理企业的备案项目范围：2005 年 3 月 23 日商务部办公厅专门发出《关于委托中国国际货运代理协会组织实施货运代理企业业务备案有关事宜的通知》，委托中国国际货运代理协会（CIFA）具体组织实施货运代理企业业务备案工作。根据《国际货运代理企业备案（暂行）办法》的有关规定，货运代理企业设立、变更以后，应当填写"国际货运代理企业备案表"进行备案。

在美国，由联邦海事委员会对货运代理行业及无船承运人（NVOCC）进行管理，欲从事货运代理及无船承运业务的企业，必须先到联邦海事委员会注册登记，并需交纳保证金，在取得该委员会颁发的营业许可证之后，才能正式从事货运代理及无船承运业务。

▶ 知识窗：

货主应如何选择货运代理公司

精明的货主会选择那些信誉卓著的货运代理，对货运代理的选择通常可考虑如下因素。

1. 货运代理须熟知海运地理方面的常识

由于船舶进出不同国家，故而应熟知世界航线、港口所处位置、转运地及其内陆集散地。货运代理还应了解国际贸易的方式及其发展趋势、货物的流向等，如西欧和美、加、日等工业化程度较高的国家，大量从发展中国家进口原材料，并向这些国家出口工业制成品。

2. 货运代理应熟知不同类型的运输方式对货物的适用性

如：班轮运输具有定时间、定航线、定港口顺序和定费率的特点，主要适合于小票件杂货物的运输；而租船运输主要适合于大宗的散货。

3. 货运代理应适当了解有关船公司的经营状况

货运代理选择海运承运人时，主要考虑船公司以下几方面的因素。

（1）运输服务的定期性。如货物须以一定的间隔时间出运的，就应考虑选择班轮的方式。

（2）运输速度。当托运人为了满足某种货物在规定日期内运到的需求时，就应更加注重考虑运送速度的问题。

（3）运输费用。当运输时间和速度不是货主考虑的主要因素时，运价就成为最重要的因素。

（4）运输的可靠性。选择货运代理所要托付的船公司前应考察其实力和信誉，以减少海事欺诈的发生。

（5）经营状况和责任。表面上某一船舶所有人对船舶享有所有权，而事实上他可能已将船舶抵押给了银行，并通过与银行签订经营合同而成为经营人。这会给将来货物运输纠纷诉诸法院时的货主利益带来负面影响。

4. 货运代理应了解不同类型的船舶对货主货物的适应性

5. 一流的货运代理应熟知航运法规

除应了解《海牙规则》《海牙—维斯比规则》《汉堡规则》以外，还应适当了解货物出口地或目的港国家的海运法规，港口操作习惯等。

6. 一流的货运代理应熟练操作海上货物运输的单证，并确保制作得正确、清晰和及时

此外，货运代理所能提供的较低运价也是考虑的重要因素。当然，对货运代理的考察，还应注意资信等其他一些因素。

一流货运代理的运作，对货主完成贸易合同是十分重要的。

任务三 国际货运代理企业的法律地位和责任

任务描述：掌握货运代理在具体业务中的身份及承担的责任。了解货运代理的国际组织。

一、国际货运代理企业法律地位的含义

货运代理企业的民事法律地位是指货运代理企业在从事业务经营活动时，与他人发生的民事法律关系中所处的地位。

根据《中华人民共和国国际货物运输代理业管理实施细则（试行）》第 2 条的规定，货运代理企业从事货运业务时，既可以做进出口货物的收、发货人的代理人，也可以做独立经营人。所处的法律地位不同，其所享受的权利、承担的义务和责任也就有所不同。下面就从这两方面分别阐述货运代理企业的不同法律地位。

二、国际货运代理企业的法律地位

从法律行为角度讲，代理（Agency）是指代理人（Agent）在代理权限内，为了被代理人（Principal）的利益，以被代理人或代理人自己的名义与第三方发生的民事法律行为。法律后果由被代理人承担。

国际货运代理企业作为代理人从事货运代理业务，是指货运代理企业接受进出口货物收发货人、承运人或其代理人的委托，以委托人的名义或以自己的名义办理有关业务，收取代理费或佣金的行为。

国际货运代理企业作为独立经营人从事货运代理业务，是指货运代理企业接受进出口货物收货人、发货人或其代理人的委托，以承运人、仓储保管人、加工承揽人等当事

人身份签发运输、仓储单据，履行运输、仓储、包装等合同，收取运费、仓储费、包装费及其他服务费用的行为。

三、国际货运代理企业从事传统业务的责任分类

参照国际惯例，并根据我国有关法律法规及具体业务实践，通常将国际货运代理企业的责任按以下五种情况进行划分。

（一）纯粹代理人身份的责任

国际货运代理经被代理人授权，在该授权范围内，以被代理人的名义从事代理行为时，所产生的法律后果由被代理人承担。

从内部关系看，被代理人和国际货运代理之间是代理合同关系，国际货运代理享有代理人的权利，承担代理人的义务。在外部关系上，国际货运代理不是与他人所签合同的主体，不享有该合同的权利，也不承担该合同的义务。对外所签合同的当事人为其所安排的合同中被代理人与实际承运人或其他第三人。当货物发生灭失或残损，国际货运代理不承担责任，除非其本人有过失。被代理人可直接向负有责任的承运人或其他第三人索赔。当国际货运代理在货物文件或数据上出现过错，造成损失，则要承担相应的法律责任。受害人有权通过法院向国际货运代理请求赔偿。所以，一旦发现文件或数据有错误，国际货运代理应立即通知有关方，并尽可能挽救由此造成的损失，下面举例说明。

案例 1：国际货运代理从事纯粹代理业务，本身无过失，不承担任何责任。

某国际货运代理作为海运提单的“通知人”，提单指明的船舶抵达目的港锚地后，及时将该轮的动态通知了收货人。但由于收货人申请火车车皮困难，致使该轮无法及时靠泊卸货，产生大量滞期费。于是船东既告收货人，又起诉国际货运代理，要求他们承担滞期费损失。法院经审理判决：国际货运代理不是提单当事人，而作为“通知人”已克尽了职责且无过失，故对船东的滞期损失不承担任何法律责任。

（资料来源：道客 88）

（二）当事人身份的责任

国际货运代理以自己的名义与第三人签订合同，或者在安排储运时使用自己的仓库或运输工具，或者在安排运输、拼箱、集运时收取差价，往往被认定为当事人并承担相应的责任。国际货运代理作为合同当事人并以自己的名义安排托运人的货物运输，同时，托运人给付的是固定费用，而他付给承运人的是较低运费，即从两笔费用的差价中获取利润。此外，国际货运代理常常是将一些货主的货物集中在一个集装箱内，以此来节省费用，这对国际货运代理和托运人都有利。在此情况下，对托运人来说，国际货运代理被视为承运人，应承担承运人的责任，以实务进一步说明。

案例 2：收取运费差价，被视为合同当事人。

某国际货运代理公司以货主的名义与船东签订了一份租船合同，收取的不是代理佣

金，而是运费的差额，出现纠纷后诉至法院，法院判决该货运代理作为当事人，首先要承担对货主的赔偿责任。

（资料来源：豆丁网）

案例3：国际货运代理以其自己的名义签发提单，对海运途中发生的损失负赔偿责任。

某土畜产进出口公司委托某外运公司办理一批服装出口运输，从上海运至日本。外运公司租用某远洋运输公司的船舶承运，但以其自己的名义签发提单。货物运抵目的港后，发现部分服装已湿损。于是，收货人向保险人索赔。保险人依据保险合同赔偿了收货人，取得代位求偿权，进而向外运公司提起诉讼。很明显，本案并非货运代理合同纠纷，而是运输合同纠纷。但由于外运公司以自己的名义签发的提单，这一行为使其成为契约承运人，从而承担了承运人的责任和义务，对因承运人责任范围内的原因造成的货物损失负赔偿责任。当然，外运公司仍有权依据其与远洋运输公司（实际承运人）签订的运输合同，向远洋运输公司进行追偿。

（资料来源：三亿文库）

（三）多式联运经营人身份的责任

国际货运代理人负责多式联运并签发提单时，便成了多式联运经营人，被看作是法律上的承运人。同时，作为收取全部运费的合同当事人，将承担履行多式联运合同，保证货物抵达目的地的全部责任。他承担对发货人、收货人之货损货差的责任（延期交货的责任视提单条款而定），除非能证明他为避免货损货差或延期交货已采取了所有适当的措施。

多式联运过程中发生的货物灭失或损坏，如能知道是在哪一阶段发生的，作为多式联运经营人的国际货运代理的责任将适用于这一阶段的国际公约或国家法律的有关规定；如无法得知，则根据货物灭失或损坏的价值，承担赔偿责任。发生货物迟延运抵目的地时，如能确定这种迟延发生在哪个阶段，并适用于这一区段的国家法律或国际公约的规定，则应承担赔偿责任，由多式联运经营人负责赔偿。但上述货物灭失、损坏或迟延，如能证明是由于某些即使恪尽职守也无法防止的原因造成的，则多式联运经营人可免责。据联合国贸易和发展会议调查，目前许多国际货运代理从事多式联运业务时，仍采用国际货运代理标准交易条件中有关代理人（纯粹代理人）条款，企图免除自己作为承运人的责任，这种做法显然是不妥的，请看下面的例子。

案例4：货物短少，多式联运经营人和船公司同时被起诉。

5月15日，浙江省机械进出口公司的265件五金工具由“东安”轮自上海承运至中国香港，再由“伟人”轮转运至马来西亚。6月30日，“伟人”轮抵达目的港古晋。卸货时发现部分箱子已破损，内物外漏，短少五件。浙江省人保公司赔付收货人2 285.55美元，取得权益转让证书后，曾多次索赔未果，于是，8月16日向上海海事法院起诉某货运代理公司（多式联运经营人）和某远洋运输公司（实际承运人）。作为对全程运输负责的多式联运经营人——某货运代理公司负有无法推卸的责任。

（资料来源：豆丁网）

案例5：货运代理一旦签发了多式联运提单，就享有承运人的权利。

某国际货运代理接受托运人的委托，将一批货物负责运抵美国目的港，并签发了多式联运提单，而该提单在托运人一栏中注明的托运人称，他是委托某先生安排的运输，并已将运费交给了某先生，与该货运代理无任何法律关系，故拒付运费。通过多次交涉无果，货运代理诉至法院。此案通过一审、二审、再审，直至最高人民法院，判决的结果是：签发该票货物全程多式联运提单的是该货运代理公司，拒付运费的托运人是提单中注明的托运人，故托运人与签发提单的货运代理公司构成了承托法律关系。根据提单，对托运人承担全程运输责任的是货运代理公司，同时，根据提单运费预付条件，托运人不能免除向货运代理公司支付尚欠运费的义务。

（资料来源：豆丁网）

（四）"混合"身份的责任

有些公司作为国际货运代理，从事的业务范围较为广泛，法律关系也相对复杂，加之我国在国际货运代理方面的法律尚不健全，故使国际货运代理在从事不同的业务、以不同的身份出现时，所享有的权利和承担的义务也不相同。也就是说，因其处于不同的法律地位，所承担的法律责任不同。对于国际货运代理法律地位的确认，不能简单化一，而应视具体情况具体分析。除了作为国际货运代理代委托人报关、报验、安排运输外，还用自己的雇员，以自己拥有的车辆、船舶、飞机、仓库及装卸工具来提供服务，或陆运阶段为承运人，海运阶段为代理人。在此情况下，有时须承担代理人责任，有时视同当事人须承担当事人的责任。

（五）合同责任

在不同国家的国际货运代理协会标准交易条件中，往往详细订明了国际货运代理的责任。通常，这些标准交易条件被结合在收货证明或由国际货运代理签发给托运人的类似单证里。原则上，国际货运代理是根据客户的指示和为了客户的利益履行货物运输，其本身并不是承运人，对货物的灭失或残损不负责任，尤其是对第三人造成的损失或间接损失不承担任何责任，除非货物在其保管或实际掌管下，由于他的疏忽、过失或其雇员的失职造成的直接损失。国际货运代理对迟延交货一般也不负责任，除非在合同条款中有明文规定。此外，国际货运代理对承运人的行为或错误不承担责任，除非他被证明在选择承运人时有疏忽。即使承担责任，其责任也是有限的。国际货运代理的责任限制，通常规定在标准交易条件中。

在我国制定的《中国国际货运代理协会标准交易条件》的条款中，在委托人与国际货运代理之间的委托合同中都有责任条款。有的合同很正规且详细，明确规定了货运代理的责任；有的合同则很简单，对货运代理的责任无任何规定。如果委托合同中对国际货运代理的责任有明确的规定，只要其条款与我国的相关法律不冲突，法官在处理此类纠纷时，一般都会遵循合同所订明的条款，现例举依照合同条款判定货运代理承担责任的案件佐证。

案例 6：货运代理依据协议要承担责任。

某公司委托某货运代理公司从 A 港运至 B 城一批化工原料，双方签订了一份运输合同，合同中订有明确条款规定，货运代理保证货物卸离船舶后办妥一切手续，并于×天之内将该批货物运抵 B 城交给收货人。船舶抵港后，由于火车车皮未能及时办妥，致使该批货物不能及时运抵 B 城交给收货人，同时货物在卸港存储期间发生了水湿。于是某公司诉至法院，要求该货运代理赔偿储运过程中货物水湿部分，同时要求赔偿迟延交付所引起的市价变化的损失。虽然该货运代理从事的是纯粹的代理业务，组织安排货物运输，按所安排货物的数量收取一定比例的手续费，即几千元人民币，但由于他们缺乏经验，以当事人的名义与委托人签订的运输合同（而非以代理人的名义与委托人签订代理合同），且合同中明确订有货物抵达目的地时间的保证条款，致使须承担货物迟延交付的责任。法院最后认定，货运代理虽然只收取了代理费，但由于是运输协议的当事人，且违反了协议中订明的货物抵达时间的保证条款，故对货物迟延所产生的损失要承担责任，同时对其货损货差也要承担责任。

（资料来源：豆丁网）

另外，在货运代理作为第三方物流经营人的情况下，通常需要订立物流合同，货运代理是合同的当事人。工商企业与第三方物流公司建立长期的合作关系的动因，一般包括资产利用率、资金问题、长期业务增长、市场全球化及其他与物流提供者分享的有关利益。有时，当工商企业需要外协其物流业务时，会要求第三方物流公司购买资产、雇用长期劳动力、承担设备租赁等。此时，货运代理承担当事人责任。

四、国际货运代理的行业组织

（一）国际货运代理协会联合会

国际货运代理协会联合会的英文名称为 International Federation of Freight Forwarders Associations，其法文缩写“FIATA”译为“菲亚塔”。FIATA 是由 16 个国家的货运代理协会于 1926 年 5 月 31 日在奥地利维也纳成立，总部设在瑞士的苏黎世。

FIATA 推荐的国际货运代理标准交易条款范本、FIATA 国际货运代理业示范法及制定的各种单证是 FIATA 取得的令人瞩目的成就。标准交易条款通常是为了事先明确委托人与货运代理人双方的权利与义务关系制定的，作为委托人与货运代理人仿契约附件，并具有约束双方当事人的法律效力。FIATA 国际货运代理标准交易条款范本，是由 FIATA 制定的关于国际货运代理人与客户之间订立的合同的标准条款，并向至今尚无标准交易条款的各国国际货运代理人推荐，供其在制定本国的该标准交易条款时作为准则参考。

根据 1999 年 10 月 26 日会员代表大会修改的章程，FIATA 的宗旨如下所述。

（1）保障和提高国际货运代理在全球的利益，工作目标是团结全世界的货运代理行业。

（2）以顾问或专家身份参加国际性组织，处理运输业务，代表、促进和保护运输业的利益。

（3）通过发布信息，分发出版物等方式，使贸易界、工业界和公众熟悉货运代理人提供的服务。

（4）通过制定和推广统一货运代理单据、标准交易条款，改进和提高货运代理的服务质量。

（5）协助货运代理人进行职业培训，处理责任保险问题，提供电子商务工具。

（二）中国国际货运代理协会

现在我国国际货运代理业发展迅速，规范行业经营秩序，协调维护行业利益，服务国际货运代理企业，建立国际货运代理企业的行业自律组织就显得十分必要。2000 年 3 月，中国国际货运代理协会（China International Freight Forwarders Association，简称为 CIFA）获准筹备，2000 年 9 月 6 日宣告成立。协会是在民政部登记注册，由中国境内的国际货运代理企业自愿组成的、非营利性的、以民间形式代表中国货运代理业参与国际经贸运输事务并开展国际商务往来的全国性行业组织。其宗旨：

（1）维护我国国际货运代理行业利益，保护会员企业正当利益。

（2）促进我国国际货运代理行业健康发展，更好地为我国对外经济贸易事业服务。

配套实训练习

一、案例分析

1. 某货运代理作为进口商的代理人，负责从 A 港接收一批艺术作品，在 B 港交货。该批作品用于国际展览，要求货运代理在规定的日期之前交付全部货物。货运代理在 A 港接收货物后，通过定期货运卡车将大部分货物陆运到 B 港。由于定期货运卡车出现季节性短缺，一小部分货物无法及时运抵。于是货运代理在市场上找了一辆货车，要求于指定日期之前抵达 B 港。而后，该承载货物的货车连同货物一起下落不明。试述该损失应由何方负责，并说明理由。

2. 原告（某外贸公司）2 月 9 日通过出口货物明细单，委托被告（某货运代理公司）代理出运鲜活文蛤，要求装 2 月 15 日“丽波”轮从上海运至大阪。被告受托后办理了订舱手续。2 月 14 日，货物被运抵被告仓库。由于被告接到中远总公司集装箱运输总部的传真通知“大阪港压港严重，导致班轮脱班，遂决定调整‘丽波’轮 V. 161 航次为 2 月 22 日”，被告将此情况迅速通知了原告。另查明，从 2 月 14 日货物进被告仓库至 2 月 18 日装船，集装箱温度始终控制在原告要求鲜活文蛤保存的温度内，但货运抵大阪后海鲜全部死亡腐烂。试述该损失应由何方负责，并说明理由。

二、国际货运代理企业调研

（一）实训目的

1. 了解国际货运代理企业设立的要求。

2. 了解国际货运代理的业务范围及服务项目。

3. 加深对国际货运代理行业的认识、理解。

（二）实训内容

1. 上网查找我国对设立国际货运代理企业的要求资料；通过了解货运代理企业基本资料，正确认识货运代理在国际运输、国际贸易中的作用。

2. 上网查找国际、国内著名国际货运代理公司，并对这些公司优势特色业务做概况总结；以小组为单位，制作PPT交流各类货运代理公司业务，并对该行业认识进行总结报告。

三、自主研究“货运代理责任保险”的现状

项目二

国际海上货物运输

任务一 海上货物运输船舶及规范

任务描述： 掌握海运方式的特点、船舶类型及规范。

一、海运方式的特点

海运是指使用船舶通过海上航道在不同国家和地区的港口之间运送货物的一种方式。海洋运输是国际贸易中最主要的运输方式，国际贸易总运量中的2/3以上，我国绝大部分进出口货物，都是通过海洋运输方式运输的。其特点是：

（一）通过能力大

利用天然航道，不受道路或轨道的限制，其通过能力要超过其他各种运输方式。如果因政治、经济、军事等条件的变化，还可随时改变航线驶往有利于装卸的目的港。

（二）运输量大

海运的运输能力是最大的，货物运输能力几乎不受限制。主要原因是船舶向大型化发展，如50万～70万吨的巨型油船，16万～17万吨的散装船，以及集装箱船的大型化，船舶的载运能力远远大于火车、汽车和飞机，是运输能力最强的运输工具。国际货物运输是在全世界范围内进行的商品交换，地理位置和地理条件决定了海上货物运输是国际货物运输的主要手段。国际贸易总运量的75%以上是利用海上运输来完成的，有的国家的对外贸易运输海运占运量的90%以上。

（三）运费低廉

船舶的航道天然构成，除了建设港口和购置船舶外，水域航道几乎不需投资。加上船舶运量大，船舶经久耐用且节省燃料，所以货物的单位运输成本相对低廉。据统计，海运运费一般约为铁路运费的1/5，公路汽车运费的1/10，航空运费的1/30，这就为低值大宗货物的运输提供了有利的竞争条件。

（四）对货物的适应性强

由于上述特点使海上货物运输基本上适应了各种货物的运输。海船货舱容积大，可运载体积庞大的货物如石油井台、火车、机车车辆等超重大货物，其他运输方式是无法装运的，船舶一般都可以装运。

（五）运输的速度慢

由于商船的体积大，水流的阻力大，加之装卸时间长等其他各种因素的影响，所以货物的运输速度比其他运输方式慢。一般货轮的航行速度在每小时 20 节（Knot）左右。

（六）风险较大

由于船舶海上航行受自然气候和季节性影响较大，海洋环境复杂，气象多变，随时都有遇上狂风、巨浪、暴风、雷电、海啸等人力难以抗衡的海洋自然灾害袭击的可能，遇险的可能性比陆地、沿海要大。同时，海上运输还存在着社会风险，如战争、罢工、贸易禁运等因素的影响。

二、国际海运船舶种类

（一）干货船

干货船可以分为件杂货船、散货船、集装箱船、冷藏船、滚装船和载驳船等许多不同类型。现代运输船舶多以集装箱船为主。

1. 件杂货船

件杂货船（General Cargo Ship）也称普通杂货船，主要用于装载一般包装、袋装、箱装和桶装的件杂货物。甲板上设有“围壁”状舱口，水密舱盖，还设有吊杆、起重机等装卸设备。舱内设有多层甲板，便于码放货物。

2. 散货船

散货船（Bulk Cargo Ship）也称干散货船。专门用来运输颗粒、粉末状的货物，如煤炭、矿石、木材、牲畜、谷物等。运输的货物品种单一，不怕挤压，便于装卸。船上大多单层甲板，舱内设置有纵向隔板，方便货物分票以及减少散货的流动性。船上一般不配备装卸设备，与岸上的传输带等配合作业。

根据散货船吨位可分为灵便型散货船、巴拿马型散货船、好望角型散货船。

图 2-1 集装箱船

3. 集装箱船

集装箱船（Container Ship）又称箱装船、货柜船或货箱船（见图 2-1），是一种专门载运集装箱的船舶。其全部或大部分船舱用来装载集装箱，甲板或舱盖上也可堆放集装箱。集装箱船装卸效率高，航速较快。大多数船舶本身没有起吊设备，需要依靠码头上的集装箱装卸桥进行装卸。

资料卡：集装箱船的发展

1. 第一、二、三代集装箱船

20 世纪 60 年代，横穿太平洋、大西洋的 17 000～20 000 总吨集装箱船可装载 700～1 000 标准箱（TEU），这是第一代集装箱船。

进入 20 世纪 70 年代，40 000～50 000 总吨集装箱船的集装箱装载数增加到 1 800～2 000TEU，航速也由第一代的 23 节提高到 26～27 节，这个时期的集装箱船被称为第二代。

1973 年石油危机以来，第二代集装箱船被视为不经济船型的代表，故而被第三代集装箱船取代，这代船的航速降低至 20～22 节，但由于增大了船体尺寸，提高了运输效率，致使集装箱的装载数达到了 3 000TEU，因此，第三代船是高效节能型船。

2. 第四代集装箱船

20 世纪 80 年代后期，集装箱船的航速进一步提高，集装箱船大型化的限度则以能通过巴拿马运河为准绳，这一时期的集装箱船被称为第四代。载箱量在 3 000～3 500TEU 的船舶，由于采用了高强度钢，船舶重量减轻了 25%；大功率柴油机的研制，大大降低了燃料费，又由于船舶自动化程度的提高，减少了船员人数，集装箱船经济性进一步提高。

3. 第五代集装箱船

它是指超巴拿马型船舶，载箱量在 5 000～6 000TEU。作为第五代集装箱船的先锋，德国船厂建造的 5 艘 APLC-10 型集装箱可装载 4 800TEU，这种集装箱船的船长/船宽比为 7：8，使船舶的复原力增大。

4. 第六代集装箱船

第六代集装箱船舶是指宽度超过 42～44 米，长度在 290～340 米，载箱量在 7 500～8 500TEU 的超大型船舶。

5. 第七代集装箱船

第七代集装箱船是指宽度超过 45～48 米，长度在 350～380 米的超级集装箱船舶，载箱量超过 10 000TEU 的超级巨无霸。

4. 冷藏船

冷藏船（Refrigerator Ship）是指专门载运如水果、蔬菜、肉类和鱼类等需冷藏的货物的船舶。往往设多层甲板，货舱内通常分隔成若干独立的封闭空间。船上具有大功率的制冷装置，可以使各冷藏货舱内保持货物所需的适当的温度。

5. 滚装船

滚装船（Roll-On Roll-Off Ship）主要用来运送汽车和集装箱（见图 2-2）。这种船本身无须装卸设备，一般在船侧或船的首、尾有开口斜坡连接码头，装卸货物时，或者是汽车，或者是集装箱（装在拖车上的）直接开进或开出船舱。这种船的优点是不依赖码头上的装卸设备，装卸速度快，可加速船舶周转。

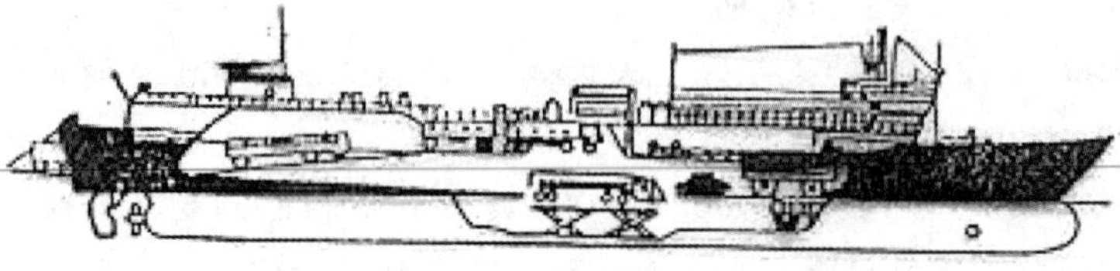

图 2-2 滚装船剖视图

6. 载驳船

载驳船（Barge Carrier）又称母子船（见图 2-3 和图 2-4）。其运输过程是：将货物先装载于统一规格的方型货驳（子船）上，再将货驳装上载驳船（母船）上，载驳船将货驳运抵目的港后，将货驳卸至水面，再由拖船分送各自目的地。载驳船的主要优点是不受港口水深限制，不需要占用码头泊位，装卸效率高。

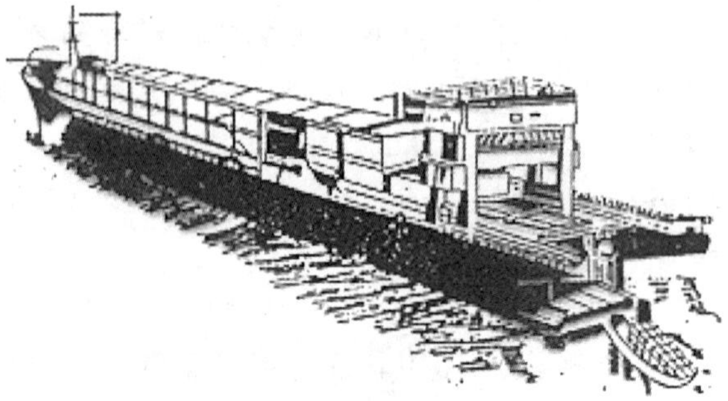

图 2-3 “拉西”型载驳船

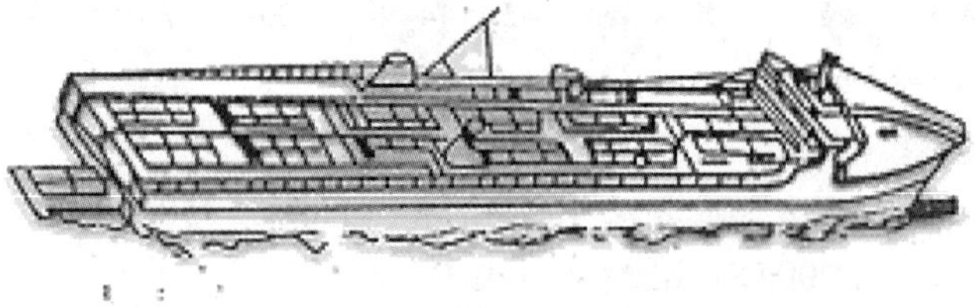

图 2-4 “西比”型载驳船

（二）液货船

它是指专门载运液体货物的船舶。液体货物主要有油、液化气、淡水和化学药液等。其中运量最大的是石油及其制品。按载运的货物不同，液货船可分为原油船、成品油船、液体化学品船、液化气船等。

1. 油船

油船（Tanker）是主要用来运输原油、成品油、石油化工产品等。甲板上比较平坦，有输油管连接船上油舱。装卸时，通过泵的作用完成装船与卸船，装卸效率极高。油船载重量可达五六十万吨，是最大型的船舶。航速一般在 15 节/小时左右。

2. 液体化学品船

液体化学品船（Liquid Chemical Tanker）专门用于运输有毒、易挥发、属于危险品的液体化学品（如甲醇、硫酸、苯等）的船舶。货舱区域均为双层壳结构，以减小船舶受损时货品溢出的危险。

3. 液化气船

液化气船（Liquefied Gas Ship）是指专门运输液化气体的船舶，如包括液化石油气、液化天然气、氨水、乙烯、液氯等。液化气船可分为液化天然气船（LNG 船）和液化石油气船（LPG 船）。货舱结构复杂，造价高昂。

三、船舶规范（Ship's Particulars）

（一）船舶吨位

船舶吨位是衡量船舶载重能力和容积大小的计量单位，可分为重量吨位（包括排水量吨位、载重吨位）和容积吨位（注册吨位）（见图 2-5）。

- 船舶吨位（Ship's Tonnage）
  - 重量吨位（Weight Tonnage）
    - 排水量吨位（Displacement Tonnage）
      - 空船排水量，又叫轻排水量（Light Displacement）
      - 满载排水量，又叫重排水量（Full Load Displacement）
      - 实际排水量（Actual Displacement）
    - 载重量吨位（Deadweight Tonnage）
      - 总载重吨，又称载重量（Gross Dead Weight）
      - 净载重吨，又称载货重量（Net Dead Weight）
  - 容积吨位（Registered Tonnage）
    - 注册总吨（Gross Registered Tonnage）
    - 注册净吨（Net Registered Tonnage）

图 2-5 船舶吨位

1. 排水量吨位

排水量吨位是船舶在水中所排开水的吨数，也是船舶自身重量的吨数。排水量吨位又可分为轻排水量、重排水量和实际排水量三种。

（1）轻排水量，又称空船排水量，是船舶本身加上船员和必要的给养物品三者重量的总和，是船舶最小限度的重量。

（2）重排水量，又称满载排水量，是船舶载客、载货后吃水达到最高载重线时的重量，即船舶最大载重量。

（3）实际排水量，是船舶每个航次载货后实际的排水量。

2. 载重量吨位

表示船舶在营运中能够使用的载重能力。载重吨位可分为总载重吨和净载重吨。

（1）总载重吨。它是指船舶根据载重线标记规定所能装载的最大限度重量，它包括船舶所载运的货物、船上所需的燃料、淡水和其他储备物料重量的总和。

总载重吨=满载排水量-空船排水量

（2）净载重吨。它是指船舶所能装运货物的最大限度重量，又称载货重吨，即从船舶的总载重量中减去船舶航行期间需要储备的燃料、淡水及其他储备物品的重量所得的差数。

船舶载重吨位可用于对货物的统计，作为期租船月租金计算的依据，表示船舶的载运能力，也可用作新船造价及旧船售价的计算单位。

3. 注册吨位

注册吨位是船舶的容积单位，它是由各国船舶管理部门按规定的丈量方法，经实际丈量而得出的每一船舶的容积。按美制以 100 立方英尺为 1 注册吨，按公制以 2.83 立方米为 1 注册吨。

注册总吨是指货轮或客轮载货或载客的船舱以及驾室、机舱、燃料舱、船员宿舍等非直接营业性舱位所占据的容积总和，被 100 立方英尺或 2.83 立方米所除得的商数。注册总吨是国家统计商船的单位，是船方向主管部门办理船舶登记的单位。

注册净吨是指注册总吨中减去不能直接用来装货、载客的舱位之差数，也就是直接用于载货或载客的船舱容积。

注册净吨的作用：（1）它是船舶报关时海关收取船舶吨税的依据；（2）它是船舶通过运河时运河当局收费的依据；（3）它是船务代理人向船方收取船舶代理费的依据。

（二）船舶载重线

船舶载重线是船舶满载时的最大吃水线。它是绘制在船舷左右两侧船舶中央的标志，指明船舶入水部分的限度。船级社或船舶检验局根据船舶的用材结构、船型、适航性和抗沉性等因素以及船舶航行的区域及季节变化等制定船舶载重线标志。此举是为了保障航行的船舶、船上承载的财产和人身安全，它已得到各国政府的承认，违反者将受到法律的制裁。

▶ 知识窗：

船舶载重线

船舶载重线标志包括甲板线、载重线圆盘和与圆盘有关的各条载重线。图 2-6 中的各条载重线含义如下。

（1）TF（Tropical Fresh Water Load Line）表示热带淡水载重线，即船舶航行于热带地区淡水中总载重量不得超过此线。

（2）F（Fresh Water Load Line）表示淡水载重线，即船舶在淡水中行驶时，总载重量不得超过此线。

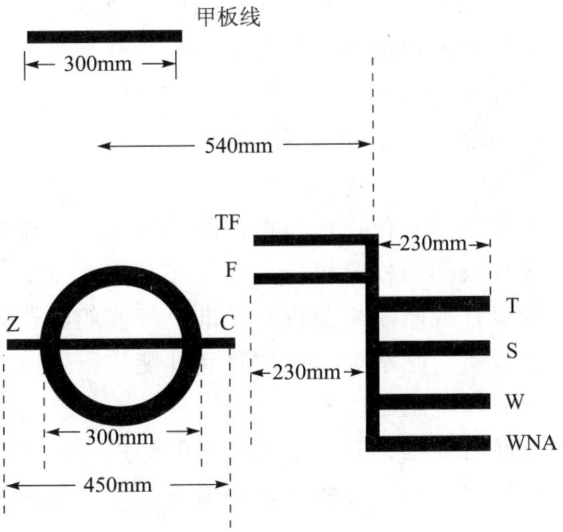

图 2-6 载重线标志

(3) T (Tropical Load Line) 表示热带海水载重线，即船舶在热带地区航行时，总载重量不得超过此线。

(4) S (Summer Load Line) 表示夏季海水载重线，即船舶在夏季航行时，总载重量不得超过此线。

(5) W (Winter Load Line) 表示冬季海水载重线，即船舶在冬季航行时，总载重量不得超过此线。

(6) WNA (Winter North Atlantic Load Line) 表示北大西洋冬季载重线，指船长为100.5米以下的船舶，在冬季月份航行经过北大西洋（北纬36°以北）时，总载重量不得超过此线。

(三) 船籍、船旗、船级

1. 船籍

船籍是指船舶的国籍。商船的所有人向本国或外国有关管理船舶的行政部门办理所有权登记，取得本国或登记国国籍后才能取得船舶的国籍。

2. 船旗

船旗是指商船在航行中悬挂其所属国的国旗。船旗是船舶国籍的标志。按国际法规定，商船是船旗国浮动的领土，无论在公海或在他国海域航行，均需悬挂船籍国国旗。船舶有义务遵守船籍国法律的规定并享受船籍国法律的保护。

方便旗船（Flag of Convenience）是指在外国登记、悬挂外国国旗并在国际市场上进行营运的船舶。第二次世界大战以后，方便旗船迅速增加，挂方便旗的船舶主要属于一些海运较发达的国家和地区（如美国、希腊、日本、中国香港和韩国）的船东。他们将船舶转移到外国去进行登记，以图逃避国家重税和军事征用，自由制订运价不受政府管制，自由处理船舶与运用外汇，自由雇用外国船员以支付较低工资，降低船舶标准以节省修理费用，降低营运成本以增强竞争力等。而公开允许外国船舶在本国登记的所谓“开放登记”国家，主要有利比里亚、巴拿马、塞浦路斯、新加坡、巴拿马及百慕大等国。通过这种登记可为登记国增加外汇收入。

3. 船级

船级是表示船舶技术状态的一种指标。在国际航运界，凡注册总吨在100吨以上的海运船舶，必须在某船级社或船舶检验机构监督之下进行监造。在船舶开始建造之前，船舶各部分的规格须经船级社或船舶检验机构批准。每艘船建造完毕，由船级社或船舶检验局对船体、船上机器设备、吃水标志等项目和性能进行鉴定，发给船级证书。证书有效期一般为4年，期满后需重新予以鉴定。

船舶入级可保证船舶航行安全，有利于国家对船舶进行技术监督，便于租船人和托运人选择适当的船只，以满足进出口货物运输的需要，便于保险公司决定船、货的保险费用。

▶ **知识窗：**

世界主要船级社

英国劳埃德船级社（Lloyd's Register of Shipping，LR）创建于1760年，是世界上历史最悠久、规模最大的船级社。该船级社由船东、海运保险业承保人、造船业、钢铁制造业和发动机制造业等各方面委员会组成并管理，其主要职责是为商船分类定级。世界较著名的船级社有：

德国劳埃德船级社（Germanischer Lloyd，GL）；

挪威船级社（Norske Veritas，NV）；

法国船级局（Bureau Veritas，BV）；

日本海事协会（Nippon Kaiji Kyokai，NK）；

美国航运局（American Bureau of Shipping，AB）；

中国船级社（China Class Classification），是中华人民共和国交通运输部所属的船舶检验局。1996年中国船级社第一次被选任国际船级社协会理事会主席，任期一年（1996年7月1日～1997年6月30日），这标志着中国验船技术的权威性受到国际认可。中国船级社的船级符号为“＊ZC”。

（四）船舶的主要文件

船舶文件是证明船舶所有权、性能、技术状况和营运必备条件的各种文件的总称。船舶必须通过法律登记和技术鉴定并获得这类有关正式证书后，才能参加营运。国际航行船舶的船舶文件主要有：

（1）船舶国籍证书（Certificate of Nationality）；

（2）船舶所有权证书（Certificate of Ownership）；

(3) 船舶船级证书（Certificate of Classification）；

(4) 船舶吨位证书（Tonnage Certificate）；

(5) 船舶载重线证书（Certificate of Load Line）；

(6) 船员名册（Crew List）；

(7) 航行日志（Log Book）。

此外，还有轮机日志、卫生日志和无线电日志等。根据我国现行规定，进出口船舶必须向港务管理机关（港监）呈验上述所有文件。

任务二　海上地理和航线

任务描述：掌握世界主要航线及重要的挂靠港口。

一、海洋与运河

（一）海洋

地球表面的海洋面积约 3.6 亿平方千米，占地球表面总面积的 71%，约为陆地面积的 2.5 倍。海洋的中心部分称为洋，约占海洋总面积的 89%，其水温、含盐度不受大陆影响。地球上的海洋被大陆分割成四大块，即太平洋、大西洋、印度洋和北冰洋四大洋。

太平洋是世界上面积最大、深度最深、岛屿和边缘海最多的海洋，位于亚洲、大洋洲、南美洲、北美洲和南极洲之间。南北最大长度为 1.58 万千米，东西最大宽度为 1.95 万千米。西南以澳大利亚塔斯马尼亚东南角所在经线（东经约 147°）与印度洋分界；东南以南美洲南端合思角所在经线（西经 68°）为界；北以白令海峡通北冰洋；东有巴拿马运河、麦哲伦海峡及德雷克海峡通大西洋，西经马六甲、龙目、巴斯等海峡通印度洋；西南还有宽阔的水域与印度洋连接。总面积 1.8 亿平方千米，约占世界大洋总面积的一半。

大西洋位于欧洲、非洲、南北美洲和南极洲之间，轮廓呈 S 形。南北最长 1.5 千米，东西最宽 2 830 千米。北以丹麦海峡、冰岛、法罗群岛、波得兰群岛一线的洋底海岭同北冰洋分开；西南以西经 68°线分界，东南以东经 20°线与印度洋分开，面积 9 366 万平方千米。大陆架面积 921 万平方千米，主要分布在北海、波罗的海，南美东北和东南沿海，纽芬兰浅滩等海域之间。北大西洋中低纬度两侧有地中海、黑海、北海、波罗的海、加勒比海、墨西哥湾等海湾伸入内陆。

印度洋位于亚洲、大洋洲、非洲和南极洲之间。西南以通过非洲南端厄加勒斯角的东经 20°线同大西洋分界。

海是大洋的边缘部分，深度较浅，面积较小，没有独立的潮汐和海洋系统，水温、含盐度受大陆的影响较大。海按其所处的位置的不同分为“边缘海”和“地中海”两种。“边缘海”是大洋靠近大陆的部分被岛屿分隔开，水流交换畅通的海域，如东海、南海、日本海等。“地中海”是介于大陆之间的海，如亚、欧、非三大洲之间的地中海，南北美洲的加勒比海等。

海峡是海洋中相邻海区之间较狭窄的水道，其一般形式为在大陆与邻近的沿岸岛屿之间或两个大陆之间的狭窄水道，把比较宽广的海面或洋面联系起来，如台湾海峡、马六甲海峡和直布罗陀海峡等。全世界可供航行的海峡约有130多个，其中经常用于国际航行的主要海峡有40多个。

（二）运河

运河是人工开凿的水道。在国际航运中，运河与海峡一样起着非常重要的作用，运河往往是航行中的咽喉地带，它们把许多重要海区和航线联系起来。运河还能大大缩短航程，提高航运经济效益。最著名的国际运河有苏伊士运河、巴拿马运河、基尔运河和圣劳伦斯水道等。

二、海运航线与港口

船舶在两个或多个港口之间从事货物运输的线路称为航线。海运航线按其不同的要求分为国际大洋航线、地区性的国际航线和沿海航线；根据船舶营运的形式可分为定期船航线和不定期船航线。

（一）太平洋航线

太平洋沿岸有30多个国家和地区，经济水平比较发达。太平洋航线有以下几条。

远东—北美西海岸各港航线。该航线包括从中国、韩国、日本和俄罗斯远东海港出发到加拿大、美国、墨西哥等北美西海岸各港。目前我国已与北美西海岸港口之间辟有定期集装箱航线。该航线以日本与美国、加拿大贸易量为最大，其次是韩国。

远东—加勒比海、北美东海岸各港航线。该航线大多是经夏威夷群岛南北至巴拿马运河后到达。

远东—南美西海岸航线。该航线从我国北方沿海各港出发的船舶多经琉球奄美大岛、硫黄列岛、威克岛、夏威夷群岛之南的莱思群岛附近穿越赤道进入南太平洋至南美西海岸各港。

远东—东南亚航线。该航线是中国、朝鲜、韩国、日本去东南亚各港，以及过马六甲海峡去波斯湾、地中海、西北欧、东西非、南美东海岸各港常走航线。东海、台湾海峡、巴士海峡、南海是该航线船舶经常进出的海域。

远东—澳、新航线。由于澳大利亚面积辽阔，远东至新西兰、澳大利亚东西海岸航线有所不同。我国北方沿海各港去澳东海岸和新西兰港口，走琉球、加罗林群岛，进入所罗门海、珊瑚海；日本等国到该地区的航线也基本与中国相同。但中澳之间的集装箱航线则由我国北方港口南下经中国香港加载后经南海、苏拉威西海、班达海、阿拉弗拉海，然后进入珊瑚海、塔斯曼海。中国去澳西海岸航线，多半经菲律宾的民都洛海峡，然后经望加锡海峡、龙目海峡南下。

澳、新—北美东西海岸航线。该航线大多途经苏瓦、檀香山等太平洋上重要航站。澳、新至北美东海岸航线则大多取道社会群岛中的帕皮提，后经巴拿马运河到达。

北美—东南亚航线。该航线一般要经过夏威夷、关岛、菲律宾等地；到北美东海岸和加勒比海各港要经巴拿马运河。

（二）大西洋航线

大西洋水域辽阔，海岸线曲折，有许多优良港湾和深入大陆的内海。北大西洋两侧是西欧、北美两个世界经济发达的地区，又有苏伊士运河和巴拿马运河通印度洋和太平洋。

西北欧—北美东海岸各港航线。这组由北美东海岸经过纽芬兰横渡大西洋进入西北欧的航线历史最悠久，是美国、加拿大与西、北欧各国之间国际贸易的海上大动脉。

西北欧、北美东岸—加勒比海各港航线。该航线大多出英吉利海峡后横渡大西洋。除去加勒比海沿岸各港外，还经巴拿马运河到达美洲太平洋西岸港口。

西北欧、北美东岸—地中海、苏伊士运河去东方航线。这是世界上最繁忙的一条航线，它除与地中海各港间往来外，还与海湾国家往来密切。

西北欧、地中海—南美东海岸航线。该航线一般经过西非大西洋岛屿、加纳利、佛得角群岛上的航站。

西北欧、北美大西洋岸—好望角、东方航线。该航线一般是巨型油船的运输线。西北欧、北美去海湾运油的 15 万吨级以上巨轮必须经过好望角。西非大西洋上的佛得角群岛、加拿利群岛是它们经常停靠的地方。

南美东海岸—好望角航线。它是南美东海岸去海湾运油，或远东国家购买巴西的矿石常走的路线。中国至南美东海岸运油和矿石也走该航线。

（三）印度洋航线

由于印度洋的特殊地理位置，其航线可以将大西洋与太平洋连接起来，因此经过的航线众多。

横贯印度洋东西的航线。这组航线是从亚洲太平洋地区和大洋洲横穿印度洋西行的航线，在这组航线上的港口如塞得港、苏伊士港、亚丁港、科伦坡港等因地理位置的特殊性而有着极其重要的地位。

进出印度洋北部国家各港的航线。该航线是进出印度洋北部（包括孟加拉湾、阿拉伯海沿岸各国，即进出缅甸、孟加拉国、印度、斯里兰卡、巴基斯坦等）国家港口的航线。船舶来自东部太平洋地区或欧洲。

进出波斯湾沿岸国家的航线。波斯湾沿岸大多为石油输出国，石油为这组航线的基本货物。大致分为三条航线：一是去曼德海峡和红海，经苏伊士运河、地中海进入大西洋，到达欧洲或继续驶往北美。二是南下印度洋，经东非的索马里、肯尼亚、坦桑尼亚附近，绕道好望角通往大西洋，到达西欧和北美。三是由波斯湾东行，经印度洋、马六甲海峡、太平洋到东南亚和日本。

出非洲东岸国家的航线。在这条航线上货物的运量较其他航线要少，但它仍是印度洋上一组重要的航线。

（四）集装箱运输的主要航线

当前，世界上规模最大的三条主要集装箱航线是：远东—北美航线，远东—欧洲、地中海航线和北美—欧洲、地中海航线。

远东—北美航线，习惯上也称作（泛）太平洋航线。该航线实际上可以分为两条航线，一条是远东—北美西岸航线，另一条为远东—北美东岸航线。远东—北美西岸航线主要由远东—加利福尼亚航线和远东—西雅图、温哥华航线组成。其涉及港口主要有亚洲的高雄、釜山、上海、香港、东京、神户、横滨等港口，和北美西岸的长滩、洛杉矶、西雅图、塔科马、奥克兰港和温哥华港，涉及亚洲的中国、韩国、日本以及北美的美国和加拿大东部地区。远东—北美东岸的纽约航线涉及的北美东岸港口主要有美东地区的纽约、新泽西港、查尔斯顿港和新奥尔良港。

远东—欧洲、地中海航线，也被称作欧地线。该航线由远东—欧洲航线和远东—地中海航线组成。远东—欧洲航线是 1879 年由英国 4 家船公司开辟的世界最古老的定期航线。欧洲地区涉及的主要港口有：荷兰的鹿特丹港，德国的汉堡港、不来梅港，比利时的安特卫普港和英国的费利克斯托港。远东—地中海航线是 1972 年 10 月开始集装箱运输的，其在地中海地区主要涉及的港口有位于西班牙南部的阿尔赫西拉斯、意大利的焦亚陶罗和位于地中海的中央、巴耳他岛南端的马尔萨什洛克港。

北美—欧洲、地中海航线，也被称作跨大西洋航线。该航线实际包括三条航线：北美东岸、海湾—欧洲航线，北美东岸、海湾—地中海航线和北美西岸—欧洲、地中海航线。

（五）世界主要基本港口

欧洲基本港口：鹿特丹、汉堡、安特卫普、费利克斯托、勒阿佛、不来梅等。

地中海基本港口：巴塞罗那、福斯、热那亚、马耳他、那不勒斯、瓦伦西亚、马塞等。

美国基本港口：西雅图、洛杉矶、长滩、奥克兰、旧金山、纽约、查尔斯顿、巴尔的摩等。

东南亚基本港口：新加坡、巴生、槟城、雅加达、泗水等。

日本基本港口：横滨、名古屋、门司、大阪、神户、东京等。

中东基本港口：吉达、迪拜等。

▶ 知识窗：

基本港和非基本港

基本港（Base Port）是运价表规定班轮公司的船一般要定期挂靠的港口。大多数为规模较大的口岸，港口设备条件比较好，货载多而稳定。规定为基本港口就不再限制货量。运往基本港口的货物一般均为直达运输，无须中途转船。但有时也因货量太少，船方决定中途转运，由船方自行安排，承担转船费用。按基本港口运费率向货方收取运费，不得加收转船附加费或直航附加费。并应签发直达提单。

非基本港口（Non-Base Port）。凡基本港口以外的港口都称为非基本港口。非基本港口一般除按基本港口收费外，还需另外加收转船附加费。达到一定货量时则改为加收直航附加费。例如新几内亚航线的侯尼阿腊港（HONIARA）便是所罗门群岛的基本港口；而基埃塔港（KIETA）则是非基本港口。运往基埃塔港口的货物运费率要在侯尼阿腊运费率的基础上增加转船附加费 43.00 美元（USD）/FT。

资料卡：几个特殊港口的特殊规定

荷兰：(1) 鹿特丹港自 1996 年 1 月 1 日开始采用“绿奖”制度，对 5 万载重吨以上的原油轮，按其设备、航运等方面的情况评出等级，若取得高等级，在进港运费方面给予折扣。(2) 鹿特丹港务局对安全且无害于生态环境的船舶，在停泊该港时减收港口费。

日本：日本港务局对进口烟花规定：(1) 去第二卸货港的烟花船舱，在第一卸货港不准开舱，即使其中有第一卸货港的货物也不例外。(2) 每票提单烟花的重量不得超过毛重 80 吨。

新加坡：新加坡港方规定装有危险品的船只不得靠码头，必须在危险品锚地卸驳，然后由驳船运往港务局指定码头仓库交收货人，费用由船方付。因此，船方在承运去新加坡的危险品时，要求发货人付危险品补贴。

菲律宾：(1) 麻袋包装的进口货物，必须先经熏蒸才得进口。(2) 危险品不能卸在码头仓库，必须由收货人直接派船或用车或到这直接提货。

巴基斯坦：卡拉奇港务局规定：对进口纸袋包装的炭粉、石墨粉、二氧化镁及其他染料等，必须打托盘或适当装箱，否则不予卸货。另外，巴基斯坦不接受挂印度、南非、以色列、韩国和中国台湾旗的船舶靠港。

加拿大：加拿大政府规定去该国东岸的货物，冬季交货最好在哈利法克斯和圣约翰斯，因为这两个港口不受冰冻影响。

坦桑尼亚：坦桑尼亚港务局规定凡运往达累斯萨拉姆港交给坦桑尼亚或转运到赞比亚、扎伊尔、卢旺达和布隆迪等国的货物，需在包装的显著位置刷上不同颜色的十字标志，以便分类，否则船方将收取货物分类费。

肯尼亚：肯尼亚政府规定凡对肯尼亚出口的货物均需在肯尼亚的保险公司投保。不接受 CIF 条款。

澳大利亚：澳大利亚港务局规定木箱包装货物进口时，其木材需经熏蒸处理，并将熏蒸证书寄收货人。如无木材熏蒸证书，木箱将被拆除烧毁，更换包装费用均由发货人负担。

新西兰：新西兰港务局规定集装箱的木质结构及箱内的木质包装物和垫箱木料等必须经过检疫处理后方可入境。

任务三　海运货物

任务描述：了解货物的分类，掌握海运危险品的运输包装和标志的要求。

凡是经由运输部门承运的一切原料、材料、工农业产品、商品以及其他产品或物品都称为货物（Cargo 或 Goods）。海运货物则是特指由海上运输部门承运的货物。

一、货物的分类

（一）按货物装运形态分类

按货物装运形态可分为件杂货和散装货。

件杂货通常是一种按计件形式装运和交接的货物。件杂货包括包装货物、裸装货物和成组化货物。散装货包括干质散装货和液体散装货。

（二）按货物性质分类

按货物的性质不同，一般将货物分为普通货物和特殊货物两大类。

普通货物主要有以下几种：（1）清洁货物。清洁货物是指清洁、干燥的货物，也可称为精细货物。如食品、茶叶、陶瓷品、玻璃制品等。（2）液体货物。液体货物是指盛装于桶、瓶、坛等容器内的流质或半流质货物。（3）粗劣货物。粗劣货物是指具有油污、水湿、扬尘和散发异味等特性的货物。

特殊货物主要有以下几种：（1）危险货物。危险货物是指具有易燃、易爆、毒害、腐蚀和放射性等特性，在运输过程中可能引起人身伤亡和财产毁损，必须按照有关危险货物运输规则的规定进行运输货物。（2）冷藏货物。冷藏货物是指在常温条件下易腐烂变质和其他需按指定的某种低温条件运输的货物。如需处于低温状态下运输的药品等。（3）贵重货物。贵重货物是指价值昂贵的货物。如金、银等贵重金属、货币、高价商品、精密仪器等。（4）活的动植物。活的动植物是指具有正常生命活动，在运输中需要特别照顾的动物和植物。（5）长大、笨重货物。长大、笨重货物是指单件货物体积过大或过长，重量超过一定界限的货物。按照港口费收规定和运价本规定，通常将单件重量为 5 吨以上的货物称为重件货物；将长度超过 9 米的货物视为长大件货物。

海运货物还可以有其他分类方法，如按货物在船上的装载场所分类、按货物载运状况分类等。

二、货物的计量和积载因数

（一）货物的计量

货物的体积和重量不仅直接影响船舶的载重量和载货容积的利用程度，还关系到有关库场堆放货物时如何充分利用场地面积和仓库空间等问题，而且还可能是确定运价和计算运费的基础，同时与货物的装卸、交接也有直接的关系。货物的计量包括货物丈量和衡重。

货物的丈量又称量尺，是指测量货物的外形尺度和计算体积。货件丈量的原则是：按货件的最大方形进行丈量和计算，在特殊情况下可酌情予以适当的扣除，某些奇形货件可按实际体积酌情考虑其计费体积。货物的量尺体积是指货物外形最大处的长、宽、高之乘积。

即： $V=L\times W\times H$

式中：V——货物的量尺体积（立方米）；

L——货物的最大长度（米）；

W——货物的最大宽度（米）；

H——货物的最大高度（米）。

货物的衡重是指衡定货物的重量。货物的重量可分为净重、皮重和毛重（总重），货物衡重应以毛重计算。海上货物运输中，货物衡重使用的衡制，即货物重量的计重单位为公吨（Metric Ton，简称 M/T）。美洲国家有时使用短吨（Short Ton），欧洲国家有时使用长吨（Long Ton）。货物的重量原则上应逐件衡重，不具备逐件衡量时，可采用整批或分批衡重，抽件衡重并求平均值等方法测得重量。货物衡重可使用轨道衡、汽车衡（一种地秤）、吊钩秤、皮带秤、定量秤，对于散装运输的大宗货物还可以采用水尺计重。

（二）货物的积载因数

货物的积载因数（Stowage Factor，SF）是每一吨货物在正常堆装时实际所占的容积（包括货件之间正常空隙及必要的衬隔和铺垫所占的空间），单位为立方米/吨（英制为立方英尺/吨）。

货物积载因数的大小说明货物的轻重程度，反映一定重量的货物须占据船舶多少舱容，或占多少箱容，甚至仓储时须占多少库容。货物积载因数的实测方法为：将 1 吨货物堆积成近似正方体的形状，丈量该货堆最大外形尺度，由此计得体积（其中包含货件之间的空隙及必要的衬垫）。如货件较重，仅几件成堆无法反映出件与件之间的装载空隙，则应采用 9 个货件打底，堆高三层（共 27 件）的方法成堆，丈量货堆最大外形尺度及 27 个货件的总重量，通过计算即可得到 1 吨货物正常堆装的实际体积数值。散装货物的积载因数可用测量单位容量的方法求得。

三、危险货物

为了使各国和国际上管理各种运输方式的危险货物规章得到统一的发展，联合国危险货物运输专家委员会编写了《关于危险货物运输的建议书》（简称“橙皮书”）。根据“橙皮书”和国际海事组织《国际海上人命安全公约》第七章危险货物装运的有关规定，国际海事组织制定了《国际海运危险货物规则》（简称《国际危规》），我国于 1982 年宣布承认并开始在国际海运中实施《国际危规》。但是我国政府在《国际危规》的基础上，结合我国的情况，制定并颁布了我国的《水路包装危险货物运输规则》（简称《水路危规》），并于 1996 年 12 月 1 日实施。

（一）危险货物的分类

《国际危规》根据危险货物的性质、危险的程度将危险货物分为以下几类。

第一类：爆炸品；

第二类：气体；

第三类：易燃液体；

第四类：易燃固体、易自燃物质和遇水放出易燃气体的物质；

第五类：氧化剂和有机过氧化物；

第六类：有毒物质和感染性物质；

第七类：放射性物质；

第八类：腐蚀性物质；

第九类：杂类危险物质和物品。

（二）危险货物的包装和标志

1. 危险货物运输包装

危险货物运输包装的要求分一般要求（通用包装）和特殊要求（专用包装）。一般要求的包装应符合的条件包括：

（1）包装材质、容器与所装危险货物直接接触时不应发生化学反应或其他作用。

（2）包装应具有一定强度。包装试验项目包括跌落试验、渗漏试验、液压试验、堆码试验等。包装分为三类：一类包装（能盛装高度危险性的货物）；二类包装（能盛装中等程度危险性的货物）；三类包装（能盛装低度危险性的货物）。

（3）包装及容器封口应适合货物的性质。封口的严密程度可分为三种：气密封口（不透气体的封口）；液密封口（不透液体的封口）；牢固封口（在关闭状态下，不会使内装固体物质在正常运输条件下发生撒漏的封口）。

（4）包装应有适当的衬垫材料。衬垫材料应是惰性的，与容器中的物质不会起化学和其他反应；能确保容器保持围衬状态，不致移动，固定在外容器中；具有足够的吸湿材料以吸收一定量液体，从而不损害其他货物或损坏外容器的保护性。

（5）包装应能经受一定范围内温度、湿度、压力的变化。为避免温度升高而产生体积膨胀的影响，盛装液体的容器应留有适当的膨胀余位。

2. 危险货物的标志

危险货物的标志由危险货物的标记、图案标志（标签）和标牌组成。

标记是指标注在包装危险货物外表的简短文字或符号。

图案标志是指以危险货物运输规则中规定的色彩、图案和符号绘制成的菱形标志。用它可以醒目地标示包装危险货物的性质。

标牌是指放大的图案标志（250 毫米×250 毫米），适用于如集装箱、可移动罐柜等较大的运输单元。

《国际危规》规定，危险货物的所有标志均须满足至少三个月海水浸泡后，既不脱落又清晰可辨。《水路危规》规定，危险货物标志应粘贴、印刷牢固，在运输中清晰、不脱离。

任务四 海运国际组织

任务描述：掌握海运国际组织的主要职能。

随着国际海运业的不断发展，各国政府和非政府组织相继成立了一些政府间国际组织和非政府间国际组织，海运企业间也成立了一些具有经营协作性质的国际组织。这些组织在保证海运安全、建立国际公约和提供海运服务等方面有着重要作用。

一、国际海事组织（International Maritime Organization，IMO）

国际海事组织（IMO）成立于1959年1月6日，原名政府间海事协商组织，1982年5月改为现名。现在是联合国处理海上安全事务和发展海运技术方面的专门咨询机构之一，总部设在伦敦。

国际海事组织设大会和理事会，以下设海上安全委员会、法律委员会、海上环境保护委员会、技术合作委员会、便利运输委员会和秘书处。大会为最高权力机构，每两年召开一次会议，其任务是选举理事国，制订工作计划和财务预算，讨论本组织职权范围内的技术和法律问题。大会休会期间，由理事国代表组成的理事会行使职权。理事会每年召开两次会议。

国际海事组织的宗旨和任务是：在从事国际贸易的各种航运技术事宜的政府规定和惯例方面，为各国政府提供合作机会，并在与海上安全、航行效率和防止及控制船舶造成对海洋污染有关的问题上，鼓励和便利各国普遍采用最高可行的标准。交流上述有关方面的实际经验和海事报告；为各成员提供本组织所研究问题的情报和科技报告；利用联合国开发计划署等国际组织提供的经费和捐助国的捐款，为发展中国家提供一定的技术援助。国际海事组织还负责处理与这些宗旨有关的行政和法律事宜。

截至2018年6月，国际海事组织共有174个成员。我国在联合国恢复合法席位后，于1973年3月1日正式加入IMO，1975年当选为理事国。

二、国际海事委员会（Committee Maritime International，CMI）

国际海事委员会1897年成立于布鲁塞尔。它的主要宗旨是促进海商法。海运关税和各种海运惯例的统一。它的主要工作是草拟各种有关海上运输的公约，如有关提单、有关责任制、有关海上避碰、有关救助等方面的国际公约草案。国际上第一个海上货物运输公约——著名的《海牙规则》就是由该委员会1921年起草，并在1924年布鲁塞尔会议上讨论通过的。1968年又对《海牙规则》进行了修正，制定了《海牙—维斯比规则》，即《1968年布鲁塞尔议定书》。

三、波罗的海国际海事协会（Baltic and International Maritime Conference，BIMCO）

BIMCO成立于1905年，总部设在丹麦哥本哈根，原名波罗的海和白海公会，后来因其成员变成世界性的，于1927年改名BIMCO。BIMCO向本组织成员提供全世界港口和海运条件方面的免费情报服务、免费咨询服务、专题讲座及短期培训。成立的宗旨是联合船东和航运机构，在适当的时候采取一致行为促进航运业的发展，把不同的意见和违反工作惯例的情况通知本组织成员。

BIMCO在1927年时只有20个成员，占当时商船队总吨位的14%。目前，BIMCO有110个成员，950个船东，约有11 800条船接受它的服务。BIMCO吸收的人员和组织包括：船东、船舶买卖代理人、船东和船舶买卖协会、船舶代理商和承租商、延期停泊和防卫协会及航运联合会。

BIMCO的服务范围非常广泛：

（1）预防和解决争端。在现实中，许多本不必要的争端源于错误地使用一些单证，或单证本身不健全、不准确。如果使用BIMCO的标准单证就可以防止争端的发生。BIMCO经常发表一些文章，免费给它的成员一些信息。当它的成员由于某些原因出差错时，可以通过它在海运业的地位来保护它的成员。

（2）信息服务。作为BIMCO的成员，能免费从BIMCO的信息库得到港口和航运市场的信息。BIMCO已建立了24小时服务制，有港口情况、冰冻情况、运费率、航运市场报告、燃料价格、BIMCO修改过的某些条款。BIMCO平均每天收到来自世界各地的150多个咨询。

（3）出版物。BIMCO周刊刊登最新加入该组织的成员名单和航运市场信息；BIMCO公告每年出六期，主要是介绍海运业的发展趋势和一些海事案例的判决。

BIMCO与其他的海运组织联系非常密切。BIMCO的许多成员也是IMO的成员。BIMCO是联合国经济及社会理事会和国际气象组织的咨询机构，与联合国和发展会议观察员及国际商社等有合作关系。

四、班轮公会与联营体

（一）班轮公会（Freight Conference）

班轮公会又称航运公会，俗称水脚公会。它是由两个或两个以上在同一条航线上经营班轮运输的船公司，为避免相互间的竞争，维护共同利益，通过在运价和其他经营活动方面签订协议而组成的国际航运垄断组织。

班轮公会的出现是航运市场竞争与妥协的产物，是随着国际航运市场竞争日益激烈，为避免因互相降价争揽货源而损害各自利益而组成的联合组织。海运业不像其他运输方式那样需要投入巨资，经营者不论规模大小，只要有船，均可营运。因此，海运业和其他行业相比市场进入门槛低，竞争激烈。当某一条航线同时存在几家、几十家甚至更多的船公司经营班轮运输时，激烈的竞争尤易发生。在这种情况下，各船公司往往以降低运价来争揽货源。但是，运费又是船公司最主要的收入来源，如果无节制地降低运价，则会危及船公司的生存。正由于此，作为维护船公司自身利益的手段，在班轮公司之间产生了班轮公会的组织。

班轮公会的业务主要是限制和调节班轮公会内部的相互竞争，同时防止或对付来自公会外部的竞争，从而达到垄断航线货载的目的。

（二）联营体（Consortium or Consortia）

国际班轮运输市场上以班轮公会为主要组织形式的旧的体制已越来越难以适应市场新的需要。20 世纪 70 年代，一些船公司开始组织或加入联营行列，出现了公会内部成员公司组成的非独立法人的联营体。联营体是两个或两个以上主要通过集装箱方式提供国际班轮货物运输服务的船公司之间的协议，该协议可以是关于一条或数条航线的贸易，协议的主要目的是在提供海运服务时共同经营、相互合作、提高服务质量，主要方式是利用除固定价格以外的技术、经营、商业安排等使各自的经营合理化。

1995 年，随着欧亚航线几大主要联营体的期满解散，各大班轮公司迅即开始新一轮组合，并将这种联营行动从欧亚航线推广到亚洲—北美航线、欧洲—北美航线，航运联营体由此进入一个新的阶段，即战略联盟。战略联盟的目的和出发点是在一些公司间建立起基于全球范围的合作协议，其不统一运价，而是通过舱位互租、共同派船、码头经营、内陆运输、集装箱互换、船舶共有、信息系统共同开发、设备共享等各种方式致力于集装箱运输合理运作的技术、经营或商业性协定。

资料卡：货主和班轮公会关于 THC 的对抗

THC（Terminal Handling Charges）中文名称为码头操作费。2001 年 12 月，泛太平洋稳定协议组织（TSA）、西行泛太平洋稳定协议组织（WTSA）、亚洲区内讨论协议组织（IADA）、远东班轮公会（FEFC）、亚洲西行运价协议组织（AWRA）等航运公会组织宣布：决定从 2002 年 1 月 15 日起向货主收取 THC（码头装卸费），标准如下：干货 20 英尺集装箱 370 元人民币，40 英尺集装箱 560 元人民币；冷藏货 20 英尺集装箱 410 元人民币，40 英尺集装箱 610 元人民币。这项费用给中国出口企业造成每年上百亿元的额外负担。

中国货主强烈反对这一不合理收费，认为船公司向货主收取 THC 是没有根据的，不合法的。班轮条款的运价内已包括装卸费用。承运人班轮公司应管装卸并付装卸费，而货主只付班轮运费，不需付装卸费。按照联合国班轮公会行动守则，只有由于某种特殊的、临时的、突发的、无法预料的原因，例如战争、石油价格大涨导致费用的突然增加、异常增加或收益异常减少，班轮公司才加收附加费。而且，班轮公司需要向货主说明是什么情况和理由以及根据，要和货主协商。这次加收 THC，是班轮公会组织的统一联合行动，是联合起来搞价格垄断。经历了几次失败的谈判之后，中国货主协会号召几百家企业发表了《关于抵制国际航运公会强制推行码头装卸费的联合声明》，声明从多个角度指出了班轮公会在中国收取 THC 的不合理之处，并暗示将对个别有扣押提单、拒绝放货等过激行为的班轮公司进行“封杀”。

但船公司坚持征收这一费用，认为加收 THC 是为了增加运费报价的透明度。原来，中国的运费里隐藏着 THC，使国外的买主不方便和国外进行比较，或者认为中国的运费很贵。现在把 THC 从运费中分离出来收取，它使得班轮公司能够报出真实反映市场供求情况的运价。这有利于国外的买方在同等的基础上把中国的运输成本和国外进行比较，做出对中国有利的决定。向货主收取的 THC 水平是根据中国交通部关于调整外贸港口收费规定和标准的通知的调价幅度 15% 而定的。中国港口向班轮公司收取多少港口集装箱装卸费，班轮公司向货主收取多少 THC，其最终目标是全部收回成本。THC 本来就存在，并不因为班轮公会组织的提出与否而影响到 THC 的收取。即使班轮公会组织不提出来，班轮公司也仍然会收取 THC。这次加收 THC，不是临时的。

货主和班轮公会的这场纷争持续了 5 年之久。2006 年 4 月 18 日，交通部、国家发改委和国家工商总局联合公布了《关于国际班轮运输码头作业费（THC）调查结论》（简称《调查结论》），船货双方争议数年的码头作业费问题终于有了结论，终于结束了这长达 5 年的纷争。《调查结论》认定 THC 属于国际集装箱班轮运费的组成部分，并对班轮公会和运价协议组织在中国的行为提出了约束性措施。调查结论认为班轮公会关于收取 THC 的公告在一定程度上影响了海运市场的秩序，交通部对班轮公会以及其成员公司给予告诫，同时，责令班轮公会对公告进行修改，声明各班轮公司享有自主行动的权利，禁止类似行为再次发生。《调查结论》还对今后班轮公会采取此类行动做了新的规定，要求班轮公会必须建立船货双方协商机制，必须在中国境内设立指定的联络机构或联络负责人，并向交通部备案，便于货主方与班轮公会协商和联络。对未如实提供材料的在中国港口收取 THC 的国际班轮经营者，交通部将依照《国际海运条例》给予处罚。这一事件也表明了随着货主力量的增大，班轮公会的垄断地位已被打破。

任务五　船舶营运方式

任务描述：掌握班轮运输、租船运输的主要特征，掌握海运费的计算方法。

国际海运船舶的营运方式主要分为两种：定期船运输（又称班轮运输）和不定期船运输（又称租船运输）。

一、班轮运输

（一）概念

班轮运输（Liner Shipping），也称定期船运输，是指班轮公司将船舶按事先制订的船期表（Liner Schedule），在特定航线的各既定挂靠港口之间，经常地为非特定的众多货主提供规则的、反复的货物运输服务，并按运价本或协议运价的规定计收运费的一种营运方式。班轮运输主要有杂货班轮运输和集装箱班轮运输。

(二) 特点

班轮运输一般具有以下四固定的特点：固定的航线、固定的船期、固定的港口和相对固定的费率。

班轮运输和租船运输相比，除了“四固定”的特点外，还具有以下一些特点。

(1) 杂货班轮运输中，通常承运人是在装货港制定的码头或仓库接收货物，在卸货港的码头或仓库交付货物；集装箱班轮运输中，通常承运人是在装货港集装箱堆场接收货物，在卸货港集装箱堆场交付货物。

(2) 班轮公司一般负责包括装货、卸货和理舱在内的作业和费用。集装箱班轮中，由于运输条款通常为CY/CY，所以班轮公司一般负担堆场至船边，或船边至堆场搬运作业的费用。

(3) 承运人和货主之间不规定装卸时间，也不计算滞期费和速遣费。

(4) 承运人与货主之间在货物装船前通常不书面签订具有详细条款的运输合同。取而代之的是船开后承运人或其代理人签发提单或海运单等运输单据，这些单证上记有详细的有关承运人、托运人或收货人的责任以及权利和义务的条款。

(三) 班轮运费的计收

1. 班轮运价的构成

班轮运价由基本费率 (Basic Freight Rate) 和多种附加费 (Additionals or Surcharges) 所构成。基本费率即班轮航线内基本港之间对每种货物规定的必须收取的费率，包括各航线等级费率、从价费率、冷藏费率、活牲畜费率及议价费率等。附加费是对一些需要特殊处理的货物或由于客观情况的变化等使运输费用大幅度增加，班轮公司为弥补损失而额外加收的费用。附加费的种类很多，而且随着客观情况的变化而变化。以下为几种常见的附加费。

(1) 燃油附加费 (Bunker Adjustment Factor or Bunker Surcharge, BAF or BS)。这是因燃油价格上涨而加收的费用。

(2) 货币贬值附加费 (Currency Adjustment Factor, CAF)。它是指为弥补因收取运费的货币贬值造成的经济损失而收取的费用。一般随着货币贬值的幅度按基本费率的百分之几收取。

(3) 超重附加费 (Over Weight Surcharge)。一件货物的重量 (毛重) 达到或超过一定重量时，该货物即为超重货物。各船公司对一件货物重量规定的限量不一致。超重货物在装卸、配载等方面会增加额外劳动和费用，故船公司要加收超重附加费。

(4) 超长附加费 (Over Length Surcharge)。一件货物的长度达到或超过规定的长度，该货物即为超长货物。对超长货物的长度限制各船公司也不一样。超长货物同超重货物一样，在装卸、配载时会增加额外劳动和费用，因此船公司要加收超长附加费。

(5) 港口拥挤附加费 (Port Congestion Surcharge)。它是指由于港口拥挤，船舶需长时间等泊，为弥补船期损失而收取的附加费。该项附加费随港口拥挤程度的变化而调整。如港口恢复正常，该项附加费即可取消，所以变动性很大。

(6) 港口附加费 (Port Surcharge)。它是指由于一些港口设备差，装卸效率低，费用高，因船舶成本增加而加收的附加费。

（7）绕航附加费（Deviation Surcharge）。由于某种原因，船舶不能按正常航线而必须绕道航行，从而增加航运开支，为此加收的附加费称绕航附加费。这是一种临时性的附加费，一般说来，如正常航道恢复通行，该项附加费即被取消。

（8）转船附加费（Transshipment Surcharge）。对运往非基本港的货物，需在中途港转运至目的港，为此而加收的附加费称转船附加费。

（9）直航附加费（Direct Additional）。对运往非基本港的货物，一次货量达到一定数量时，船方可以安排直航卸货，为此需加收直航附加费。直航附加费一般比转船附加费低。

（10）选卸港附加费（Additional for Optional Destination）。由于贸易上的原因，在办理货物托运时尚不能确定具体卸货港，需要在预先选定的两个或两个以上的卸货港中进行选择，为此而加收的费用称选卸港附加费。在这种情况下，货方必须在该航次中船舶抵达第一卸货港 48 小时前向船方宣布。选择卸货港只限于船舶航次规定的挂港或航区内，并按所列供选择的港口中计费高的费率计算。如实际选择了费率低的港口卸货，多收部分运费不予退回。

在集装箱班轮运输中，还有一些关于运输费用的概念，如“整体费率上调”（General Rate Increase，GRI），是指通常在每年的 5 月，承运人将所有的费率上调一定幅度。目的地交货（Destination Delivery Charge，DDC），这是在北美地区的港口对到港的货物收取的费用。空箱调运费（Equipment Reposition Charge，ERC），也称设备调运费，是收货人没有按约定还空箱时，承运人为调运空箱而收取的费用。还有一些不尽合理的费用，如码头作业（操作）费（Terminal Handling Charge，THC）、原产地接货费（Original Receving Charge，ORC）等。

2. 班轮运价的计算标准

在班轮运费的计收中，涉及的基本概念有运费吨、起码运费等。

运费吨，是计算运费的一种特定的计费单位。通常，取重量和体积中相对值较大的为计费标准，以便对船舶载重量和舱容的利用给予合理的费用支付。如 100 个纸箱包装的纸制品，重 1.2 吨，体积为 15 立方米，它的运费吨则按 15 吨计算。而 100 箱的铁钉，重 9 000 千克，体积 2.6 立方米，它的运费吨则计为 9 吨。其运费则要按各自的运费吨计收。在运价表中，运费吨一般表示 FT（Freight Ton）。

起码运费（Minimum Rate/Minimum Freight），也称起码提单。它是指以一份提单为单位最少收取的运费。承运人为维护自身的最基本收益，对小批量货物收取起码运费，用以补偿其最基本的装卸、整理、运输等操作过程中的成本支出。不同的承运人使用不同的起码运费标准，件杂货和拼箱货一般以 1 运费吨为起码运费标准，最高不超过 5 运费吨；有的以提单为单位收取起码运费，收费后不再加收其他附加费。

（1）按货物的毛重计收。在运价表中，以“W”字母（英文 Weight 的缩写）表示。一般以 1 公吨为计算单位，吨以下取 2 位小数。但也有按长吨或短吨计算的。

（2）按货物的体积计收。在运价表中，以“M”字母（英文 Measurement 的缩写）表示。一般以 1 立方米为计算单位。但也有按 40 立方英尺为 1 尺码吨计算的。

（3）按货物的毛重或体积计收运费，计收时取其数量较高者。在运价表中以 W/M 字母表示。按惯例凡一重量吨货物的体积超过 1 立方米或 40 立方英尺者即按体积收费；一重量吨货物其体积不足 1 立方米或 40 立方英尺者，按毛重计收。

（4）按货物的价格计收运费，又称从价运费。在运价表中以“Adval”（拉丁文 Ad valorem 的缩写）表示。一般按商品 FOB 货价的百分之几计算运费。按从价计算运费的，一般都属高值货物。

（5）按货物重量或体积或价值三者中最高的一种计收，在运价表中以“W/M or ad val”表示；也有按货物重量或体积计收，然后再加收一定百分比的从价运费，在运价表中以“W/M plus ad val”表示。

（6）按货物的件数计收。如汽车、火车头按辆（Per Unit）；活牲畜如牛、羊等按头（Per Head）计费。

（7）大宗低值货物按议价计收运费（Open Rate）。如粮食、豆类、煤炭、矿砂等。上述大宗货物一般在班轮费率表内未被规定具体费率。在订舱时，由托运人和船公司临时洽商议订。议价运费比按等级运价计算运费更低。

（8）起码费率（Minimum Rate）。它是指按每一提单上所列的重量或体积所计算出的运费，尚未达到运价表中规定的最低运费额时，则按最低运费计收。

应当注意的是，如果不同商品混装在同一包装内，则全部运费按其中较高者计收。同一票商品如包装不同，其计费标准及等级也不同。托运人应按不同包装分列毛重及体积，才能分别计收运费，否则全部货物均按较高者收取运费。同一提单内如有两种或两种以上不同货名，托运人应分别列出不同货名的毛量或体积，否则全部将按较高者收取运费。

3. 班轮运费的计算方法

（1）班轮运费的计算公式：

$$F=\mathrm{Fb}+\sum S$$

式中，F 表示运费总额；Fb 表示基本运费；S 表示某一项附加费。

基本运费是所运货物的数量（重量或体积）与规定的基本费率的乘积。

即 $\mathrm{Fb}=f\cdot Q$

式中，f 表示基本费率；Q 表示货运量（运费吨）。

附加费是指各项附加费的总和。在多数情况下，附加费按基本运费的一定百分比计算。

（2）计算步骤：

① 根据装货单（留底联），或托运单查明货物装卸港所属的航线。注意：目的港是否属于航线的基本港，是否需要转船或直达；如有选卸港，要注意个数及港名。

② 审查托运人提供的货物名称、重量、尺码（是否超重、超长）、装卸港口、是否需要转船以及卸货港的选择等。

③ 根据货物名称，从有关运价表中查出该货物的计费标准及运价等级。

④ 查找所属航线的等级费率表，找出该等级货物的基本费率。

⑤ 查出各附加费的费率及计算方法。

⑥ 根据上述各种内容，将各项数据代入班轮运费计算公式予以计算。

【例】 以 CFR 价格条件出口加拿大温哥华罐头水果汁一批，重量为 8 公吨，尺码为 10 立方米，求该批货物总运价。

解：（1）先确认水果汁的英文为“Fruit Juice”。

（2）从有关运价本的“货物分级表”（Classification of Commodities）中查找相应的货名。再从应运价本中查到该货运价等级为 8 级，计算标准为 M，即按尺码吨计算运费。

（3）再查中国—加拿大航线等级费率表（Scale of Class Rates for China——Canada Service）得 8 级货物相应之基本费率为每吨 219.00 元。

（4）另查得燃油附加费为 20%。

（5）计算：

$F = \text{Fb} + \sum S = (219.00 + 219.00 \times 20\%) \times 10 = 262.80 \times 10 = 2\ 628.00$（元）。

二、租船运输

（一）概念

租船运输（Tramp Shipping），又称不定期运输，是相对于定期船运输的另一种船舶运输方式。没有固定的航线和挂靠港口，也没有预先制定的船期表和费率本，船舶经营人与租船人通过洽谈运输条件、签订租船合同来安排运输，故称之为租船运输。

（二）特点

租船运输的特点主要有：

（1）租船运输主要适用于大宗货物的运输，如谷物、矿石、煤炭等。

（2）国际租船市场行情影响租金或运费水平的高低。

（3）船舶营运中有关费用的分担取决于不同的租船方式，并在租船合同中定明。

（4）租船运输是根据租船合同组织运输的。双方事先要签订书面的租船合同。租船合同订明了双方的责任、权利和义务，也是解决争议的依据。

（三）世界主要租船市场

租船市场是需求船舶的承租人和提供船舶运力的出租人协商洽谈租船业务，订立租船合同的主要场所，这只是狭义租船市场或是有形租船市场的定义。而广义的租船市场是指需求船舶的承租人和提供船舶运力的出租人的交易关系，交易的对象是作为租赁对象的船舶的运力。它通常设立在世界上货主和船东汇集、外贸和运输繁荣发达的地方。世界上各种租船场所有专门在城市内设集中场所当面洽谈的，也有不设专门集中场所、而分散在城市内由各个经纪人凭借互联网、电传、传真等一系列通信设施进行洽谈的。

随着租船业务的发展，长期以来在世界上存在着这样几个重要的租船市场，主要有：

1. 英国伦敦租船市场

英国伦敦的波罗的海商业航运交易所是公认的世界上历史最悠久、租船业务最多的散杂货租船市场。波罗的海商业航运交易所的主要业务包括租船、船舶买卖、粮食和油料作物种子交易以及航空租机交易。它有一个固定的集中场所，供船东、租船经纪人和租船代理人聚集面谈租船业务，其成交量约占世界租船总成交量的30%以上。它也是世界上其他租船市场关注和参考的对象。

波罗的海商业航运交易所的业务以洽谈租船合同为主。船东经纪人和租船代理人在交易大厅内公布的资料中可了解当天的租船行情、货物及船舶的种类及数量，从而寻找合适的对象商洽。这里进行的租船交易一般是通过租船经纪人进行的。交易完全公开，其成交租约最终也将被船东知悉。只有个别洽谈的业务对外保密。交易所的租船活动可以代表世界各地船货供求状态，也可反映世界航运市场的状况。这里供应的船舶主要是希腊船东的船舶或受其控制的方便旗船。

2. 美国纽约租船市场

纽约租船市场在第二次世界大战前只是一个地区性交易市场。第二次世界大战后，美国的经济发展较快，进出口货物增多，美国作为重要的货主国家，而且纽约又是世界上最大的经济中心，纽约的海事仲裁机构、海事律师事务所、海事诉讼和海事法律体系健全，这些对租船及航运市场都产生了重要的影响，现已发展成为仅次于伦敦租船市场的世界第二大租船市场。其主要地点虽然设在纽约，并命名为航运交易所，但是，它没有专门的场所，而是通过电话、电传、传真、计算机通信等方式进行租船业务洽谈。这个交易所也采用会员制度，以船东、货主、租船经纪人等为会员。

纽约租船市场上的主顾主要是谷物、铁矿石、煤炭进出口商和希腊及挪威的船东。成交的船舶主要是油船、散装粮船和其他干散货船。其中油船成交量约占世界同类船舶成交总量的30%左右。由于时差的关系，通常国际性的租船活动每天先在伦敦进行，然后再转向纽约，所以，这两个市场构成了世界租船市场的核心。

3. 北欧租船市场

北欧租船市场包括挪威的奥斯陆、瑞典的斯德哥尔摩、德国的汉堡、荷兰的鹿特丹等专业化船舶租船市场，均属于地区性租船市场。该市场是以租赁特殊的高技术船舶为主，如冷藏船、液化石油气船、滚装船等。在租船方式上，以长期期租为主。而且在这些市场上，船舶所有人主要从事第三国的海上运输，他们在这些市场上提供运力，寻找世界各地需要运力的租船人，因此船舶所有人对于租船市场的依赖性很大。

4. 亚洲租船市场

亚洲租船市场包括日本东京，中国的香港、上海和东南亚的新加坡等租船市场，属于地区性租船市场。该租船市场上成交的主要是短程近洋运输船舶的租赁，随着亚洲经济的发展和区域性贸易的繁荣，以及亚洲航运业的日益壮大，这些租船市场发展较快，规模不断扩大。

（四）程租船的方式

1. 单程租船

单程租船（Single Voyage Charter），也称单航次租船。即只租一个航次，货物运到目的港，卸完货合同即告终止。运费按运费率乘装货量或卸货量计算，或按包干价结算。

2. 连续单航次程租

连续单航次程租（Consecutive Voyage Charter），即用一条船连续完成同一去向的、若干相同的程租航次，中途不能中断，一程运货，另一程放空，船方沿线不能揽载。

3. 来回航次程租

来回航次程租（Round Voyage Charter），所租船舶在完成一个航次的任务后，接着又在卸货港（或附近港口）装货运往原装货港，也即来回载货，运费按来回不同货物分别计算。此外，还有连续来回航次的程租，即所租船舶应连续往返载货几个航次才能完成合同规定的任务。

4. 包运合同租船

包运合同租船（Contract of Affreightment），又称大合同单航次程租。由船方在规定的时间内用若干条船运完包运合同规定的货物数量。

5. 航次期租船

航次期租船（Time Charter on Trip Basis），只按一个航次租期长短和约定的日租金计算租金的一种租船方式。

（五）程租与期租的主要区别

1. 对船舶的经营管理不同

在程租情况下，租船人对船舶不负责经营管理；在期租情况下，租船人对船舶负责经营管理。

2. 对船舶的调度权限不同

在程租情况下，租船人无权调度船舶；在期租情况下，租船人不仅有权调度船舶，而且有选择航线、停靠港口和所载货物等方面的权利。

3. 计算和支付运费的方法不同

程租的运费是按货物的数量计算，支付的方法多种多样，有预付的，也有到付的，还有部分预付部分到付的；期租的租金是按船舶的夏季满载载重吨计算，都是按月或按半月预付。

4. 其他费用划分不同

程租时，租船人只付运费，至于隔垫费、装卸费等须视租船合同的内容而定；期租船船东只负担少数几项营运费用，如维修费、保险费、船检费等，其他一切日常营运开支均由租船人负担。

配套实训练习

一、计算题

1. 出口某商品10公吨，400箱装，每箱毛重25千克，体积20厘米×30厘米×40厘米，单价CFR马赛每箱55美元，查表知该货为8级，计费标准为W/M，每运费吨运费80美元，另征收转船附加费20%，燃油附加费10%。试计算应收运费。

2. 某公司出口洗衣粉到西非某港口城市，共100箱。该商品的内包装为塑料袋，每袋重1磅，外包装为纸箱，每箱100袋，箱的尺寸为长47厘米，宽39厘米，高26厘米。经查该商品为5级货，按“M”标准计算，去西非航线的5级货每运费吨的基本运费为367港元，另加转船费15%，燃料费33%，港口拥挤费5%，问该货物的运费是多少？

二、了解世界主要海运航线、港口及船公司

（一）实训目的

1. 熟悉国际班轮航线与主要班轮公司信息。

2. 会使用各种工具检索船期等信息。

（二）实训内容

1. 结合世界交通地图册，自行绘制以下国家与区域地图，填写主要港口。

韩国、日本、东南亚、美国、欧洲、地中海、波斯湾、大洋洲、非洲、南美洲、中美洲。

2. 了解世界主要集装箱班轮公司的背景资料。

马士基海陆、地中海航运、大阪三井、韩进、以星

项目三

班轮提单

任务一　提　　单

任务描述： 掌握提单的作用和主要类型。

一、提单的定义和作用

海运提单（Bill of Lading，B/L）简称提单，是指用以证明海上货物运输合同和货物由承运人接管或装船以及承运人据以保证交付货物的单证。

海运提单的性质和作用可以概括为以下三个方面。

（一）提单是海上货物运输合同的证明

提单的印刷条款规定有承运人与货物关系人之间的权利、义务，提单也是法律承认的处理有关货物运输争议的依据，但不能由此认为提单本身就是运输合同。首先，提单并不具有作为经济合同应具备的基本条件。构成运输合同的主要项目诸如船名、开航日期、航线、靠港及其他有关货运条件，是承运人事先公布且众所周知的；运价和运输条件也是承运人预先规定的；提单条款仅是承运人单方面制定的，在提单上也只有承运人单方的签字。运输合同实际上是在托运人向承运人或其代理人订舱，承运人在装货单签章后就已经成立。其次，提单是在货物装船后或合同履行过程中取得的。合同履行在前，提单签发在后。提单只是在履行运输合同的过程中出现的一种证据。所以，将提单称为“海上货物运输合同已存在的证明”更为合理。

如果托运人与承运人订有运输合同，则承、托双方的权利、义务应以合同为依据。如果在签发提单之前，双方并无约定，且托运人在接收提单时又未提出任何异议的，这时才可将提单条款推定为合同条款的内容，从而约束承、托双方，提单才能从运输合同成立的证明转化为运输合同本身。

当提单转让给善意的第三人（提单的受让人、收货人等）以后，承运人与第三人之间的权利、义务等就按提单条款的规定处理，此时提单就是第三人与承运人之间的运输合同。根据《中华人民共和国海商法》（简称《海商法》）第 78 条第 1 款的规定，承运人同收货人、提单持有人之间的权利、义务关系，依据提单的规定确定。

（二）提单是证明货物已由承运人接管或已装船的货物收据

承运人签发提单，就表明他已按提单上所列内容收到货物。有关国际公约都规定：承运人收到货物后应根据托运人的要求签发提单。

但是，提单作为货物收据的法律效力在不同的当事人之间是不同的——主要视其是在托运人手中还是收货人手中。对托运人来说，提单只是承运人依据托运人所列提单内容收到货物的初步证据（Prima Facie Evidence）或称为表面证据。换言之，如果承运人有证据证明他在事实上并未收到货，或者在收货时，实际情况与提单记载有所差异，则可以通过一定方式减轻或者免除自己的责任。但对善意接受提单的第三人，提单是承运人已按托运人所列内容收到货物的最终证据（Conclusive Evidence），承运人不能提出相反的证据来否定提单上所记载的内容。初步证据与最终证据的区别在于：前者允许承运人提出反证（例如提单正面载明某货 100 件，承运人事后举证实际只装运了 90 件）；后者则不允许承运人提出反证，即反证无效，承运人应按提单上记载的情况进行赔偿。

（三）提单是承运人保证凭以交付货物的物权凭证

提单作为物权凭证的功能是用法律的形式予以确定的。承运人或其代理在目的港交付货物时，必须向正本提单持有人交货。

提单的合法持有人在承运人交货前，可以通过转让提单而转移货物所有权，或凭提单向银行办理抵押贷款。提单的转让（除提单中有规定不许转让外）是不需要经承运人同意的。

提单的物权凭证在时间上受到两种限制：一是提单的转让必须在承运人交货前才有效。二是提单持有人必须在货物运抵目的港后一定时间内把货物提走，过期不提的视为无主货物，承运人可会同有关权威机构共同对货物行使处置权。

二、提单的种类

随着航运业务的不断发展，提单的种类也日益增多，目前常见的有以下几种。

（一）基本种类

这类提单是指在正常情况下，符合法律要求所使用的提单。

1. 根据货物是否已装船分类

（1）已装船提单（on Board B/L or Shipped B/L）。它是指承运人已将整票货物全部装上指定的船舶后签发的提单。其特点是提单上除了载明其他通常事项外，还须注明载货船舶名称和货物实际装船完毕日期。

（2）收货待运提单（Received for Shipment B/L）。收货待运提单简称收妥待运提单或待装提单，是指承运人虽已收到货物但尚未装船，应托运人的要求而向其签发的提单。由于待运提单上没有明确的装船日期，又不注明载货船的船名，因此，在跟单信用证的支付方式下，银行一般都不接受这种提单。

2. 根据收货人抬头分类

（1）记名提单（Straight B/L）。它是指在提单“收货人”一栏内填上特定的收货人名称的提单。记名提单只能由提单上所指定的收货人提货，不得转让。记名提单可以避免因转让而带来的风险，但也失去了其代表物权可转让流通的便利性。银行一般不愿意接受此种提单作为议付的单证。其一般只用于运送价值较高的货物、展览品及援外物资等。

（2）不记名提单（Open B/L；Blank B/L；Bearer B/L）。它是指在提单“收货人”一栏内记明应向提单持有人交付货物，如“to the Bearer”或“to the Holder”，或不填写任何内容（空白）的提单。不记名提单无须背书即可转让。转让手续非常简便，但一旦遗失或被盗，货物很容易被他人提走。因此，这种提单在国际贸易中很少使用。

（3）指示提单（Order B/L）。它是指在提单“收货人”一栏内只填写“凭指示”（to Order）或“凭某人指示”（to the Order of ×××）字样的提单。指示提单经过背书人背书后可以转让，既避免了记名提单的僵硬，也避免了不记名提单的风险，所以是一种常用的提单。

所谓背书，是转让人（背书人）在提单的背面写明或者不写明受让人并签名的手续。实践中，背书有记名背书、指示背书和不记名背书等几种方式。

① 记名背书。记名背书也称完全背书，是指背书人在提单背面写明被背书人（受让人）的名称，并由背书人签名的背书形式。经过记名背书的指示提单将成为记名提单性质的指示提单。

② 指示背书。指示背书是指背书人在提单背面写明“凭×××指示”的字样，同时由背书人签名的背书形式。经过指示背书的指示提单还可以继续进行背书，但背书必须连续。

③ 不记名背书。不记名背书也称空白背书，是指背书人在提单背面由自己签名，但不记载任何受让人的背书形式。经过不记名背书的指示提单将成为不记名提单性质的指示提单。

关于提单转让的规定有：记名提单，不得转让；不记名提单，无须背书，即可转让；指示提单，经过记名背书或者空白背书转让。所以，背书与转让是不同的。

3. 根据货物外表状况有无不良批注分类

（1）清洁提单（Clean B/L）。它是指货物装船时，表面状况良好，承运人在签发提单时未加上任何有关货物残损、包装不良或其他有碍于结汇的批注的提单。在正常情况下，向银行办理结汇时，必须提交的是清洁提单。

（2）不清洁提单（Unclean B/L Or Foul B/L）。它是指承运人在提单上加注有货物及包装状况不良或存在缺陷，如水湿、油渍、污损、锈蚀等批注的提单。承运人通过批注，声明货物是在外表状况不良的情况下装船的，在目的港交付货物时，若发现货物损坏可归因于这些批注的范围，从而减轻或免除自己的赔偿责任。在正常情况下，银行将拒绝以不清洁提单办理结汇。

需要说明的是，并不是所有经批注的提单均为不清洁提单。国际航运公会于1951年规定下列三种内容的批注不能视为不清洁：第一，没有说明货物或包装不令人满意，只批注“旧包装”“旧箱”“旧桶”等；第二，强调承运人对于货物或包装性质所引起的风险不负责任；第三，否认承运人知悉货物内容、重量、容积、质量或技术规格。这三项内容已被大多数国家和航运组织所接受。

实践中，当货物及包装状况不良或存在缺陷时，托运人会出具保函，并要求承运人签发清洁提单，以便能顺利结汇。由于这种做法掩盖了提单签发时的真实情况，承运人有可能会承担由此而产生的责任，所以使用保函时要视具体情况而定。

4. 根据不同的运输方式分类

（1）直达提单（Direct B/L）。它是指由承运人签发的，货物从装货港装船后，中途不经过转船而直接运抵卸货港的提单。

（2）转船提单（Transhipment B/L or Through B/L）。它是指在装货港装货的船舶不直接驶达货物的目的港，而要在中途港换装其他船舶运抵目的港，由承运人为这种货物运输所签发的提单。

（3）多式联运提单（Combined Transport B/L；Intermodal Transport B/L；Multimodal Transport B/L）。它是指货物由海路、内河、铁路、公路和航空等两种以上不同运输工具共同完成全程运输时所签发的提单。这种提单主要用于集装箱运输。多式联运提单一般由承担海运区段运输的船公司签发。

5. 根据提单签发人不同分类

（1）班轮公司提单（Liner B/L）。它是指在班轮运输中，由班轮公司或其代理人所签发的提单。在集装箱班轮运输中，班轮公司通常为整箱货签发提单。

（2）无船承运人提单（NVOCC B/L）。它是指由无船承运人或其代理人所签发的提单。在集装箱班轮运输中，无船承运人通常为拼箱货签发提单，因为拼箱货是在集装箱货运站内装箱和拆箱，而货运站又大多有仓库，所以有人称其为仓/仓提单（House B/L）。当然，无船承运人也可以为整箱货签发提单。

6. 根据签发提单的时间分类

这类提单是指在特殊情况下，可能是不符合法律规定或者对货运业务有一定影响时所使用的提单。这类提单也有多种情况。

（1）倒签提单（Anti-date B/L）。它是指承运人应托运人的要求，签发提单的日期早于货物实际装船完毕的日期，以符合信用证对装船日期的规定，便于在该信用证下结汇，即托运人从承运人处得到的以早于货物实际装船完毕的日期作为提单签发日期的提单。由于倒填日期签发提单，所以称作“倒签提单”。承运人倒签提单的做法掩盖了真实的情况，因此要承担由此而产生的风险责任。

（2）预借提单（Advanced B/L）。它是指由于信用证规定的装运期或交单结汇期已到，而货物尚未装船或货物尚未装船完毕时，应托运人要求而由承运人或其代理人提前签发的已装船提单，即托运人为能及时结汇而从承运人处借用的已装船提单。预借提单和倒签提单同属一种性质，一般都是出口公司出于无奈和应急时采用的办法，为了防止意外，应尽量避免使用这两种提单。

（3）顺签提单（Post-Date B/L）。它是指在货物装船完毕后，承运人应托运人的要求，以晚于该票货物实际装船完毕的日期作为提单签发日期的提单。由于顺填日期签发提单，所以称为“顺签提单”。这种做法是为了符合合同关于装运期的规定，应托运人的要求而顺填日期签发的提单。承运人顺签提单的做法同样也掩盖了提单签发时的真实情况，因此也要承担由此而产生的风险责任。

（二）特殊提单

（1）舱面提单（on Deck B/L）。它是指将货物积载于船舶露天甲板，并在提单上记载“on Deck”字样的提单，也称甲板货提单。积载在船舱内的货物比积载于舱面的货物可能遇到的风险要小，所以承运人不得随意将货物积载于舱面运输。但是，按商业习惯允许装于舱面的货物、法律规定应装于舱面的货物、承运人与托运人协商同意装于舱面的货物可以装于舱面运输。另外，由于集装箱运输的特殊性，通常有1/3以上的货物要装于甲板上，所以不论集装箱是否装于舱面，提单上一般不记载“on Deck”或“under Deck”，商业上的这种做法已为有关各方当事人所接受。

（2）过期提单（Stale B/L）。它是指由于出口商在取得提单后未能及时到银行议付的提单。因不及时而过期，形成过期提单，也称滞期提单。根据《跟单信用证统一惯例》的规定，在提单签发日期后21天才向银行提交的提单也属过期提单。

过期提单是商业习惯的一种提单，但它在运输合同下并不是无效提单；提单持有人仍可凭其要求承运人交付货物。

（3）并提单（Omnibus B/L）。它是指应托运人要求，承运人将同一船舶装运的相同港口、相同货主的两票或以上货物合并签发的一套提单，即将不同装货单号下的货物合起来签发相同提单号的一套提单。

（4）分提单（Separate B/L）。它是指应托运人要求，承运人将属于同一装货单号下的货物分开，并分别签发的提单（多套提单），即将相同装货单号下的货物分开签发不同提单号的提单。

（5）交换提单（Switch B/L）。它是指在直达运输的条件下，应托运人要求，承运人同意在约定的中途港凭起运港签发的提单换发以该中途港为起运港的提单，并记载有在中途港收回本提单，另换发以中途港为起运港的提单或“Switch B/L”字样的提单。

由于商业上的原因，为满足有关装货港的要求，托运人会要求承运人签发这种提单。签发交换提单的货物在中途港不换装其他船舶，而是由承运人收回原来签发的提单，再另签一套以该中途港为起运港的提单，承运人凭后者交付货物。

（6）交接提单（Memo B/L）。它是指由于货物转船或联运或其他原因，在不同承运人之间签发的不可转让、不是“物权凭证”的单证。交接提单只是具有货物收据和备忘录的作用。

有时由于一票货物运输会由不同的承运人来运输或承运，为了便于管理，更是为了明确不同承运人之间的责任，就需要制作交接提单。

另外，还有全式提单和简式提单、运费预付提单和运费到付提单、正本提单和副本提单等。

任务二　提单记载的内容

任务描述：了解提单的正面、背面条款。

一、提单正面记载的内容

目前，各船公司所制定的提单虽然格式不完全相同，但其内容大同小异。

（一）必要记载事项

根据1993年7月1日公布实施的《中华人民共和国海商法》第73条的规定，提单正面应记载以下各项。

（1）货物的品名、标志、包数或者件数、重量或者体积以及运输危险货物时对危险性质的说明；

（2）承运人的名称和主要营业所；

（3）船舶名称；

（4）托运人的名称；

（5）收货人的名称；

（6）装货港和在装货港接收货物的日期；

（7）卸货港；

（8）多式联运提单增列接收货物地点和文件货物地点；

（9）提单的签发日期、地点和份数；

（10）运费的支付；

（11）承运人或者其代表。

根据我国《海商法》第73条的规定，提单缺少前款规定的一项或者几项的，不影响提单的性质。提单正面记载的事项，在法律上具有初步证据。

（二）注意事项

（1）托运人（Shipper），一般为信用证中的受益人。如果开证人为了贸易上的需要，要求做第三者提单（Third Party B/L），也可照办。

（2）收货人（Consignee），如要求记名提单，则可填上具体的收货公司或收货人名称；如属指示提单，则填为“指示”（Order）或“凭指示”（to Order）；如需在提单上列明指示人，则可根据不同要求，做成“凭托运人指示”（to Order of Shipper），“凭收货人指示”（to Order of Consignee）或“凭银行指示”（to Order of ××× Bank）。

（3）被通知人（Notify Party），这是船公司在货物到达目的港时发送到货通知的收件人，有时即为进口人。在信用证项下的提单，如信用证上对提单被通知人有权具体规定时，则必须严格按信用证要求填写。如果是记名提单或收货人指示提单，且收货人又有详细地址的，则此栏可以不填。如果是空白指示提单或托运人指示提单则此栏必须填列被通知人名称及详细地址，否则船方就无法与收货人联系，收货人也不能及时报关提货，甚至会因超过海关规定申报时间被没收。

（4）提单号码（B/L No.），一般列在提单右上角，以便于工作联系和查核。发货人向收货人发送装船通知（Shipment Advice）时，也要列明船名和提单号码。

（5）船名（Name of Vessel），应填列货物所装的船名及航次。

（6）装货港（Port of Loading），应填列实际装船港口的具体名称。

（7）卸货港（Port of Discharge），填列货物实际卸下的港口名称。如属转船，第一程提单上的卸货港填转船港，收货人填二程船公司；第二程提单装货港填上述转船港，卸货港填最后目的港如由第一程船公司出联运提单（Through B/L），则卸货港即可填最后目的港，提单上列明第一和第二程船名。如经某港转运，要显示“Via ×××”字样。在运用集装箱运输方式时，目前使用“联合运输提单”（Combined Transport B/L），提单上除列明装货港，卸货港外，还要列明“收货地”（Place of Receipt），“交货地”（Place of Delivery）以及“第一程运输工具”（Pre-Carriage By），“海运船名和航次”（Ocean Vessel，Voy No.）。填写卸货港，还要注意同名港口问题，如属选择港提单，就要在这栏中注明。

（8）货名（Discription of Goods），在信用证项下货名必须与信用证上规定的一致。

（9）件数和包装种类（Number and Kind of Packages），要按箱子实际包装情况填列。

（10）唛头（Shipping Marks），信用证有规定的，必须按规定填列，否则可按发票上的唛头填列。

（11）毛重，尺码（Gross Weight，Measurement），除信用证另有规定者外，一般以千克为单位列出货物的毛重，以立方米列出货物体积。

（12）运费和费用（Freight and Charges），一般为预付（Freight Prepaid）或到付（Freight Collect）。如 CIF 或 CFR 出口，一般均填上运费预付字样，千万不可漏列，否则收货人会因运费问题提不到货，虽可查清情况，但拖延提货时间，也将造成损失。如是 FOB 出口，则运费可制作“运费到付”字样，除非收货人委托发货人垫付运费。

（13）提单的签发，日期和份数。提单必须由承运人或船长或他们的代理签发，并应明确表明签发人身份。一般表示方法有：Carrier、Captain 或“As Agent for the Carrier：×××”等。提单份数一般按信用证要求出具，如“FULL SET OF”一般理解成三份正本若干份副本。等其中一份正本完成提货任务后，其余各份失效。提单还是结汇的必需单据，特别是在跟单信用证结汇时，银行要求所提供的单证必须一致，因此提单上所签的日期必须与信用证或合同上所要求的最后装船期一致或先于装期。如果卖方估计货物无法在信用证装期前装上船，应尽早通知买方，要求修改信用证，而不应利用“倒签提单”“预借提单”等欺诈行为取得货款。

实践中，为了满足业务上的需要，提单正面记载的内容还会增加一些项目。如通知人名称、提单号码、多式联运提单中的货物接收及交付地点等内容。

二、提单正面和背面的印刷条款

（一）提单正面的印刷条款

1. 确认条款

该条款是承运人表示在货物或集装箱外表状况良好的条件下接收货物或集装箱，并同意承担按照提单所列条款，将货物或集装箱从装货港或起运地运往交货地，把货物交付收货人的责任条款。

2. 不知条款

该条款是承运人表示没有适当的方法对所接收的货物或集装箱进行检查，所有货物的重量、尺码、标志、品质等都由托运人提供，并不承担责任的条款。但是，“不知条款”并不一定有效。

3. 承诺条款

该条款是承运人表示承认提单是运输合同成立的证明，承诺按照提单条款的规定承担义务和享受权利，而且也要求货主承诺接受提单条款制约的条款。由于提单条款是承运人单方拟定的，该条款为表明货主接受提单也就接受了提单条款的制约，所以该条款也称代拟条款。

4. 签署条款

该条款是承运人表明签发提单（正本）的份数，各份提单具有相同效力，其中一份完成提货后其余各份自行失效和提取货物必须交出经背书的一份提单以换取货物或提货单的条款。

（二）提单背面的印刷条款

全式提单的背面印有各种条款。提单背面条款可以分为两类：一类是强制性条款，另一类是任意性条款。

强制性条款的内容不能违反有关国际公约、国内法律或港口的规定，违反或不符合这些规定的条款无效。我国《海商法》第 44 条规定，海上货物运输合同和作为合同凭证的提单或者其他运输单证中的条款，违反本章规定的，无效。《海牙规则》第 3 条第 8 款规定，运输合同中的任何条款、约定或协议，凡是解除承运人或船舶对由于疏忽、过失或未履行本条规定的责任和义务，因而引起货物或关于货物的灭失或损害的责任的，或以下同于本公约的规定减轻这种责任的，则一律无效。有利于承运人的保险利益或类似的条款，应视为属于免除承运人责任的条款。但是，《海牙规则》、《海牙—维斯比规则》、中国《海商法》等国际公约和各国有关提单的法规都没有对承运人扩大责任或放弃某些免责的条款加以限制。

除强制性条款外，提单背面任意性条款，即上述法规、国际公约没有明确规定的，允许承运人自行拟定的条款，和承运人以另条印刷、刻制印章或打字、手写的形式在提单背面加列的条款，这些条款适用于某些特定港口或特种货物，或托运人要求加列的条款。所有这些条款都是表明承运人与托运人、收货人或提单持有人之间承运货物的权利、义务、责任与免责的条款，是解决他们之间争议的依据。虽然各种提单背面条款多少不一，内容不尽相同，但通常都有下列主要条款。

1. 首要条款和提单适用法

首要条款是承运人按照自己的意志，印刷于提单条款的上方，通常列为提单条款第一条，用以明确本提单受某一国际公约制约或适用某国法律的条款。通常规定：提单受《海牙规则》或《海牙—维斯比规则》或者采纳上述规则的某一国内法的制约，如英国《1971 年海上货物运输法》及《1936 年美国海上货物运输法》的制约。例如，中远提单规定，有关承运人的义务、赔偿责任、权利及豁免应适用《海牙规则》，即 1924 年 8 月 25 日在布鲁塞尔签订的《关于统一提单若干规定的国际公约》。目前中远提单则规定，该提单受中华人民共和国法律的制约。

2. 定义条款

定义条款是对与提单有关术语的含义和范围做出明确规定的条款。

3. 承运人责任条款

一些提单订有承运人责任条款，规定承运人在货物运送中应负的责任和免责事项。一般概括地规定为按什么法律或什么公约为依据，如果提单已订有首要条款，就无须另订承运人的责任条款。《海牙规则》中承运人的责任可归纳为承运人保证船舶适航的责任（义务）和管理货物的责任，即承运人应“适当”与“谨慎”地管理货物。

4. 责任期间条款

承运人责任期间条款是用以明确承运人对货物运输承担责任的开始和终止时间的条款。

5. 承运人赔偿责任限制条款

承运人的赔偿责任限制条款是用以明确承运人对货物的损坏负有赔偿责任应支付赔偿金时，承运人对每件或每单位货物支付的最高赔偿金额的条款。提单应按适用的国内法或国际公约规定承运人对货物的灭失或损坏的赔偿责任限额。但承运人接收货物前托运人书面申报的货物价格高于限额并已填入提单又按规定收取运费时，应按申报价值计算。如果首要条款中规定适用某国际公约或国内法，则按该公约或国内法办理。

6. 特定货物条款

特定货物条款是用以明确承运人对运输一些特定货物时应承担的责任和享有的权利，或为减轻或免除某些责任而做出规定的条款。在运输一些特殊性质或对运输和保管有特殊要求的货物时，就会在提单中找到相应的条款，如危险货物条款规定托运人对危险品的性质必须正确申报并标明危险品标志和标签，托运人如事先未将危险货物性质以书面形式告知承运人，并未在货物包装外表按有关法规予以标明，则不得装运；否则，一经发现，承运人为了船货安全有权将其变为无害、抛弃或卸船，或以其他方式予以处置。托运人、收货人应对未按上述要求装运的危险品，使承运人遭受的任何灭失或损害负责，对托运人按要求装运的危险品，当其危及船舶或货物安全时，承运人仍有权将其变为无害、抛弃或卸船，或以其他方式予以处置。除此之外，还有针对舱面货、活动物、冷藏货、木材、钢铁、重大件等特定货物的相应条款。

此外，提单背面还列有许多其他条款：

（1）分立契约、赔偿与抗辩、免责事项；

（2）承运人的运价本；

（3）索赔通知与时效；

（4）承运人的集装箱；

（5）托运人的集装箱；

（6）货方的责任；

（7）运费与费用；

（8）承运人检查货物；

（9）留置权；

（10）通知与交付；

（11）货主装箱的整箱货；

（12）共同海损与救助；

（13）互有过失碰撞责任；

（14）管辖权；

（15）新杰森条款等。

任务三　提单的使用

任务描述：掌握提单的签发人及转让的方式。

一、提单的签发

（一）提单签发人

提单必须经签署才产生效力。有权签发提单的人包括承运人本人、载货船舶船长或经承运人授权的代理人。

承运人与托运人订立海上货物运输合同，承运人是合同的当事人，当然有权签发提单。各国法律都承认载货船船长是承运人的代理人，而不必经过承运人的特别授权。代理人签发提单必须经承运人特别授权，否则代理人无权签发提单。

（二）提单的签发地点和日期

提单的签发地点应当是货物的装船港。提单签发日期应是货物实际装船完毕的日期，并且与大副签署的收货单签发的日期相一致。

货物装船完毕，大副应根据货物外表状况签署收货单，提单签发人应将收货单与提单记载的各项内容核对无误后签发提单，如收货单上有批注，则提单签发人就应如实转批在提单上。

集装箱班轮运输中，为了给承运人签发提单提供方便，实践中大多以船舶开航（Sailing Date）作为提单签发日期。但是，应该注意的是，Sailing Date 并不一定是 On Board Date。

（三）提单的份数

提单有正本提单和副本提单之分，通常所说的提单都是指正本提单。副本提单只用于日常业务，不具有法律效力。

为了防止提单遗失、被窃或在转递过程中发生意外事故造成灭失，各国海商法和航运习惯都允许为一票货物签发一套多份正本提单，并且各份正本提单都具有同等效力，但其中一份提货后，其他各份自动失效。这样做的原因是：

（1）使提单的合法受让人了解全套正本提单的份数，防止流失在外而引起的纠纷，保护提单受让人的利益。

（2）信用证通常都规定必须以全套正本提单向银行办理结汇。

（3）在变更卸货港交付货物时必须提交全套正本提单。

副本提单的份数视需要而定。虽然它没有法律效力，不能据以提货，但却是装运港、中转港及目的港的代理人和载货船舶不可缺少的补充货运文件，可以补充舱单上不完整的内容和项目。

二、提单的更正和补发

（一）提单的更正

1. 提单签署前的更正

在实际业务中，提单通常是在托运人办妥托运手续后，货物装船前，在缮制有关货运单证的同时缮制的。在货物装船后，这种事先缮制的提单在下列原因下可能需要更正。

（1）事先缮制的提单，与实际装载情况不符需要更正。

（2）货物装船后，发现托运人申报材料的错误而需要更正。

（3）信用证要求的条件有所改变。

（4）由于其他原因，托运人提出更正提单内容的要求。

2. 提单签署后的更正

货物已装船、提单已签署，托运人提出提单更正的要求，这时，承运人或其代理人要考虑各方面的关系，在不妨碍其他提单利害人利益、不影响承运人交货的前提下，征得有关方面同意，更改并收回原提单。因更改提单内容而引起的损失和费用，则应由提出更改要求的托运人负担。如果提出提单更改时船舶已开航，应电告船长做相应更改。

（二）提单的补发

如果提单签发后遗失，托运人提出补发提单，承运人会根据不同情况进行处理。一般是要求提供担保或者保证金，而且还要依照一定的法定程序将提单声明作废。《中华人民共和国海事诉讼特别程序法》第 100 条规定，提单等提货凭证持有人，因提货凭证失控或者灭失，可以向货物所在地海事法院申请公示催告。

▶ 知识窗：

提单丢失后怎么办

装船单据在快递中丢失，往往造成收货人在目的港无法凭正本提单提货，实务中一般是由收货人凭副本提单提货；或由承运人补签一套新提单供货方提货及结汇使用，或由出口方授权承运人电放；但上述三种情况下，承运人通常均要求货方提供可靠提保。目前船公司往往要求出口商与其开户行联合提供担保，担保时间为一年、三年、六年不等。银行出具担保一般均要求出口商交付保证金，如果金额巨大，将巨额资金压三至六年不动，对出口商将产生巨大压力；若提单被第三人善意取得，出口商将面临钱货两空的结局。

提单在寄送过程中丢失可能有数种情况：（1）在出口商控制下丢失；（2）出口商将单据送交开证行后，在开证行丢失；（3）开证行将单据交由快递公司后丢失；（4）快递公司送达议付行后丢失；（5）议付行送交收货人后丢失。

在（1）和（5）两种情况下，应分别由出口商和进口商负责。

在（2）和（4）两种情况下，应分别由开证行和议付行负责。

问题是丢失往往发生于第（3）种情况，依现行有效的邮政法规，邮政部门仅承担十分有限的责任。

根据《2010年国际贸易术语解释通则》，在CIF、CFR和FOB条件下，卖方应当自负费用的情况下，毫不迟疑地向买方提供表明载往约定目的港的通常运输单据。据此推论，单据丢失的风险一般应由卖方承担。承运人为确保自身的权益要求收货人在无正本提单的情况下担保提货；且要求由银行提供担保。若考虑到资金滞压，可以采取如下措施加以解决。

（1）及时通知有关船公司及其代理。在此种情况下，船公司及其代理负有谨慎处理的义务，不能再仅凭提单持有人持有正本提单即放行货物，而应要求提货人提供充分的证据，证明其取得提单是善意的。例如，背书是否连续？是否符合要求？是否支付了合理对价？承运人也可以通过法定程序将提单项下货物提存，解除对货物的责任。

（2）及时向法院申请公示催告。一则可以确保提单项下权益不受侵犯；二则可以解决保证金长期滞压的问题。因为一旦法院决定受理公示催告，在该期间转让票据权利的行为均属无效。公示催告程序的法律费用较低，律师费也较低。国外应当也有此种程序，催告期满（一般为60天）即可申请法院做出除权判决。

（3）一般而言，单据丢失不应影响压港，因为收货人有义务收货并不能据此拒绝卸货；承运人同样不能以收货人无正本提单为由拒绝卸货，尽管其有权拒绝放行货物。

（4）邮政快递公司应负何种责任，目前的法规赋予其几近免责的待遇；是否可以通过投保邮政快递风险保险来转嫁损失，目前保险公司似乎尚未开展此项保险。

（5）银行出具保函，只要保函措辞具体全面，一般不会有风险。涉及大额保函，最好请法律顾问把关，因为实践中确实有不少银行保函无效的先例。

任务四 国际海上货运公约与中国《海商法》

任务描述： 掌握《海牙规则》对承运人责任与免责的规定。了解不同的国际公约相同问题上的不同规定。

关于国际海上货物运输合同的国际公约有《海牙规则》《海牙—维斯比规则》和《汉堡规则》三个著名的公约，我国有《海商法》。

一、《海牙规则》

（一）制定《海牙规则》的背景

20 世纪初在美国、澳大利亚及加拿大相继制定约束国际海上货物运输合同——提单的国内法时，国际上并无统一的法规，各航运公司提单扩大免责范围，减轻自己义务，滥用“合同自由”原则的现象普遍存在。关于明确承运人最低义务和责任的要求已成为当时国际贸易有关方面深切关注的问题，但是，第一次世界大战的爆发延缓了制定国际统一规则的时间。国际法协会于 1921 年 9 月在荷兰海牙召开会议，制定了提单规则，提供各方选择适用。随之以该规则为基础，于 1924 年 8 月 25 日在比利时召开的由 26 国代表出席的外交会议上制定了《关于统一提单若干法律规定的国际公约》（International Convention for the Unification of Certain Rules of Law Relating to Bills of Lading）又称《海牙规则》（Hague Rules）。《海牙规则》于 1931 年 6 月 2 日起生效。我国未加入该公约，但如同很多非缔约国一样，目前在提单运输方面，我国也参照这一公约规定，制定了我国《海商法》有关承运人责任基础的规范，规定国际海上货物运输承、托双方的权利与义务。

（二）《海牙规则》的主要内容

《海牙规则》共 16 条，明确规定了承运人的最低限度的义务和责任，制止了公共承运人利用合同自由的原则扩大免责范围、任意降低承运人责任和义务的现象，使国际海上件杂货运输有一个统一的法律规定，便利国际贸易的发展。

《海牙规则》的主要内容如下。

1. 承运人最低限度的义务

（1）提供适航船舶。《海牙规则》第 3 条第 1 款规定，承运人须在开航前和开航时谨慎处理：（a）使船舶适航；（b）适当地配备船员、装备船舶和供应船舶；（c）使货舱、冷藏舱和该船其他载货处所能适宜和安全地收受、运送和保管货物。

承运人提供适航船舶的义务是指不但船舶本身要适于航行，证书齐全，符合安全航行和各项技术要求，而且船员要配备齐全，配足燃料供应品等。货舱也要适货。做到上述三项，才能称为船舶适航。

上述规定中提到的适航不是指任何时候都要做到，而是指在开航前和开航当时。开航前一般理解为装货开始时，即在装货开始时要适货，当时船员可能不会全部到齐，但在开航当时必须做到适航。

上述适航义务也不是绝对的，承运人必须“谨慎处理”，做到以上三项也就是说必须恪尽职责。至于什么是“谨慎处理”则应视具体情况而论。

（2）妥善管理货物。根据《海牙规则》第 2 条规定，除遵照第 6 条规定外，每个海上货物运输合同的承运人，对有关货物的装载、搬运、积载、运送、保管、照料和卸载，都应按照下列规定承担责任和义务，并享受权利和豁免，也即在海运全过程中对货物要妥善管理。

2. 承运人的货物运输责任期间

按照《海牙规则》第 1 条“货物运输”的定义，货物运输期间为从货物装上船起至卸完船为止的期间。也就是说《海牙规则》有关承运人的义务和责任适用于这一期间。至于装船之前，即承运人在码头仓库接管货物至装上船这一段时间，以及货物卸船后到向收货人交付货物这一段时间，按照《海牙规则》第 7 条的规定，本条约中的任何规定，都不妨碍承运人或托运人就承运人或船舶对海运船舶所载货物于装船以前或卸船以后所受灭失或损害，或与货物的保管、照料和搬运有关的灭失或损害所应承担的责任与义务，订立任何协议、规定、条件、保留或免责条款。承运人一般在提单上规定免除承运人在上述两段期间的运输责任。

所谓“装上船起至卸下船止”一般可理解为：在使用船舶吊杆装卸货物时则为“钩到钩”期间，也即货物挂上船舶吊杆的吊钩时起到脱离吊钩时为止。如果使用岸上吊杆或起重机装卸，则以货物越过船舷为界，也即“舷至舷”期间。

3. 承运人的免责规定

《海牙规则》实行的是不完全过失责任制。关于承运人免责的规定共有十七项，包括两类：一类是过失免责，另一类是无过失免责。国际海上货物运输责任制度中最受人指责的是《海牙规则》的“过失免责”，即按第 4 条第 2 款第 1 项规定，不论承运人或船舶，对由于下列原因引起或造成的灭失或损坏，都不负责：船长、船员、引水员或承运人的雇用人员在驾驶船舶或管理船舶中的行为、疏忽或不履行义务。这种过失免责条款是其他运输方式运输责任制度所没有的，不但对受害者不公平，而且对统一国际运输责任制度，从而为创造开展多式联运的更好条件也是不利的。

第二类是承运人无过失免责。这类免责条款与其他运输方式差别不大，只是增加一些海运特色而已。在这一类中可以再分为以下几个方面。

（1）不可抗力或承运人无法控制的事项方面：海上危险、天灾、战争、公敌行为、暴动和骚乱、政府扣押船舶、检疫限制、罢工或停工八项。

（2）托运人或货方的行为或过失方面：托运人或货主的行为，货物包装不良，货物标志不清或不当，货物的性质、固有缺陷。

（3）特殊免责条款有三项：第一项火灾，即使是承运人的雇用人的过失，承运人也不负责，只有在承运人本人的实际过失或知情参与时才不能免责。第二项“救助或企图救助海上人命或财产”，这是对船舶合理绕航的免责，是海上运输中特有的负责。第三项是谨慎处理仍不能发现的潜在缺点。

(4) 总的无过失免责条款，即属于不列明的承运人无过失免责条款。《海牙规则》规定，承运人要援引这一项的免责权利时，必须举证证明有关货物的灭失或损坏既非由于承运人的实际过失所致，又非承运人的代理人或雇用人的过失或疏忽所造成。

理解《海牙规则》的免责条款，应掌握以下两种情况。

第一，承运人必须谨慎处理提供适航船舶，或者如果船舶不适航，也就是由此引起货物的灭失或损害，承运人就不可能援引前述免责规定。

第二，船长、船员在管理船舶中的行为和过失，往往与承运人管理货物的要求不易分清，有时看来是管理船舶实际是管理货物，而后者的过失是不能免责的。一般说来，划分船长、船员管理船舶还是管理货物的行为，应以进行某项操作的意图或直接目的为准，如二者兼有，则一般作为管理货物处理，以保护货方的利益。

4. 赔偿责任限制

根据《海牙规则》第 4 条第 5 款规定，承运人或是船舶，在任何情况下对货物或与货物有关的灭失或损害，每件或每计费单位超过一百英镑或与其等值的其他货币的部分，都不负责；但托运人于装货前已就该项货物的性质和价值提出声明，并已在提单中注明的，不在此限。

随着通货膨胀、货币贬值，英国各方通过协议（Gold Agreement）将赔偿责任限制提高到 200 英镑，美国生效的《1936 年海上货物运输法》规定每件或每一运费责任限制为 500 美元。我国 20 世纪 50 年代起到颁布实施《海商法》之前，在远洋运输提单上每件货物的赔偿限额为人民币 700 元。这是按当时 1 英镑相当于人民币 7 元换算成 700 元的。

5. 运输合同无效条款

运输合同中的任何条款或协议，凡是解除承运人按《海牙规则》规定的责任或义务，或以不同于《海牙规则》的规定减轻这种责任的，一律无效。这是国际公约拘束提单条款和运输合同条款的重要规定。

6. 托运人的义务和责任

《海牙规则》对托运人的义务和责任的规定有：

(1) 托运人应被视为已在装船时向承运人保证，由他书面提供的标志、件数、数量或重量正确无误，否则应赔偿因此对承运人造成的损失；如果承运人有合理依据怀疑托运人提供的上述资料，或者无适当核对方法，便无须在提单上注明。

(2) 对于装运易燃、爆炸或危险货物，托运人应如实申报，否则承运人可以在卸货前的任何时候将其卸在任何地点，或将其销毁，或使之无害而不予赔偿，该项货物的托运人应对于装载该项货物而直接或间接引起的一切损失负责。如果承运人已知该项货物的性质并同意装载，则在该货物对船舶或货物发生实际危险时，也可将其卸在任何地点或将其销毁，或使之无害，而不负赔偿责任，但如有共同海损，则不在此限。

(3) 对于任何非因托运人或其代理人、雇用人的过失所引起的使承运人或其船舶遭受的损失，托运人不负责任。

7. 索赔和诉讼时效

货物如有灭失或损坏，收货人应在接收货物之前或当时，将货损通知书面交给承运人或其代理人，否则，就应被视为货物已按提单所述情况交付给收货人的初步证据（Preliminary Evidence）。如果损坏不明显，则货损通知应在交付货物 3 天内提交。如果货物交付时已经联合检验，就无须提出书面通知。

除非从货物交付之日或应交付之日起 1 年内提起诉讼，否则承运人在任何情况下，都应免除对灭失或损坏所负的一切责任。

8.《海牙规则》的适用范围

《海牙规则》第 10 条规定，《海牙规则》的各项规定适用于在任何缔约国内所签发的一切提单。第 5 条规定，《海牙规则》的各项规定不适用于租船合同，但如果提单是根据租船合同签发的，则它们应符合《海牙规则》的规定。

按照《海牙规则》的规定，提单上虽注明适用《海牙规则》，但该提单不在缔约国内签发时，该提单也不能适用《海牙规则》。

（三）存在的问题

《海牙规则》概括起来存在以下几个问题。

（1）比较有利于承运人。

（2）随着海运技术的发展，海运危险已能相应得到控制，驾驶和管理船舶的免责日益受到攻击。

（3）海运件杂货已进入集装箱运输时代，《海牙规则》的规定不可能适应运输发展。

（4）赔偿责任限额太低。

（5）适用范围不够广泛。

（6）承运人的代理人，雇用人的法律地位和善意受让提单的持有人的法律地位需要予以明确。

二、《海牙—维斯比规则》

《海牙—维斯比规则》是《修改统一提单若干法律规定的国际公约议定书》的简称。于 1968 年 6 月 23 日在布鲁塞尔外交会议上通过，自 1977 年 6 月 23 日生效。目前，参加该规则的国家共有 30 余个，其中包括英国、法国、德国、荷兰、西班牙、挪威、瑞典、瑞士、意大利和日本等主要航运国家。

（一）制定《维斯比规则》的背景

《海牙规则》自 1931 年生效实施后，得到了国际航运界普遍接受，它的历史作用在于使国际海上货物运输有法可依，统一了海上货物运输中的提单条款，对提单的规范化起到了积极作用，基本上缓和了当时承运方和托运方之间的矛盾，促进了国际贸易和海上运输事业的发展。但随着国际政治、经济形势的变化以及航海、造船技术日新月异的进步，海上运输方式发生了重大变革，特别是集装箱运输方式的出现和迅猛发展，《海牙规则》的内容已不适应新形势发展的需要。尤其关于承运人的大量免责条款明显偏袒船方利益，通货膨胀的现实使 100 英镑的赔偿限额明显过低等原因，到了 20 世纪 50 年代末，要求修改《海牙规则》的呼声日渐强烈。

基于上述这种形势，国际海事委员会（CMI）于1959年在南斯拉夫的里吉卡举行第二十四届大会，会上决定成立小组委员会负责修改《海牙规则》。根据各国代表对修改《海牙规则》的建议，1963年小组委员会草拟了修改《海牙规则》的议定书草案，提交给1967年和1968年召开的海事法会议审议，经会议审议通过后，于1968年2月在比利时的布鲁塞尔召开的、由53个国家和地区代表参加的第十二届海洋法外交会议上通过，定名为《修改统一提单若干法律规定的国际公约议定书》，并简称为《1968年布鲁塞尔议定书》。由于该议定书草案在斯德哥尔摩讨论期间，参加会议的成员到过哥特兰岛的维斯比城，为借用中世纪维斯比海法之名声，故将该议定书称为《维斯比规则》(Visby Rules)。经过议定书修订后的《海牙规则》称作《海牙—维斯比规则》(Hague-Visby Rules)。该议定书于1977年6月23日生效。

（二）《维斯比规则》的主要内容

《维斯比规则》共17条，对《海牙规则》的第3、4、9、10条进行了修改，其主要修改内容如下：

1. 明确了提单的证据效力

《海牙规则》第3条第4款的相关规定，提单上载明的货物主要标志、件数或重量和表面状况应作为承运人按其上所载内容收到货物的初步证据。至于提单转让至第三人的证据效力，未做进一步的规定。《维斯比规则》为了弥补上述的缺陷，在此后补充规定：……但是，当提单转让至善意的第三人时，与此相反的证据将不予采用。这表明对于善意行事的提单受让人来说，提单载明的内容具有最终证据效力。所谓“善意行事”是指提单受让人在接收提单时并不知道装运的货物与提单的内容有何不符之处，而是出于善意完全相信提单记载的内容。这就是说，《维斯比规则》确立了一项在法律上禁止翻供的原则，即当提单背书转让给第三者后，该提单就是货物已按上面记载的状况装船的最终证据。承运人不得借口在签发清洁提单前货物就已存在缺陷或包装不当来对抗提单持有人。

这一补充规定，有利于进一步保护提单的流通与转让，也有利于维持提单受让人或收货人的合法权益。一旦收货人发现货物与提单记载不符，承运人只能负责赔偿，不得提出任何抗辩的理由。

2. 诉讼时效的延长

《海牙规则》规定，货物灭失或损害的诉讼时效为一年，从交付货物或应当交付货物之日起算。《维斯比规则》第1条第2款、第3款则补充规定，诉讼事由发生后，只要双方当事人同意，这一期限可以延长，明确了诉讼时效可经双方当事人协议延长的规定。对于追偿时效则规定，即使在规定的一年期满之后，只要是在受诉讼法院法律准许期间之内，便可向第三方提起索赔诉讼。但是准许的时间自提起诉讼的人已经解决索赔案件，或向其本人送达起诉状之日起算，不得少于三个月。

3. 提高了承运人对货物损害赔偿的限额

《海牙规则》规定承运人对每件或每单位的货物损失的赔偿限额为100英镑，而《维斯比规则》第2条则规定，每件或每单位的赔偿限额提高到10 000金法郎，同时还增加一项以受损货物毛重为标准的计算方法，即每千克为30金法郎，以两者中较高者为准。采用的金法郎以金本位为基础，目的在于防止日后法郎纸币的贬值，一个金法郎是含金纯度为900/1 000的黄金65.5毫克的单位。一旦法郎贬值，仍以上述的黄金含量为计算基础，按照这一双重限额计算办法，凡每件货物的重量不足333.33kg时以按每件10 000金法郎为准，凡超过333.33kg时，以按每千克30金法郎计算。1979年，通过了将金法郎改为特别提款权（Special Drawing Right：SDR）的决定，以15个金法郎等于一个特别提款权为标准，从而使承运人的赔偿限额变为666.67个特别提款权或者每千克2个特别提款权，以高者为准，该决议从1984年4月起生效，凡不能使用特别提款权的国家仍然可以使用金法郎为计算单位。

这一规定不但提高了赔偿限额，而且创造了一项新的双重限额制度，不但维护了货主的利益，而且这种制度也为以后《汉堡规则》和我国《海商法》所接受。

另外，该规则还规定了丧失赔偿责任限制权利的条件，即如经证实损失是由于承运人蓄意造成，或者知道很可能会造成这一损害而毫不在意的行为或作为所引起，则承运人无权享受责任限制的权利。

4. 增加了“集装箱条款”

《海牙规则》没有关于集装箱运输的规定。《维斯比规则》增加“集装箱条款”，以适应国际集装箱运输发展的需要。该规则第2条第3款规定，如货物是以集装箱、货盘或类似的运输工具集装，则提单中载明的装在此种运输工具中的件数或单位数，应视为本款所述件数或单位数。除上述情况之外，此种运输工具应视为一个包件或单位。

5. 强调了承运人及其受雇人员的责任限制

海上货物运输合同当事人涉讼多因一方当事人的违约而引起。但在有些国家承认双重诉讼的权利，即货主在其货物遭受损害时，可以以承运人违反运输合同或以其侵权为由向承运人起诉。历史上，英国半岛及东方公司的客轮“喜马拉雅号”靠码头时，由于缆绳没系好，一位女乘客滑倒受伤后发现票上有许多承运人免责条款，乃转而以侵权行为，告该轮水手长，结果获得赔偿。

在货主以侵权为由提出诉讼时，承运人便不能引用《海牙规则》中的免责和责任限制的规定。如果不能对此加以限制，运输法规中的责任限制规定就形同虚设，为进一步强调承运人及其受雇人员享有该权利，《维斯比规则》对此规定，本公约规定的抗辩和责任限制，应适用于就运输合同涉及的有关货物的灭失或损坏对承运人提出的任何诉讼，不论该诉讼是以合同为根据还是以侵权行为为根据。如果诉讼是对承运人的受雇人员或代理人（该受雇人员或代理人不是独立订约人）提起的，该受雇人员或代理人也有权援引《海牙规则》规定的承运人的各项抗辩和责任限制。显然《维斯比规则》的这一规定有利于保护船东的利益。

6. 扩大了规则的适用范围

《海牙规则》的各条规定仅适用于缔约国所签发的提单。《维斯比规则》扩大了其适用范围，其中的第5条规定：（1）在缔约国签发的提单；（2）货物在一个缔约国的港口起运；（3）提单载明或为提单所证明的合同规定，该合同受公约的各项规则或者使其生效的任何一个国家的立法所约束，不论承运人、托运人、收货人或任何其他有关人员的国籍如何。该规定的意思只要提单或为提单所证明的运输合同上有适用《维斯比规则》的规定，该提单或运输合同就要受《维斯比规则》的约束。

《维斯比规则》对《海牙规则》作了一些有益的修改，使之在一定程度上有利于承托双方而走向利益的均衡，并适应集装箱运输的发展提出要求。但是，在承运人的运输责任方面仍保持《海牙规则》体系，对船长、船员的航海和管理船舶过失免责的规定丝毫没有触动，因此发展中国家仍迫切要对《海牙规则》进行根本性的修改。

三、《汉堡规则》

（一）制定《汉堡规则》的背景

《海牙规则》是1924年签订的，曾发挥它应有的作用，随着国际贸易和海运的发展，要求修改《海牙规则》的呼声不断，对其进行修改已在所难免。如何进行修改，两种思路导致了两种不同的结果。一种是以英国、北欧等海运发达国家的船方利益为代表，由国际海事委员负责起草修改，最终促使《海牙—维斯比规则》产生。它对《海牙规则》作了一些有益修改，对维护在《海牙规则》基础上的船货双方利益起了一定的积极作用。另一种思路来自广大的发展中国家，代表了货主的利益，提出彻底修改《海牙规则》的要求日益高涨，联合国贸易和发展会议的航运委员会于1969年4月的第三届会议上设立了国际航运立法工作组，研究提单的法律问题。工作组在1971年2月，国际航运立法工作组召开的第二次会议上做出两项决议：第一，对《海牙规则》和《维斯比规则》进行修改，必要时制定新的国际公约；第二，在审议修订上述规则时，应清除规则含义不明确之处，建立船、货双方平等分担海运货物风险的制度。后来，此项工作移交给联合国国际贸易法委员会。该委员会下设的国际航运立法工作组，于1976年5月完成起草工作，并提交1978年3月6日至31日在德国汉堡召开的、有78个国家代表参加的联合国海上货物运输公约外交会议审议，最后通过了《1978年联合国海上货物运输公约》。由于这次会议是在汉堡召开的，所以这个公约又称为《汉堡规则》。

（二）《汉堡规则》的主要内容

《汉堡规则》全文共分7章34条条文，在《汉堡规则》的制定中，除保留了《海牙—维斯比规则》对《海牙规则》修改的内容外，对《海牙规则》进行了根本性的修改，是一个较为完备的国际海上货物运输公约，明显地扩大了承运人的责任。其主要内容包括：

1. 承运人的责任原则

《海牙规则》规定承运人的责任基础是不完全过失责任制，它一方面规定承运人必须对自己的过失负责，另一方面又规定了承运人对航行过失及管船过失的免责条款。而《汉堡规则》确定了推定过失与举证责任相结合的完全过失责任制。规定凡是在承运人掌管货物期间发生货损，除非承运人能证明自己已为避免事故的发生及其后果采取了一切可能的措施，否则便推定：损失是由承运人的过失所造成，承运人应承担赔偿责任。

2. 承运人的责任期间

《汉堡规则》规定了承运人的责任期间从承运人接管货物时起到交付货物时止。与

《海牙规则》的“钩至钩”或“舷至舷”相比，其责任期间扩展到“港到港”。

3. 承运人赔偿责任限额

《汉堡规则》第 6 条第 1 款规定，承运人对货物灭失或损坏的赔偿责任，以每件或其他装运单位的灭失或损坏相当于 835 结算单位或毛重每千克 2.5 结算单位的金额为限，二者之中以较高者为准。

4. 迟延交付货物的责任

迟延交付货物的责任在《海牙规则》和《维斯比规则》中都没有规定。《汉堡规则》第 5 条第 2 款则规定，如果货物未在明确约定的时间内，或者在没有这种约定时，未在按照具体情况对一个勤勉的承运人所能合理要求的时间内，在海上运输契约规定的卸货港交付，便是延迟交货。对此，承运人应对因迟延交付货物所造成的损失承担赔偿责任。而且在第 3 款还进一步规定，如果货物在第 2 款规定的交货时间满后连续 60 天内仍未能交付，有权对货物灭失提出索赔的人可以认为货物已经灭失。

《汉堡规则》第 6 条第 1 款还规定，承运人对迟延交付的赔偿责任，以相当于迟延交付货物应支付运费的 2.5 倍的数额为限，但不得超过海上货物运输合同规定的应付运费总额。

5. 承运人和实际承运人的赔偿责任

《汉堡规则》中增加了实际承运人的概念。当承运人将全部或部分货物委托给实际承运人办理时，承运人仍需按公约规定对全部运输负责。如果因实际承运人及其雇用人或代理人的疏忽或过失造成的货物损害，承运人和实际承运人均需负责的话，则在其应负责的范围内，承担连带责任。这种连带责任托运人既可向实际承运人索赔，也可向承运人索赔，并且不因此妨碍承运人和实际承运人之间的追偿权利。

6. 托运人的责任

《汉堡规则》第 12 条规定，托运人对于承运人或实际承运人所遭受的损失或船舶遭受的损坏不负赔偿责任。除非这种损失或损坏是由于托运人、托运人的雇用人或代理人的过失或疏忽所造成的。这意味着托运人的责任也是过失责任。但需指出的是托运人的责任与承运人的责任不同之处在于承运人的责任中举证由承运人负责，而托运人的责任中，托运人不负举证责任，这是因为货物在承运人掌管之下，所以也同样需要承运人负举证责任。《汉堡规则》这一规定，被我国《海商法》所接受。

7. 保函的法律地位

《海牙规则》和《维斯比规则》没有关于保函的规定，而《汉堡规则》第 17 条对保函的法律效力做出了明确的规定，托运人为了换取清洁提单，可以向承运人出具承担赔偿责任的保函，该保函在承运人、托运人之间有效，对包括受让人、收货人在内的第三方一概无效。但是，如果承运人有意欺诈，对托运人也属无效，而且承运人也不再享受责任限制的权利。

8. 索赔通知及诉讼时效

《海牙规则》要求索赔通知必须由收货人在收到货物之前或收到货物当时提交。如果货物损失不明显，则这种通知限于收货后 3 日内提交。《汉堡规则》延长了上述通知时间，规定收货人可在收到货物后的第 1 个工作日将货物索赔通知送交承运人或其代理人，当货物灭失或损害不明显时，收货人可在收到货物后的15天内送交通知。同时还规定，对货物迟延交付造成的损失，收货人应在收货后的60天内提交书面通知。

关于诉讼时效，第一，将时效从一年扩展为两年；第二，被要求赔偿的人，可在时效期限内的任何时间，向索赔人提出书面声明延长时效期限，并可再次声明延长。这一规定使债务人有权声明延长时效，与《维斯比规则》规定的协议延长时效相比，虽无实质性差别，但体现了更为灵活的办法。同时对当事人之间的友好协商提供了充分时间。

9. 管辖权和仲裁的规定

《海牙规则》《维斯比规则》均无管辖权的规定，只是在提单背面条款上订有由船公司所在地法院管辖的规定，这一规定显然对托运人、收货人极为不利。《汉堡规则》第21条规定，对于与根据本公约载运货物有关的法律诉讼，原告可以自行选定在此种法院提出，即根据该法院所在国家的法律有权进行管辖，而且下列地点之一是在其管辖范围之内：（1）被告的主要营业所，而在无主要营业所时，则为其通常住所；（2）合同订立地，而合同是通过被告在该地的营业所、分支或代理机构订立的；（3）装货港或卸货港；（4）海上运输合同中为此目的而指定的任何其他地点。

除此之外，海上货物运输合同当事人一方向另一方提出索赔之后，双方就诉讼地点达成的协议仍有效，协议中规定的法院对争议具有管辖权。

《汉堡规则》第22条规定，争议双方可达成书面仲裁协议，由索赔人决定在下列地点之一提起：（1）被告的主要营业所，而在无主要营业所时，则为其通常住所；（2）合同订立地，而合同是通过被告在该地的营业所、分支或代理机构订立的；（3）装货港或卸货港。此外，双方也可在仲裁协议中规定仲裁地点。仲裁员或仲裁庭应按该规则的规定来处理争议。

10. 规则的适用范围

该规则适用于两个不同国家之间的所有海上货物运输合同，并且海上货物运输合同中规定的装货港或卸货港位于其一缔约国之内，或备选的卸货港之一为实际卸港并位于某一缔约国内；或者，提单或作为海上货物运输合同证明的其他单证在某缔约国签发；或者提单或作为海上货物运输合同证明的其他单证规定，合同受该规则各项规定或者使其生效的任何国家立法的管辖。

11. 关于舱面货

《汉堡规则》并不将其排除在货物之外，而且明确规定，承运人只有按照同托运人达成的协议或符合特定的贸易惯例或依据法规或规章的要求，才有权在舱面上装货，否则承运人应对货物因装在舱面上而造成的损失负赔偿责任。

12. 允许使用其他单证

《汉堡规则》第18条规定，如果承运人签发除提单以外的其他单证，用以证明收到所运的货物，这种单证就是订立海上运输合同和由承运人接受该单证上所载货物的初步证据。这是适应现代科学电子技术的发展和有些航线海运开始使用海运单（Sea Waybill）的情况而制定的。

同《海牙规则》一样，《汉堡规则》不适用于租船合同，但如果提单根据租船合同签发，并调整出租人与承租人以外的提单持有人之间的关系，则适用该规则的规定。

四、中国《海商法》

1993年7月1日，经第七届全国人民代表大会常务委员会会议审议通过的《中华人民共和国海商法》正式生效。这是我国第一部在海上运输和船舶方面的专门立法。它从我国国情出发，以我国四十多年来海上运输和经贸实践为基础，并充分考虑到国际海运立法中追求统一的趋势，广泛吸收了当时国际通行的国际公约和惯例的规定，是一部比较成熟的立法。

我国的《海商法》内容十分丰富，既有包括海上货物运输、旅客运输的内容，又有对海上运输管理、船舶经营、建造、抵押、买卖、海上碰撞、海上救助等多方面的规定。其中，有关提单的部分主要遵循了《海牙—维斯比规则》的精神，并合理吸收了《汉堡规则》中的合理部分，从世界范围来看也是一个创新。具体而言，《海商法》中关于承运人适航责任，妥善和谨慎管理货物的责任，不做不合理绕航责任以及承运人免责，责任限制的规定与《海牙—维斯比规则》相一致；承运人责任期间，活动物和甲板货运输，货物迟延交付等事项则参照了《汉堡规则》。

《海商法》共有15章278条，其中第2条第2款规定，第4章海上货物运输合同的规定不适用于中华人民共和国港口之间的海上货物运输。因此，《中华人民共和国合同法》（简称《合同法》）是调整我国港口之间海上货物运输活动的重要法律规范，也是调整国际海上货物运输合同的重要法律规范。国际海上货物运输合同除受《海商法》调整外，还受《合同法》的调整。就对合同的规定而言，《合同法》是普通法，而《海商法》是特别法。作为特别法，《海商法》对海商合同的规定并不全面，特别是海商合同作为合同共性的一些问题没有规定或者只有有限的规定，这些没有规定或者规定不清楚的地方，都需要依据作为普通法的《合同法》进行补充、解释和完善。《合同法》是一部关于合同的基本法律，其基本原则应该在海商合同的各项制度中得到体现。根据《合同法》第123条的规定，其他法律对合同另有规定的，依照其规定。由于《海商法》对海上货物运输合同这一问题做了特别规定，《合同法》对各类运输合同共性问题做了规定，所以，如果对国际海上货物运输合同中的问题在《海商法》中有规定的，就应该依照《海商法》的规定处理，《海商法》没有规定的，才使用《合同法》的相关规定。

任务五　海　运　单

任务描述：掌握海运单的作用和使用方法。

海运单（Sea Waybill）是证明海上货物运输合同和货物已经由承运接管或装船以及承运人保证将货物交给指定收货人的一种不可转让的单证。

一、海运单产生的背景

海运单与电放提单产生的根源是提单危机。提单是船方或其代理人在收到承运货物后签发给托运人的货物收据，是托运人与承运人之间运输契约的证明，法律上有物权证书的效用。提单自1500年问世以来，一直是国际海运中最重要的单据。但近些年来，其优势却频频遭到冲击，危机重重。20世纪80年代以来，随着海运业的发展，集装箱运输广泛使用，高速船舶大量涌现，中途港大量减少，装卸设备不断改进，海运时间大大缩短。因此经常会出现货到而提单未到的情形，收货人得不到提单正本，就会出现货等单的问题，从而引起延迟卸货或码头拥挤现象，尤其是近洋运输。货物大量滞留不仅给港口带来了压力，也给买方带来不便或增加了额外的费用，如担保提货的资金占用和仓储费等。在此情况下，海运单与电放提单便应运而生。

国际海事委员会于1990年6月颁布了《1990年国际海事委员会海运单统一规则》，进一步促进了海运单的发展。

我国由于种种原因尚未使用海运单，但却普遍使用与海运单作用相似的电放提单。电放提单虽然没有国际法规加以规范，但也在一定范围内广泛使用。

二、海运单的作用

海运单具有两个作用。

第一，它是承运人和托运人之间订立海上货物运输合同的证明。

第二，它是承运人收到货物或者货物已经装船后签发给托运人的一份货物收据。

从以上海运单的作用上可以看出海运单只是一个流通的单据，它不能转让，不具有物权凭证的性质。海运单与提单比较来看虽然都是承运人向托运人签发的运输单证，二者在诸多方面存在着相同点，但作为两种不同的单据，又存在着相当大的差别。

(1) 提单是货物收据、运输合同，也是物权凭证，海运单只具有货物收据和运输合同这两种性质，它不是物权凭证。

(2) 提单可以是指示抬头形式，通过背书流通转让；海运单是一种非流通性单据，海运单上标明了确定的收货人，不能转让流通。

(3) 海运单和提单都可以做成“已装船”(Shipped on Board) 形式，也可以是“收妥备运”(Received for Shipment) 形式。海运单的正面各栏目格式和缮制方法与提单基本相同，只是海运单收货人栏不能做成指示性抬头应缮制确定的具体收货人。

(4) 提单的合法持有人和承运人凭提单提货和交货，海运单上的收货人并不出示海运单，仅凭提货通知或其身份证明提货，承运人凭收货人出示适当身份证明交付货物。

(5) 提单有全式和简式提单之分，而海运单是简式单证，背面不列详细货运条款，但载有一条可援用海运提单背面内容的条款。

(6) 海运单和记名提单，虽然都具名收货人，不做背书转让，但它们有着本质的不同，记名提单属于提单的一种，是物权凭证，持记名提单收货人可以提货，却不能凭海运单提货。

三、使用海运单的程序和好处

海运单的运行程序如下。

（1）船公司签发海运单给托运人。

（2）船公司在船舶到卸货港前向收货人发出到货通知。

（3）收货人签署完这个到货通知并退还给船代理。

（4）船代理据以签发提货单给收货人。

（5）船抵港后，收货人凭提货单提货，船方查明收货人已将运费付清，办理结关手续，船方就可放货。

海运单仅涉及托运人、承运人、收货人三方，程序简单，操作方便，有利于货物的转移。

首先，海运单是一种安全凭证，它不具有转让流通性，可避免单据遗失和伪造提单所产生的后果。

其次，提货便捷、及时、节省费用，收货人提货无须出示海运单，这既解决了近途海运货到而提单未到的常见问题，又避免了延期提货所产生的滞期费、仓储费等。

最后，海运单不是物权凭证，扩大海运单的使用，可以为今后推行 EDI 电子提单提供实践的依据和可能。

目前，海运单普遍应用于以下业务类型：

（1）跨国公司的总分公司或相关的子公司间的业务往来。

（2）在赊销或双方以买方付款作为转移货物所有权的前提条件下，提单已失去其使用意义。

（3）往来已久，充分信任，关系密切的伙伴贸易间的业务。

（4）无资金风险的家用的私人物品，商业价值的样品。

（5）在短途海运的情况下，往往是货物先到而提单未到，宜采用海运单。

配套实训练习

一、案例选读

1. 提单背书引发的纠纷

【案情】

某年 10 月 12 日，某外贸公司（以下称外贸公司）作为买方与美国某公司（以下称美国公司）签订 1 000 公吨大豆销售合同，付款条件为 FOB 纽约，信用证付款。装运期为 12 月，包装为新麻袋。10 月 20 日，外贸公司与某食品加工公司（以下称加工公司）签订委托加工协议，双方约定外贸公司委托加工公司加工大豆 1 000 公吨，加工公司加工后返还成品。12 月 19 日货物装船，某保险公司（以下称保险公司）出具涉案货物运输保险单，被保险人为外贸公司，承保期间为纽约至中国上海，险别为一切险，同日外贸公司支付保费。12 月 20 日，某船公司（以下称船公司）签发 754062853 号提单，提单记载：托运人为 SAGACI 公司（以下称 S 公司），收货人凭指示，通知人为外贸公司和加工公司，装港纽约，卸港中国上海，货物为 15 400 包大豆，总重 1 000 公吨。该提单后经多方背书（背书人依次为托运人 S 公司、销售合同卖方 C 公司、外贸公司和加工公司），最后由加工公司持提单提货。

次年 1 月 21 日，涉案货物进口报关，报关单记载的经营单位为外贸公司，收货单位为加工公司，货物用途为加工返销。因发现货物水湿变质现象，货主申请商检并向保险公司索赔。1月29日，保险公司理赔后向船公司发出索赔通知。2月15日，中国进出口商品检验总公司（以下简称中国商检）出具检验证书，证明商检工作人员1月25日到达检验地点浙江省绍兴市库场，发现集装箱铅封号、箱号与提单一致，箱体无破损，但有渗水，箱内顶部有大量凝结水，干燥剂全部潮湿，衬垫货物的纸板浸湿，箱门处麻袋腐蚀破损，上层货物发霉程度较轻，底层货物进水并发霉结块，上述损失共计105 835美元，损失原因基本判定为集装箱在海运途中遭海水浸泡所致。4月8日，外贸公司收到保险公司赔付后出具赔款收据及权益转让书，证明收到涉案货物保险赔款人民币1 157 824.01元，并同意将已取得的赔款部分保险标的的一切权益转让给保险公司。保险公司12月26日就上述货物损失在海事法院向船公司提起诉讼。

（资料来源：三亿文库）

【审判】

海事法院经审理认为，指示提单的背书意味着运输合同权利及义务的转让。涉案货物在目的港交付前，提单已由外贸公司背书转让给加工公司，加工公司作为提单持有人向承运人提货。提单所证明的运输合同的权利与义务已经转让，外贸公司与加工公司之间的委托加工和代为提货的关系不能对抗包括承运人和保险人在内的第三人。外贸公司已经不是提单的合法持有人，其以提单所证明的运输合同为依据要求船公司承担货损赔偿没有法律依据，故保险公司不能向船公司主张货损赔偿。据此海事法院判决对原告的诉讼请求不予支持。原告不服提起上诉，二审法院经审理，第三年12月22日判决，驳回上诉，维持原判。

2. Q轮货损纠纷案

【案情】

原告：保险公司，本案涉案货物的保险人

被告：Q轮船公司，承运人

某年9月30日，被告所属Q轮在F港装载两票货物运往T港和I港，船长分别签发了两票货物的清洁提单。

Q轮于10月16日到达第一目的港T港，10月17日卸下第一票货，经理货公司理货没有发现货损、货差。10月18日，Q轮到达第二目的港I港。第二票货物被直接卸到收货人的卡车上，并由卡车直接运往用户仓库露天堆场。经理货公司理货，没有发现货物短少、残损或受污染。大副和理货员均在理货报告上签名。

10月25日，收货人向检验公司申请货物检验。根据检验报告，收货人对上述货物推定为全损，并向原告提出索赔。原告于次年7月18日向收货人全额支付保险赔偿金后，取得了收货人出具的权益转让证书。

被告签发的提单背面条款第4条规定，本提单有关承运人的义务、责任、权利及豁免遵照1924年《关于统一提单若干规则的国际公约》即《海牙规则》。第10条第2款规定，除非在交货地点将货物交给根据提单有权交与的人接管之前或当时，将关于货物的灭失或损坏以及其一般性质的通知书提交承运人，或者，如果灭失或损坏不明显，在交货后连续三天内提交，否则这种移交应作为承运人已按提单上所载明的情况交付货物的初步证据。

原告于10月11日向海事法院提起诉讼。称：Q轮装货后，船长签发了清洁提单。目的港卸货后，收货人发现货物已严重污染。经检验人证明，该票货物推定全损。保险人因此向收货人支付了赔偿金，并取得代位求偿权。经检验人员认定，货物污染是被告将货物混装于同一货舱，未尽到妥善装卸及保管义务造成的。请求法院判令被告赔偿原告经济损失及利息。

被告答辩认为：货物到达目的港后，经理货公司理货并签署了理货报告，证实货物并无短少、残损或污染。收货人没有将货物的污染情况在交货后连续三天内书面通知被告，按提单条款的规定，应视为被告在目的港交付的货物是完好无损的。原告提供的检验报告没有记载货物污染的程度，且货物重量没有变化，说明货物没有发生污染。该检验报告是检验机构在收货人处理货物之后做出的。收货人在发现货物污染乃至对货物做出推定全损处理的情况下，没有书面通知被告，从根本上剥夺了被告提出异议和复检货物的权利。收货人在不知货物检验结果的情况下，将货物无偿送与他人，既没有向原告发出有效的委付通知，也没有将货物所有权交给原告，因此，推定货物全损缺乏事实依据，保险委付条件不具备，原告取得代位求偿权不合法。原告违反保险赔偿的一般惯例和原则而做出的赔偿，后果只能由自己承担。被告已履行了承运人责任期间的全部义务。请求法院驳回原告的起诉。

（资料来源：三亿文库）

【审判】

原、被告双方同意适用中国法律解决争议，同时，提单背面条款规定关于承运人的义务、责任、权利及豁免应适用《海牙规则》，因此，本案应适用中国《海商法》，但是，界定本案被告对货物运输的责任，应依据海牙规则。

提单作为海上货物运输合同的证明，有关承运人与收货人、提单持有人之间的权利、义务关系应当依据提单确定。原告作为提单项下货物的保险人，赔偿提单持有人、收货人因保险货物所遭受的损失后，并取得了收货人的权益转让证书，有权依据提单所证明的海上货物运输合同向承运人提起追偿。但本案事实表明，Q轮先后抵T港和I港卸货，经理货公司理货，均未发现货物缺少、损坏或受污染；收货人在码头直接用卡车收受货物时，也未发现可清楚辨认的污染物。作为收货人，在发现货物受污染后，应当在规定的时间内书面通知被告，并向被告提供进一步检查货物的便利。但收货人未将货物污染情况书面通知被告，并将货物无偿送与他人，从而剥夺了被告提出异议和复检货物的权利。鉴此，可以认定，被告已按提单上所载明的良好状况交付货物，履行了货物在其掌管期间的全部义务，对货物交付后发生的货损不负赔偿责任。检验机关将污染原因推定发生在装货港装货过程，缺乏事实依据，不予采信。原告提出的赔偿请求，不能支持。

根据《中华人民共和国海商法》第46条、第71条、第78条第1款、第81条的规定，海事法院判决：驳回原告的诉讼请求。

判决后，双方当事人均没有上诉。

二、案例分析

A公司（以下称发货人）将装载布料的6个集装箱，委托一家国际货运代理公司（以下称货运代理），由顺德过公路托运到中国香港装船去西雅图。集装箱在西雅图港卸船后，再通过铁路运抵交货地（底特律）。该批出口布料由货运代理出具全程提单，提单记载装船港为中国香港，运输条款CY-CY，提单同时记载有“货主装箱、记数”。集装箱在中国香港装船后，船公司又给货运代理签发了海运提单。

集装箱到西雅图时，6个集装箱中的3个外表状况有较严重的损坏，货运代理在西雅图港的代理与船方代理对此破损做了记录，并由双方在破损记录上共同签字确认。3个集装箱在运抵底特律后，收货人开箱发现，外表有破损的集装箱内布料已经严重受损。

收货人根据提单上“由货主装载、记录”的批注，向发货人提出赔偿要求，但发货人拒赔。理由是布料在装运后货运代理签发了清洁提单，这证明发货人是完好将货物交给货运代理公司委托的公路承运人，而且由外理公司出具的装箱单上，也没有对布料在装卸时的状况做出任何批注。于是收货人向货运代理提出赔偿要求，理由是货运代理出具的是全程货运提单，理应该对全程运输承担责任，但同样遭到货运代理拒绝，理由是尽管货运代理出具的是全程货运提单，但是造成箱损并非货运代理过失，而是船公司的行为。那么，到底应该由谁承担赔偿责任呢？

附件 3-1：

B/L No.

Shipper

Consignee or order

中 国 对 外 贸 易 运 输 总 公 司

CHINA NATIONAL FOREIGN TRADE TRANSPORTATION CORP.

直 运 或 转 船 提 单

BILL OF LADING

DIRECT OR WITH TRANSHIPMENT

Notify address

SHIPPED on board in apparent good order and condition (unless otherwise indicated) the goods or packages specified herein and to be discharged at the mentioned port of discharge or as near thereto as the vessel may safely get and be always afloat.

The weight, measure, marks and numbers, quality, contents and value, being particulars furnished by the Shipper, are not checked by the carrier on loading.

The Shipper, Consignee and the Holder of this Bill of Lading hereby expressly accept and agree to all printed, written or stamped provisions, exceptions and conditions of this Bill of Lading, including those on the back hereof.

IN WITNESS whereof the number of original Bills of Lading stated below have been signed, one of which being accomplished, the other(s) to be void.

Pre-carriage by	Port of loading
Vessel	Port of transhipment
Port of discharge	Final destination

PARTICULARS FURNISHED BY SHIPPER

Container seal No. or marks and No.	Number and kind of packages	Description of goods	Gross weight (kgs.)	Measurement (m^3)
		COPY		

Freight and charges	REGARDING TRANSHIPMENT INFORMATION PLEASE CONTACT

Ex.rate	Prepaid at	Freight payable at	Place and date of issue
	Total prepaid	Number of original Bs/L	Signed for or on behalf of the Master as Agent

(SIOTRANS STANDARD FORM 4)　　TERMS AND CONDITIONS AS PER ORIGINAL BILL OF LADING

附件 3-2:

<table>
<tr><td colspan="2">托运人
Shipper</td><td colspan="2" rowspan="6">R/L No.

中 国 对 外 贸 易 运 输 总 公 司
CHINA NATIONAL FOREIGN TRADE TRANSPORTATION CORP.
GA
联 运 提 单
COMBINED TRANSPORT BILL OR LADING
RECEIVED the goods in apparent good order and condition as specified below unless otherwise stated herein.
The Carrier, in accordance with the provisions contained in this document.
1) undertakes to perform or to procure the performance of the entire transport from the place at which the goods are taken in charge to the place designated for delivery in this document.
2) assumes liability as prescribed in this document for such transport. One of the Bills of Lading must be surrendered duly indorsed in exchange for the goods or delivery order.</td></tr>
<tr><td colspan="2">收货人或指示
Consignee or order</td></tr>
<tr><td colspan="2">通知地址
Notify address</td></tr>
<tr><td>前段运输
Pre-carriage</td><td>收货地点
Place of receipt</td></tr>
<tr><td>海运船只
Ocean vessel</td><td>装货港
Port of loading</td></tr>
<tr></tr>
<tr><td>卸货港
Port of discharge</td><td>交货地点
Place of delivery</td><td>运费支付地
Freight payable at</td><td>正本提单份数
Number of original B/L</td></tr>
<tr><td colspan="4">标志和号码 Marks and No. | 件数和包装种类 Number and kind of packages | 货 名 Description of goods | 毛 重(千克) Gross weight (kgs.) | 尺 码(立方米) Measurement (m^3)

以上细目由托运人提供
ABOVE PARTICULARS FURNISHED BY SHIPPER</td></tr>
<tr><td colspan="2" rowspan="3">运费和费用
Freight and charges</td><td colspan="2">IN WITNESS whereof the number of original Bills of Lading stated above have been signed, one of which being accomplished, the other (s) to be void.</td></tr>
<tr><td colspan="2">签单地点和日期
Place and date of issue</td></tr>
<tr><td colspan="2">代表承运人签字
Signed for or on behalf of the Carrier

代 理
as Agents</td></tr>
</table>

SUBJECT TO THE TERMS AND CONDITIONS ON BACK

项目四

集装箱班轮运输

任务一　集装箱运输

任务描述：了解集装箱运输的优越性和发展趋势。

一、集装箱的定义

集装箱（Container）的定义，国际上不同国家、地区和组织的表述有所不同。根据国际标准化组织（ISO）及大多数标准术语的定义，认为集装箱是一种运输设备（Transport Equipment）。它应具有如下条件。

（1）具有耐久性，其坚固强度足以反复使用。

（2）便于商品运送而专门设计的，在一种或多种运输方式中运输无须中途换装。

（3）设有便于装卸和搬运，特别是便于从一种运输方式转移到另一种运输方式的装置。

（4）设计时应注意便于货物装满或卸空。

（5）内容积为1立方米或1立方米以上。

在实际业务中，集装箱又分为S.O.C（Shipper's Own Container）和C.O.C（Carrier's Own Container）两种。无论是承运人提供的集装箱（C.O.C）还是货主箱（S.O.C）都应能满足抵抗海上运输中所会遇到的、可遇见的风险的条件和能满足货物运输所需要的条件。

二、集装箱运输的优越性

集装箱班轮运输能在短短的二十多年间就基本上取代了杂货班轮运输，是由于其与传统的杂货运输方式相比具有以下优越性。

（一）提高装卸效率，减轻劳动强度

集装箱运输扩大了运输单元，规范了单元尺寸，为实现货物的装卸和搬运机械化提供了条件。机械化，乃至自动化的发展明显提高了货物装卸和搬运的效率。在提高装卸效率的同时，也降低了码头工人的体力劳动强度。机械化和自动化作业方式的采用，使

工人只需从事一些辅助性的体力劳动工作，肩扛人挑的装卸搬运方式已成为历史。

（二）减少货损货差，提高货物运输的安全与质量

采用件杂货运输方式时，由于在运输和保管过程中货物不易保护，尽管也可采取一些措施，但货损货差情况仍较严重，特别是在运输环节多、品种复杂的情况下，货物的中途转运倒载，使货物混票以及被盗事故屡屡发生。采用集装箱运输方式后，由于采用强度较高、水密性较好的箱体对货物进行保护，因此货物在搬运、装卸和保管过程中不易损坏，不怕受潮，货物途中丢失的可能性大大降低，货物完好率大大提高。

（三）缩短货物的在途时间，加快车船的周转

集装箱化给港口和场站的货物装卸、堆码的机械化和自动化创造了条件，标准化的货物单元使装卸搬运动作变得简单和有规律，因此，在作业过程中能充分发挥装卸搬运机械设备的能力，便于实现自动控制的作业过程。机械化和自动化可以大大缩短车船在港站停留时间，加快货物的送达速度。另一方面，由于集装箱运输方式减少了运输中转环节、货物的交接手续简便，提高了运输服务质量。

（四）节省货物运输的包装，简化理货手续

集装箱箱体作为一种能反复使用的运输设备，能起到保护货物的作用，货物运输时的包装费用就可以降低。在运输场站，由于集装箱对环境要求不高，节省了场站在仓库方面的投资。此外，件杂货由于包装单元较小，形状各异，理货核对较为困难。而采用标准集装箱，理货时按整箱清点，可以节省时间，同时也节约了理货费用。

（五）减少货物运输费用

除了前述的节省船舶运输费用外，由于采用统一的货物单元，使换装环节设施的效能大大提高，从而降低了装卸成本。同时，采用集装箱方式，货物运输的安全性明显提高，使保险费用有所下降。

（六）推动包装的标准化

随着集装箱作为一种大型标准化运输设备的使用，促使了商品包装的进一步标准化。目前，中国的包装国家标准已接近 400 个，这些标准大多采用或参照国际标准，并且许多包装标准与集装箱的标准相适应。

（七）有利于组织多种运输方式的联合运输

以前由于各种运输工具各自独立的发展，装载容积不统一，因此，传统的运输方式给货物的换装带来了困难。随着集装箱作为一种标准运输单元的出现，使各种运输工具的运载尺寸向统一的满足集装箱运输需要的方向发展，任何一种运输方式如果对于这种趋势熟视无睹的话，它将很难融入运输的大系统中去。因此，根据标准化的集装箱设计的各种运输工具将使运输工具之间的换装衔接变得更加便利。所以，集装箱运输有利于组织多种运输方式的联合运输、促进了运输合理化的发展。

三、集装箱运输发展趋势

集装箱运输发展趋势包含集装箱、集装箱船和集装箱港口等几个方面的问题。

（一）集装箱发展趋势

1. 集装箱标准的发展

目前，集装箱的规格尺寸标准正在进入一个活跃期，新的集装箱规格尺寸标准也正在研究中；非标准箱有明显增长的趋势。

2. 集装箱箱体大型化的趋势

从 1990 年至 1994 年间，40 英尺集装箱增长率是 20 英尺箱的 2 倍，所占比重也由 49.7% 上升到 54.6%，其中超高箱占了 30%。目前在中美航线上大量使用着 45 英尺的集装箱，体现了集装箱箱体大型化发展的趋势，表明了集装箱运输和装卸进一步高效化的要求。

3. 集装箱保有量的快速增长

随着集装箱运输的发展以及运输周转的加快，现有的集装箱保有量显得明显不足，因此集装箱保有量在未来将会有长足的增长。

4. 特种箱箱型比例有明显增加

如冷藏箱近几年的增长幅度较大。

（二）集装箱运输发展趋势

1. 集装箱运输量继续增长

与其他运输方式相比，集装箱运输是一种较新的模式，这种运输方式本身还在不断地发展和创新，它将在整个运输中承担越来越大的市场份额。

2. 集装箱船舶的大型化趋势

根据规模经济的规律，生产规模的扩大能使生产成本下降。为了参与国际范围内的竞争，减少运输成本，各大跨国航运公司纷纷投资，大力发展大型化集装箱船舶，使世界集装箱船舶的平均载箱量逐年上升。但是，集装箱船舶的大型化趋势也会遇到一系列的障碍，比如港口的水深条件，起重设备的作业尺寸，港口的装卸效率，陆路的集疏运能力和运输工具的标准等问题。

3. 集装箱码头的深水化、大型化和高效化趋势

随着集装箱船舶的大型化，特别对最新的 6 000TEU 以上的超大型船来说，水深条件越来越成为船公司选择港口的重要因素。船舶的大型化要求有自然条件良好的处于航运干线附近的深水港与之配套，因此全球运输中的枢纽港的作用日益重要，而这些起枢纽作用的港口的稳定货源必须有众多的支线港予以支撑。而枢纽港的非直接腹地的货源所占比重会不断增加。因此，集装箱码头规模的扩大，码头深水化、高效化已成为枢纽港的必要条件。

4. 船舶挂靠港口减少、运输网络的形成

航运公司运力优化配置带来的最大效果就是运输服务质量的提高。表现为航线挂靠港口减少，般班服务密度增加，交货期缩短。例如：中国香港/美西航线需要时间由原来的 14 天下降到 11 天。

5. 集装箱运输组织方式的变化

目前各种运输方式是各自为阵的，各种运输方式在争夺货源时相互间难以协调，因

此造成客户的极大不便。现代集装箱运输系统则要求铁路、公路、水运、航空、港口、机场、场站、仓储以及相关的海关、检验检疫、货主企业等方面的协同组织，这是提高运输效率，降低运输成本的关键。这种需求与人们追求运输系统整个过程的效率，降低整个过程的运输成本的要求是一致的。因此，集装箱运输系统组织的进一步集成化将是未来发展的一种趋势。

6. 集装箱运输与信息化的结合

集装箱运输的优点正是表现在它的快捷，而这种快捷送达又必须有先进的信息技术作为支持。当今社会已经进入了信息时代，运输信息的及时传递，可以实现运输过程组织的并行处理，从而加快了运输节奏。

7. 适应多式联运的内陆集装箱化运输系统的进一步完善

内陆集装箱运输是实现国际多式联运的关键，也是集装箱运输方式优越性充分发挥的关键。内陆集装箱运输主要是内河运输、公路运输以及铁路运输。目前，各国的公路集装箱运输发展较快，高速公路网的发展为集装箱公路运输提供了良好的硬件条件。铁路集装箱运输在国外发展较快，而中国铁路集装箱运输则起步较晚，但是，中国的铁路集装箱运输发展正在向使用国际标准箱方向发展，在箱型、车辆、货物以及管理上与国际模式接轨。

任务二　集装箱标准和标志

任务描述：掌握集装箱的尺寸、类型和标志。

一、集装箱标准化

集装箱标准化工作早在 1933 年就已开始了，当时欧洲铁路采用了“国际铁路联盟”的集装箱标准。1957 年，美国霍尔博士首先发表了有关集装箱标准化的设想，并写了许多有关集装箱标准化的著作。1958 年，美国标准协会、美国海运管理署、美国国际运输协会开始集装箱标准化工作。1959 年美国国际运输协会建议采用 8′×8′×20′、8′×8′×40′型集装箱。1964 年 4 月，美国标准协会采用了 8′×8′×10′、8′×8′×20′、8′×8′×30′、8′×8′×40′型集装箱为国家标准集装箱。

目前使用的国际集装箱规格尺寸主要是第一系列的 4 种箱型，即 A 型、B 型、C 型和 D 型。它们的尺寸和重量见表 4-1。

表 4-1　第一系列集装箱规格尺寸和总重量

规格（英尺）	箱型	长		宽		高		最大总重量	
		公制 mm	英制 Ft in	公制 mm	英制 Ft in	公制 mm	英制 Ft in	kg	LB
40	1AAA 1AA 1A 1AX	12 192	40′	2 438	8′	2 896 2 591 2 438 <2 438	9′6″ 8′6″ 8′ <8′	30 480	67 200

续表

规格（英尺）	箱型	长		宽		高		最大总重量	
		公制 mm	英制 Ft in	公制 mm	英制 Ft in	公制 mm	英制 Ft in	kg	LB
30	1BBB 1BB 1B 1BX	9 125	29′11.25″	2 438	8′	2 896 2 591 2 438 <2 438	9′6″ 8′6″ 8′ <8′	25 400	56 000
20	1CC 1C 1CX	6 058	19′10.5″	2 438	8′	2 591 2 438 <2 438	8′6″ 8 <8″	24 000	52 900
10	1D 1DX	2 991	9′9.75″	2 438	8′	2 438 <2 438	8′ <8′	10 160	22 400

另外，为了便于计算集装箱数量，可以以 20ft 的集装箱作为换算标准箱（Twenty-foot Equivalent Unit，TEU），并以此作为集装箱船载箱量、港口集装箱吞吐量、集装箱保有量等的计量单位。其相互关系为：40ft 集装箱 = 2TEU，30ft 集装 = 1.5TEU，20ft 集装 = 1TEU，10ft 集装 = 0.5TEU。另外，实践中人们有时将 40 英尺集装箱称为 FEU（Forty-foot Equivalent Unit）。

二、集装箱的种类

集装箱的分类可以有多种方法，如以制造材料不同或以结构不同等进行分类。按照制造材料可以分为钢质集装箱、铝合金集装箱 、玻璃钢质集装箱、薄壳式集装箱等。按照结构可以分为内柱式集装箱、折叠式集装箱和薄壳式集装箱等。这里主要以集装箱的用途进行分类。

（一）干货集装箱（Dry Cargo Container）

干货集装箱适于装载各种杂货，也称为杂货集装箱或通用集装箱。除冷冻货、活的动物、植物外，在尺寸、重量等方面适合集装箱运输的货物，几乎均可使用干货箱，包括日用百货、纺织品、服装、轻工产品、食品、机械、仪器、家用电器、医药及各种贵重物品等。这种集装箱规格较多，使用时应注意箱子内部容积和最大负荷，特别是在使用 20 英尺、40 英尺集装箱时更应注意这一点。

（二）冷藏集装箱（Reefer Container）

冷藏集装箱是指“装载冷藏货并附设有冷冻机的集装箱”。在运输过程中，启动冷冻机使货物保持在所要求的指定温度。箱内顶部装有挂肉类、水果的钩子和轨道，适用于装载冷藏食品、新鲜水果，或特种化工产品等。冷藏集装箱投资大，制造费用是普通箱的几倍；在来回程冷藏货源不平衡的航线上，常常需要回运空箱；船上用于装载冷藏集装箱的箱位有限；同普通箱比较，该种集装箱的营运费用较高，除因支付修理、洗涤费用外，每次装箱前应检验冷冻装置，并定期为这些装置大修而支付不少费用。

在实际营运过程中，冷藏集装箱的货运事故较多，原因之一是由于箱子本身或箱子在码头堆场存放或装卸时所致；另一原因是发货人在进行装箱时，对箱内货物所需要的温度及冷冻装置的操作缺乏足够的谨慎所致。尽管如此，世界冷藏货运量中，使用冷藏集装箱方式的比重不断上升，近年来已经超过使用冷藏船运输方式的比重。

（三）敞顶集装箱（Open-top Container）

敞顶集装箱，实践中又称开顶集装箱，是集装箱种类中属于需求增长较少的一种，主要原因是货物装载量较少，在没有月台、叉车等设备的仓库无法进行装箱，在装载较重的货物时还需使用起重机。这种箱子的特点是吊机可从箱子上面进行装卸货物，然后用防水布覆盖。目前，开顶集装箱仅限于装运较高货物或用于代替尚未得到有关公约批准的集装箱种类。

（四）框架集装箱（Plat Form Based Container）

这是以装载超重货物为主的集装箱，省去箱顶和两侧，其特点是可从箱子侧面进行装卸。在目前使用的集装箱种类中，框架集装箱稍有独到之处，这是因为不仅干货集装箱，即使是散货集装箱、罐式集装箱等，其容积和重量均受到集装箱规格的限制；框架集装箱则可用于那些形状不一的货物，如废钢铁、卡车、叉车等。除此之外，相当部分的集装箱在集装箱船边直接装运散装货，采用框架集装箱就较方便。框架集装箱的主要特点有：自身较重；普通集装箱是采用整体结构的，箱子所受应力可通过箱板扩散，而框架集装箱仅以箱底承受货物的重量，其强度很大；出于同样的原因，这种集装箱的底部较厚，所以相对来说，可供使用的高度较小，密封程度差。由于这些原因，该种集装箱通过海上运输时，必须装载舱内运输，在堆场存放时也应用毡布覆盖。同时，货物本身的包装也要适应这种集装箱。

（五）罐式集装箱（Tank Container）

这类集装箱专门装运各种液体货物，如食品、酒品、药品、化工品等。货物由液罐顶部的装货孔进入，卸货时，货物由排出孔靠重力作用自行流出，或者由顶部装货孔吸出。

（六）散装集装箱（Bulk Container）

散装集装箱主要用于运输啤酒、豆类、谷物、硼砂、树脂等散物。散装集装箱的使用有严格要求，如：每次掏箱后，要进行清扫，使箱底、两侧保持光洁；为防止汗湿，箱内金属部分应尽可能少外露；有时需要熏蒸，箱子应具有气密性；在积载时，除了由箱底主要负重外，还应考虑到将货物重量向两侧分散；箱子的结构易于洗涤；主要适用装运重量较大的货物，因此，要求箱子自重应比较轻。

（七）牲畜集装箱（Pen Container）

这是一种专门为装运动物而制造的特殊集装箱，箱子的构造采用美国农业部的意见，材料选用金属网使其通风良好，而且便于喂食，该种集装箱也能装载小汽车。

（八）汽车集装箱（Car Container）

这是专门供运输汽车而制造的集装箱；结构简单，通常只设有框架与箱底，根据汽车的高度，可装载一层或两层。

三、集装箱标志

为了方便集装箱运输管理，国际标准化组织拟订了集装箱标志方案。根据ISO790—73，集装箱应在规定的位置上标出以下内容（见图 4-1）。

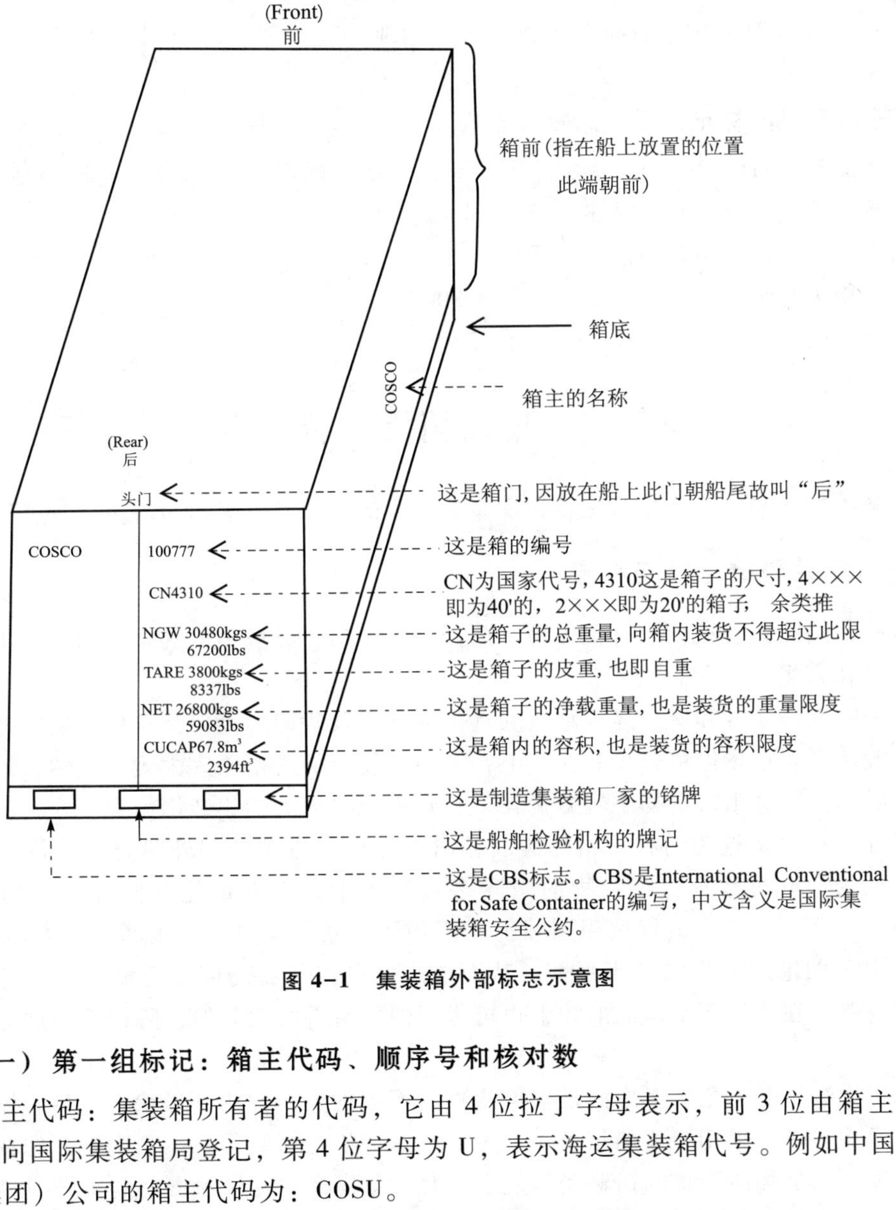

图 4-1 集装箱外部标志示意图

（一）第一组标记：箱主代码、顺序号和核对数

箱主代码：集装箱所有者的代码，它由 4 位拉丁字母表示，前 3 位由箱主自己规定，并向国际集装箱局登记，第 4 位字母为 U，表示海运集装箱代号。例如中国远洋运输（集团）公司的箱主代码为：COSU。

顺序号：为集装箱编号，按照国家标准（GB 1836—85）的规定，用 6 位阿拉伯数字表示，不足 6 位，则以 0 补之。

核对数：用于计算机核对箱主号与顺序号记录的正确性。核对号一般位于顺序号之后，用一位阿拉伯数字表示，并加方框以醒目。

如：CCLU4024698

（二）第二组标记：国籍代号、尺寸代号和类型代号（现已不使用）

国籍代号：用3位拉丁字母表示，说明集装箱的登记国。

尺寸代号：由2位阿拉伯数字组成，用于表示集装箱的尺寸大小。

类型代号：由2位阿拉伯数字组成，说明集装箱的类型。

如：AUX4020表示集装箱登记国为澳大利亚、尺寸为40英尺长、8英尺高，类型为保温型集装箱。

（三）第三组标记：最大总重和自重

最大总重（Max Gross）又称额定重量，是集装箱的自重和最大允许载货量之和。最大总重单位用千克（kg）和磅（lb）同时标出。

自重（Tare）是集装箱的空箱重量。

如：最大总重量　20 320kg　44 800lb

　　自重　1 620kg　3 570lb

任务三　集装箱货物装载方式

任务描述：掌握集装箱的选箱标准和装箱方法，掌握集装箱的海运费计算。

一、集装箱的选择与检查

目前，国际集装箱标准有很多种，选择哪种规格、哪种型号的集装箱对于集装箱运输能否顺利完成有重大的关系。

货主应根据航线和所经运输路线的具体情况以及货源、港口等条件来确定选择集装箱。一般来说，在货运量较少的航线上，选用集装箱的规格不宜太大。当然，还得视货物的密度，如在进出口货物中轻抛货较多，则用规格较大的集装箱为宜。

另外，在决定选用何种规格的集装箱时，还应考虑到与国外船公司、货主的合作问题。因为，在进行集装箱货物的国际多式联运中，很有可能与国外船公司进行箱子交换、互用。因此，最好选用国际上广泛使用的集装箱型号。此外，有些航线经常会发生由于两港之间货源的不平衡，从而造成大量集装箱的回空运输，为了解决空箱回运的问题，在货源不平衡的航线上也可考虑使用折叠式集装箱以降低空箱回运时的舱容损失。

选用集装箱时，主要考虑的是根据货物的不同种类、性质、形状、包装、体积、重量以及运输要求，采用合适的箱子。首先要考虑货物是否装得下。其次再考虑在经济上是否合理，与货物所要求的运输条件是否符合。集装箱在装载货物之前，必须经过严格检查。有缺陷的集装箱，轻则导致货损，重则在运输、装卸过程中造成箱毁人亡事故。所以，对集装箱的检查是货物安全运输的基本条件之一。发货人、承运人、收货人以及其他关系人在相互交接时，除对箱子进行检查外，应以设备交接单等书面形式确认箱子交接时的状态。通常，对集装箱的检查应做到符合以下基本条件：

（1）符合 ISO 标准。

（2）四柱、六面、八角完好无损。

（3）箱子各焊接部位牢固。

（4）箱子内部清洁、干燥、无味、无尘。

（5）不漏水、漏光。

（6）具有合格检验证书。

对集装箱的检查包括以下几项。

（1）外部检查：对箱子进行六面察看，外部是否有损伤、变形、破口等异样情况，如有即做出修理部位的标志。

（2）内部检查：对箱子的内侧进行六面察看，是否漏水、漏光、有无污点、水迹等。

（3）箱门检查：门的四周是否水密，门锁是否完整，箱门能否 270°开启。

（4）清洁检查：箱子内有无残留物、污染、锈蚀异味、水湿。如不符合要求，应予以清扫甚至更换。

（5）附属件的检查：对货物的加固环节，如板架式集装箱的支援、平板集装箱、敞棚集装箱上部延伸用加强结构等状态的检查。

二、货物装箱的一般方法

随着集装箱运输的不断发展，不同种类、不同性质、不同包装的货物都有可能装入集装箱内进行运输。同时，从事集装箱运输的管理人员以及操作人员不断增多，为确保货运质量的安全，做好箱内货物的积载工作是很重要的。集装箱货物的现场装箱作业，通常有三种方法：第一种是全部用人力装箱；第二种是用叉式装卸车（铲车）搬进箱内再用人力堆装；第三种是全部用机械装箱，如货板（托盘）货用叉式装卸车在箱内堆装。这三种方式中，第三种方法最理想，装卸率最高，发生货损事故最少。但是即使全部采用机械装箱，装载时如果忽视了货物特性和包装状态，或由于操作不当等原因，也往往会发生货损事故，特别是在内陆地区装载的集装箱，由于装箱人不了解海上运输时集装箱的状态，其装载方法通常都不符合海上运输的要求，从而引起货损事故的发生。因此，我们要特别注意集装箱装箱时的一些注意事项。

集装箱装箱时应注意的事项大致有以下几点。

（1）在货物装箱时，任何情况下箱内所装货物的重量不能超过集装箱的最大装载量，集装箱的最大装货重量由集装箱的总重减去集装箱的自重求得；总重和自重一般都标在集装箱的箱门上。

（2）在不同件杂货混装在同一箱内时，应根据货物的性质、重量、外包装的强度、货物的特性等情况，将货区分开。将包装牢固、重件货装在箱子底部，包装不牢、轻货则装在箱子上部。

（3）货物在箱子内的重量分布应均衡。如箱子某一部位装载的负荷过重，则有可能使箱子底部结构发生弯曲或脱开的危险。在吊机和其他机械作业时，箱子会发生倾斜，致使作业不能进行。此外，在陆上运输时，如存在上述情况，拖车前后轮的负荷因差异过大，也会在行驶中发生故障。

（4）货物的装载要严密整齐，货物之间不应留有空隙，这样不仅可充分利用箱内容积，也可防止货物相互碰撞而造成损坏。

（5）在进行货物堆码时，则应根据货物的包装强度，决定货物的堆码层数。另外，为使箱内下层货物不致被压坏，应在货物堆码之间垫入缓冲材料。货物与货物之间，也应加隔板或隔垫材料，避免货物相互擦伤、沾湿、污损。缓冲材料和垫料应清洁、干燥。

（6）在目的地掏箱时，由于对靠箱门附近的货物没有采取系固措施，曾发生过货物倒塌，造成货物损坏和人身伤亡的事故。因此，在装箱完毕，关箱前应采取措施，防止箱门附近货物的倒塌。

（7）拼箱货在混装时应注意如下几点：① 轻货要放在重货上面；② 包装强度弱的货物要放在包装强度强的货物上面；③ 不同形状、不同包装的货物尽可能不装在一起；④ 液体货要尽量放在其他货物下面；⑤ 从包装中会渗漏出灰尘、液体、潮气、臭气等的货物，最好不要与其他货混装在一起。如不得不混装时，就要用帆布、塑料薄膜或其他衬垫材料隔开；⑥ 带有尖角或突出部件的货物，要把尖角或突出部件保护起来，不使它损坏其他货物。

三、冷藏货物的装箱要求

冷藏集装箱所装载的货物可分为冷却货物（Chilled Cargo）和冷冻货物（Frozen Cargo）两种。前者是指一般选定不冻结的温度，或是货物表面有轻微结冻的温度，其温度范围在-1℃～11℃，冷却货物的目的是为了维持货物的呼吸和防止箱内出汗。冷冻货物是指将货物冷冻起来运输，其温度范围通常在-20℃～-11℃。

对冷藏货物在运输途中应保持的温度，货主在托运时都应有指示，承运人则应严格遵照执行。双方都应保管好有关该票货物在运输途中所需要的文件，以便发生纠纷后解决就温度问题引起的争执时有据可依。

冷藏货在装箱前，对集装箱和货物都应进行检查，注意以下事项。

（1）冷冻集装箱在装货过程中，冷冻机要停止运转。

（2）在装货前，冷冻集装箱内使用的垫木和其他衬垫材料要预冷；要选用清洁卫生的衬垫材料，不使它污染货物。

（3）不要使用纸、板等材料做衬垫，以免堵塞通风管和通风口。

（4）装货后箱顶与货物顶部一定要留出空隙，使冷气能有效地流通。

（5）必须注意到冷藏货要比普通杂货更容易滑动，也容易破损，因此对货物要加以固定，固定货物时可以用网等做衬垫材料，这样不会影响冷气的循环和流通。

（6）严格禁止已降低鲜度或已变质发臭的货物装进箱内，以避免损坏其他正常货物。

任务四　集装箱货物的交接

任务描述： 掌握集装箱的装箱方式，交接方式和地点。

一、整箱货与拼箱货

集装箱运输是将散件货物汇成一个运输单元（集装箱），使用船舶等运输工具进行运输的方式。集装箱运输的货物流通途径与传统的杂货运输有所不同，集装箱运输不仅与传统杂货运输一样以港口作为货物交接、换装的地点，还可以在港口以外的地点设立货物交接、换装的站点。

集装箱运输改变了传统的货物流通途径，在集装箱货物的流转过程中，其流转形态分为两种，一种为整箱货，另一种为拼箱货。

（一）整箱货

整箱货（Full Container Load，FCL）是指由货方负责装箱和计数，填写装箱单，并加封志的集装箱货物，通常只有一个发货人和一个收货人。

国际公约或各国海商法没有整箱货交接的特别规定，而承运人通常根据提单正面和背面的印刷条款以及提单正面的附加条款（如 Said to Contain，S. T. C；Shipper's Load and Count and Seal，S. L&C&S 等"不知条款"），承担在箱体完好和封志完整的状况下接受并在相同的状况下交付整箱货的责任。在目前的海上货运实践中，班轮公司主要从事整箱货的货运业务。

课堂讨论： 整箱货提单里承运人打入"不知条款"，通常是否有效？

（二）拼箱货

拼箱货（Less than Container Load，LCL）是指由承运人的集装箱货运站负责装箱和计数，填写装箱单，并加封志的集装箱货物，通常每一票货物的数量较少，因此装载拼箱货的集装箱内的货物会涉及多个发货人和多个收货人。承运人负责在箱内每件货物外表状况明显良好的情况下接受并在相同的状况下交付拼箱货。在目前的货运实践中，主要由拼箱集运公司从事拼箱货的货运业务。

货运代理人可以从事拼箱货的货运业务，但此时其身份也发生了变化。货运代理人参与拼箱货的货运业务，提供了为小批量货物快速和高效率的运输服务，解决了集装箱班轮运输大量替代传统杂货班轮运输后小批量货物的运输等问题。

货运代理人或拼箱集运商从事拼箱货运输，首先，可以因由其直接面对客户和承接小批量的货运业务、专门处理相关的货运问题，使班轮公司不再需要为小批量货物专门组织人力和物力、耗费资金和时间、承担风险和责任；其次，可以扩大货运代理企业的活动空间和业务范围，使货运代理企业通过为小批量货物提供良好服务的同时获得回报；最后，可以通过提供拼箱集运的服务，满足货主对于小批量货物在贸易、技术、经济、流通等方面的要求。

二、集装箱货物交接地点

货物运输中的交接地点是指根据运输合同，承运人与货方交接货物、划分责任风险和费用的地点。由于国际公约或各国法律通常制定了强制性的法律规范，因此承运人不能通过合同的方式减轻自己的责任；而有关费用问题，则可以由双方当事人另行约定。在集装箱运输中，根据实际需要，货物的交接地点并不固定。

目前集装箱运输中货物的交接地点有船边或吊钩（Ship'S Rail or Hook/Tackle）、集装箱堆场、集装箱货运站和其他双方约定的地点。

集装箱堆场（Container Yard，CY）是交接和保管空箱（Empty Container）和重箱（Loaded Container）的场所，也是集装箱换装运输工具的场所。

集装箱货运站（Container Freight Station，CFS），是拼箱货交接和保管的场所，也是拼箱货装箱和拆箱的场所。

集装箱堆场和集装箱货运站也可以同处于一处。

三、海运集装箱货物主要交接方式

在集装箱运输中，根据实际交接地点不同，集装箱货物的交接有多种方式，在不同的交接方式中，集装箱运输经营人与货方承担的责任、义务不同，集装箱运输经营人的运输组织内容、范围也不同。常见的集装箱交接方式有以下几种。

（一）门到门（Door to Door）

门到门交接方式是指运输经营人由发货人的工厂或仓库接收货物，负责将货物运至收货人的工厂或仓库交付。在这种交付方式下，货物的交接形态都是整箱交接。

（二）门到场（Door to CY）

该方式是指运输经营人在发货人的工厂或仓库接收货物，并负责将货物运至卸货港码头堆场或其内陆堆场，在堆场向收货人交付。在这种交接方式下，货物也都是整箱交接。

（三）门到站（Door to CFS）

该方式是指运输经营人在发货人的工厂或仓库接收货物，并负责将货物运至卸货港码头的集装箱货运站，或其在内陆地区的货运站，经拆箱后向各收货人交付。在这种交接方式下，运输经营人一般是以整箱形态接收货物，以拼箱形态交付货物。

（四）场到门（CY to Door）

该交接方式是指运输经营人在码头堆场或其内陆堆场接收发货人的货物（整箱货），并负责把货物运至收货人的工厂或仓库，向收货人交付。

（五）场到场（CY to CY）

该方式是指运输经营人在装货港的码头堆场或其内陆堆场接收货物（整箱货），并负责运至卸货港码头堆场或其内陆堆场，在堆场向收货人交付（整箱货）。

（六）场到站（CY to CFS）

该方式是指运输经营人在装货港的码头堆场或其内陆堆场接收货物（整箱），并负责运至卸货港码头集装箱货运站，或其在内陆地区的集装箱货运站，一般经拆箱后向收货人交付。

（七）站到门（CFS to Door）

该方式是指运输经营人在装货港码头的集装箱货运站或其内陆的集装箱货运站接收货物（经拼箱后），负责运至收货人的工厂或仓库交付。在这种交接方式下，运输经营人一般是以拼箱形态接收货物，以整箱形态交付货物。

（八）站到场（CFS to CY）

该方式是指运输经营人在装货港码头集装箱货运站，或其内陆的集装箱货运站接收货物（经拼箱后），负责运至卸货港码头或内陆地区的堆场交付。在这种方式下，货物的交接形态同站到门交接方式。

（九）站到站（CFS to CFS）

该方式是指运输经营人在装货港码头集装箱货运站，或内陆地区的集装箱货运站接收货物（经拼箱后），负责运至卸货港码头集装箱货运站，或其内陆地区的集装箱货运站，经拆箱后向收货人交付。在这种方式下，货物的交接形态一般都是拼箱交接。

以上 9 种交接方式，是集装箱运输中集装箱货物基本的交接方式。除装货海港码头堆场（或海港码头的集装箱货运站）到卸货海港码头堆场（或卸货海港码头集装箱货运站），交接方式适用于海运单一方式运输（包括海上转运）外，其他交接方式，都是集装箱货物多式联运下的交接方式。

集装箱货运分为整箱和拼箱两种，因此在交接方式上可以大致总结为以下四类。

（1）整箱交，整箱接（FCL/FCL）。货主在工厂或仓库把装满货后的整箱交给承运人，收货人在目的地以同样整箱接货，换言之，承运人以整箱为单位负责交接。货物的装箱和拆箱均由货方负责。

（2）拼箱交、拆箱接（LCL/LCL）。货主将不足整箱的小票托运货物在集装箱货运站或内陆转运站交给承运人，由承运人负责拼箱和装箱（Stuffing）运到目的地货站或内陆转运站，由承运人负责拆箱（Unstuffy），拆箱后，收货人凭单接货。货物的装箱和拆箱均由承运人负责。

（3）整箱交，拆箱接（FCL/LCL）。货主在工厂或仓库把装满货后的整箱交给承运人，在目的地的集装箱货运站或内陆转运站由承运人负责拆箱后，各收货人凭单接货。

（4）拼箱交，整箱接（LCL/FCL）。货主将不足整箱的小票托运货物在集装箱货运站或内陆转运站交给承运人。由承运人分类调整，把同一收货人的货集中拼装成整箱，运到目的地后，承运人以整箱交，收货人以整箱接。

注意：

1. 上述各种交接方式中，以整箱交、整箱接效果最好，也最能发挥集装箱的优越性。所以在实践中海运集装箱货物交接的主要方式：CY/CY，这是班轮公司通常采用的交接方式；CFS/CFS，也是集拼经营人通常采用的交接方式。

2. 在集装箱运输中，不同的交接方式，集装箱运输经营人与货方承担的责任、义务不同，集装箱运输经营人的运输组织的内容、范围也不同。

四、集装箱海运运费

目前，集装箱货物海上运价体系较内陆运价成熟。基本上分为两大类：一类是袭用件杂货运费计算方法，即以每运费吨为单位（俗称散货价）；另一类是以每个集装箱为计费单位（俗称包箱价）。

包箱费率（Box Rate）是以每个集装箱为计费单位的。常用于集装箱交货的情况，即 CFS/CY 或 CY/CY 条款。常见的包箱费率有以下三种形式。

（1）FAK（Freight for All Kinds）。它是对每一集装箱不细分箱内货类，不计货量（在重要限额之内）统一收取的运价。

（2）FCS（Freight for Class）。它是按不同货物等级制定的包箱费率，集装箱普通货物的等级划分与杂货运输分法一样，仍是 1～20 级，但是集装箱货物的费率差级大大小于杂货费率级差，一般低级的集装箱收费高于传统运输，高价货集装箱低于传统运输；同一等级的货物，重货集装箱运价高于体积货运价。可见，船公司鼓励人们把高价货和体积货装箱运输。在这种费率下，拼箱货运费计算与传统运输一样，根据货物名称查得等级，计算标准，然后去套相应的费率，乘以运费吨，即得运费。

（3）FCB（Freight for Class or Basis）。它是按不同货物等级或货类以及计算标准制订的费率。

配套实训练习

一、计算题

某票货从张家港出口到欧洲费力克斯托，经上海转船。2×20′FCL，上海到费力克斯托的费率是 USD 1 850/20′，张家港经上海转船，其费率是在上海直达费力克斯托的费率基础上加 USD 100/20′，另有货币贬值附加费 10%，燃油附加费 5%，问：托运人应支付多少运费？

二、案例选读

集装箱不适货造成货损索赔

【案情】

某年 3 月，上海箱包进出口公司（简称 A 公司）与美国一家采购公司（简称 B 公司）按 CIF 条款签订一份出口箱包的合同。根据合同规定，由 A 公司向 C 海运公司办理订舱。C 海运公司接受订舱后进行配载，并运载空集装箱至 A 公司的生产厂家进行装箱。由于 A 公司业务繁忙，业务员没有到生产厂家亲自查看整批货物装箱情况。货物装箱完毕后，C 海运公司直接将已装货的集装箱运至堆场，并及时在平安保险公司为该批货物投保了一切险。装船后，A 公司及时将装船通知以电传方式通知了 B 公司，并将该批货物的保单背书转让，委托银行托收货款。

一个月后，B 公司向 A 公司提出索赔，理由是箱包有很大的刺激气味，影响销售。A 公司接到 B 公司的索赔电后，立即查找原因。经查箱包之所以产生刺激气味，是由于集装箱油漆未干透所致，属于保险公司的免责范围。由于 A 公司业务员未能在现场监装，没有发现集装箱油漆未干透，致使货物产生刺激气味，影响销售，应该承担一定的责任，于是同意降价 10%，了结此案。

（资料来源：道客 88）

【分析】

此案例中箱包产生刺激气味是集装箱的油漆未干透所致，属于集装箱不适货，是保险公司的除外责任，保险公司不负责赔偿。虽然投保的是一切险，但一切险的承保责任也是有一定范围的，并不是对任何风险所致的损失都负赔偿责任。

作为承运人，必须使其集装箱适货。适货（Cargo Worthiness）意味着集装箱适于接收货物，以便将货物运至目的港，以履行承运人要把货物安全运达目的地交与收货人的责任。集装箱不适货，承运人应承担责任。

按照常规和一般的工作程序，发货人作为集装箱的装箱人，应对箱体进行认真检查和感官测试。发现不合格的集装箱应立即向承运人提出并要求调换。否则，按照惯例装箱人一旦未提出异议而接受集装箱，即集装箱被视为是合格的、适货的。若由于此集装箱的原因发生货损、串味等，装箱人将很难排除自己的责任。

现行的《集装箱货物装载管理办法》规定：供箱人应提供用箱人所需要的，并能适合货物装载、运输的集装箱。如货物灭失，损失是由供箱人所提供的集装箱不适合装载、运输货物所致，该货物的灭失、损害则由供箱人负责赔偿。同时又进一步规定：装箱人如发现箱子不适合装载、运输货物时，应拒装。但如果装箱人继续使用该不适合装载、运输货物的箱子，或未能及时把过失引起的货物灭失和损害通知供箱人、运箱人，则该货物的灭失、损害由装箱人负责。

此案中，承运人应该提供清洁、干燥、无味、无尘的适货集装箱，保证集装箱的油漆干透是供箱人最基本的责任之一。箱包产生刺激性气味是由于油漆未干透所致，是明显的不适货，对此承运人肯定是有责任的。当然，发货人在装箱前没有对箱子进行检查，也有不可推卸的责任。根据以往的判例，通常双方各自承担对半责任。

三、案例分析

某货主委托承运人的货运站装载 1 000 箱小五金，货运站在收到 1 000 箱货物后出具仓库收据给货主。在装箱时，装箱单上记载 980 箱，货运抵进口国货运站，拆箱单上记载 980 箱，由于提单上记载 1 000 箱，同时提单上又加注“由货主装箱、计数”，收货人便向承运人提出索赔，但承运人拒赔。根据题意分析回答下列问题：

（1）提单上类似“由货主装载、计数”的批注是否适用拼箱货，为什么？

（2）承运人是否要赔偿收货人的损失，为什么？

（3）承运人如果承担赔偿责任，应当赔偿多少箱？

项目五

班轮货运业务

任务一　班轮运输

任务描述：了解班轮运输中的关系人及船期表的相关知识。

一、概述

班轮运输中，通常会涉及班轮公司、船舶代理人、无船（公共）承运人、海上货运代理人、托运人和收货人等有关货物运输的关系人。

（一）班轮公司

班轮公司是指运用自己拥有或者自己经营的船舶，提供国际港口之间班轮运输服务，并依据法律规定设立的船舶运输企业，有时也被称作远洋公共承运人（Ocean Common Carrier）。班轮公司应拥有自己的船期表、运价本、提单或其他运输单据。

在业务实践中，国际海上货运代理人应了解有关班轮公司的情况，以便在必要时选择适当的承运人。

资料卡：船公司简介

世界上集装箱班轮公司有很多，并且大的班轮公司都已进入了中国海运市场。以下介绍几个班轮公司的概况：中远集装箱运输有限公司（COSCO，简称中远集运）成立于1997年12月29日，是中远集团所属专门从事集装箱运输的核心企业。中远集团现有超过20条主干航线，连接着全球100多个港口，在全球班轮公司中位居前列。

马士基—海陆公司（Maersk-Sealand）：马士基航运是Moller集团（丹麦）下

属的 12 个公司中的主要成员之一，海陆公司则是 CSX 集团（美国）的下属成员之一。1999 年 7 月，Moller 集团和 CSX 集团宣布达成协议，马士基斥资 8 亿美元收购海陆国际集装箱运输公司。并购后的马士基—海陆公司成为国际海运业的“巨无霸”。

地中海航运公司（MSC）：总部设在日内瓦的地中海航运公司，目前已上升至世界第二大集装箱班轮公司。

除了以上班轮公司外，还有一些著名的班轮公司，如日本邮船（NYK）、商船三井（M. O. S. K.）、铁行渣华（P&O Nedlloyd）、东方海皇（NOL）、长荣（Evergreen）、达飞（CMA）等。中国的集装箱班轮公司有中海集装箱运输有限公司、中外运集装箱运输有限公司等。

（二）船舶代理人

船舶代理人是指接受船舶所有人、经营人或者承租人的委托，办理船舶进出港口手续、安排港口作业、接受订舱、代签提单、代收运费等服务，依据法律规定设立的运输辅助性企业。

由于国际船舶代理行业具有一定独特的性质，所以各国在国际船舶代理行业大多制定有比较特别的规定。

资料卡：我国的船代公司

中国最大的国际船舶代理公司是成立于 1953 年的中国外轮代理公司。20 世纪 80 年代末中外运船务代理公司成立，成为我国第二家从事国际船代业务的公司。现在，在我国的对外开放港口都有多家国际船代公司。实践中，国际货运代理人经常会与船舶代理人有业务联系。

（三）无船承运人

无船承运人也称无船公共承运人，是指以承运人身份接受托运人的货载，签发自己的提单或者其他运输单证，向托运人收取运费，通过班轮运输公司完成国际海上货物运输，承担承运人责任，并依据法律规定设立的提供国际海上货物运输服务的企业。

根据《中华人民共和国国际海运条例》的规定，在中国境内经营无船承运业务，应当在中国境内依法设立企业法人；经营无船承运业务，应当办理提单登记，并交纳保证金；无船承运人应有自己的运价本。

无船承运人可以与班轮公司订立协议运价（国外称为服务合同）从中获得利益。但是，无船承运人不能从班轮公司那里获得佣金。国际货运代理企业在满足了市场准入条件后，可以成为无船承运人。

（四）海上货运代理人

国际海上货运代理人也称远洋货运代理人（Ocean Freight Forwarder），是指接受货主的委托，代表货主的利益，为货主办理有关国际海上货物运输的相关事宜，并依据法律规定设立的提供国际海上货物运输代理服务的企业。

海上货运代理人除可以从货主那里获得代理服务报酬外，因其为班轮公司提供货载，所以还应从班轮公司那里获得奖励，即通常所说的“佣金”。但国际海上货运代理人通常无法与班轮公司订协议运价。

（五）托运人

托运人是指本人或者委托他人以本人名义或者委托他人为本人，与承运人订立海上货物运输合同的人；本人或者委托他人以本人名义或者委托他人为本人将货物交给与海上货物运输合同有关的承运人的人。

托运人可以与承运人订立协议运价，从而获得比较优惠的运价。但是，托运人无法从承运人那里获得“佣金”。如果承运人给托运人“佣金”，则将被视为给托运人“回扣”。

班轮运输中还会有收货人等关系人。

二、船期表

制定班轮船期表（Liner Schedule）是班轮运输组织营运中的一项重要内容。主要内容包括：航线、船名、航次编号、始发港、中途港、终点港的港名，到达和驶离各港的时间，其他有关的注意事项等（见表5-1）。

表5-1　　班轮船期表

CEN/美国周班线					联系人：			电话：		
船名 VESSEL	航次 VOY	大连 DAL	新港 XIN	青岛 QIN	神户 KOB	温哥华 VCR	长滩 LGB	大连 DAL	新港 XIN	青岛 QIN
秀河 PRETTY R.	0070E/0071E	23-23/05	24-25/05	26-27/05	29-29/05	10-11/06	14-15/06	04-04/07	05-06/07	07-08/07
荣河 HONOR R.	0079E/0080E	30-30/05	31-01/06	03-03/06	05-05/06	17-18/06	21-22/06	11-11/07	12-13/07	14-15/07

通常近洋班轮航线因航程短且挂港少，船公司能较好地掌握航区和挂靠港的条件，以及港口装卸效率等实际状况，可以编制出时间准确的船期表，船舶可以严格按船期表规定的时间运行。远洋班轮航线航程长、挂港多、航区气象海况复杂，船公司难以掌握可能发生的各种情况，在编制船期表时对船舶运行时间必然会留有余地。

任务二　班轮货运业务

任务描述：掌握非集装箱货班轮运输的主要单据与流程。

一、业务环节

从事班轮运输的船舶是按照预先公布的船期来营运的，并且船速较高，因此能够及时将货物从起运港发送，而且迅速地将货物运抵目的港。货主则可以在预知船舶抵、离港时间（ETA、ETD）的基础上，组织、安排货源，保障市场对货物的需求。

用于班轮运输的船舶的技术性能较好，设备较齐全，船员的技术业务水平也较高，所以既能满足普通件杂货物的运输要求，又能满足危险货物、重大件等特殊货物的运输要求，并且能较好地保证货运质量。

从事班轮运输的船舶具有与其他营运方式不同的特点。由于船舶具有固定航线、固定港口、固定船期和相对固定的运价，因此，“四固定”是其最基本的特点。此外，承运人和货主之间权利、义务和责任豁免通常以承运人签发的提单背面条款为依据并受国际公约的制约，即承运人和货主之间在货物装船之前通常并不书面签订运输合同，而是在货物装船后，由承运人签发记有详细的有关承运人、托运人或收货人的责任、权利和义务条款的提单。

在杂货班轮运输中，承运人对货物的责任期间是从货物装上船起，至货物卸下船止，也就是说，虽然实务中托运人是将货物送至承运人指定的码头仓库交货，收货人在码头仓库提取货物，但除另有约定外，承运人对货物的责任期间仍然是“船舷至船舷”（Rail To Rail）或“钩至钩”（Tackle To Tackle）。另外，关于装卸费用和装卸时间，则规定为由承运人负责装货作业、卸货作业和理舱作业及全部费用，并且不计算滞期费和速遣费，仅约定托运人和收货人须按照船舶的装卸速度交货或提取货物，否则，应赔偿船方因降低装卸速度或中断装卸作业所造成的损失。

在集装箱班轮运输中，承运人对货物的责任期间是从装货港接收货物时起，至卸货港交付货物时止，通常班轮公司对集装箱的交接方式是CY/CY。

（一）货物出运

班轮公司的货物出运工作包括揽货与订舱和确定航次货运任务等内容。货运代理人的货物出运工作则包括安排货物托运手续、办理货物交接等内容。

资料卡：关于船公司“揽货”

船公司为使自己所经营的船舶在载重量和载货舱容两方面均能得到充分利用，以期获得最好的经营效益，会通过各种途径从货主那里争取货源，揽集货载——揽货（Canvassion）。通常的做法是在班轮航线的各挂靠港口及货源腹地，通过自己的营业机构或船舶代理人与货主建立业务关系；通过报纸、杂志刊登船期表，如我国的《中国远洋航务公报》《航运交易公报》《中国航务周刊》等都定期刊登班轮船期表，以邀请货主前来托运货物，办理订舱手续；通过与货主，无船承运人或货运代理人等签订运输服务合同或揽货协议来争取货源。

订舱（Booking）是托运人（包括其代理人——货运代理人）向班轮公司（即承运人，包括其代理人）申请货物运输，承运人对这种申请给予承诺的行为。因此，承运人一旦对托运人货物运输申请给予承诺，则货物运输合同订立。

国际海上货物运输合同是指承运人收取运费，负责将托运人托运的货物经海路由一国港口运至另一国港口的合同。因此，海上货物运输合同是一种双务有偿合同，而且应该是一种诺成合同。

▶ **知识窗：**

何谓“指定货”？

如果出口货物是以FOB价格条件成交，则货物运输由进口商安排，此时订舱工作就可能在货物的卸货地或输入地由进口商办理，这就是所称的卸货地订舱（Home Booking）。卸货地订舱的货物在实践中也称“指定货”（Buyer's Nominated Cargo）。

确定航次货运任务就是确定某一船舶在某一航次所装货物的种类和数量。承运人承揽货载时，必须考虑各票货物的性质、包装和每件货物的重量及尺码等因素。因为不同种类的货物对运输和保管有不同的要求，各港口的有关法律和规章也会有不同的规定。例如，重大件货物可能会受到船舶及装卸港口的起重机械能力影响和船舶舱口尺寸的限制；忌装货物的积载问题；各港口对载运危险货物船舶所做的限制等。而对于货物的数量，船公司也应参考过去的情况，预先对船舶舱位在各装货港间进行适当的分配，定出限额，并根据各个港口情况的变化，及时进行调整，使船舶舱位得到充分和合理的利用。货运代理人应充分认识到船方在确定船舶航次货运任务方面所要考虑的问题，否则可能造成不必要的麻烦。

（二）装船与卸船

1. 货物装船

集装箱班轮运输中，由于班轮公司基本上是以CY/CY作为货物的交接方式，所以集装箱货物的装船工作都会由班轮公司负责。

杂货班轮运输中，除另有约定外，都规定托运人应将其托运的货物送至船边，如果船舶是在锚地或浮筒作业，托运人还应用驳船将货物驳运至船边，然后进行货物的交接和装船作业。对于特殊货物，如危险货物、鲜活货、贵重货、重大件货物等，通常由托运人将货物直接送至船边，交接装船的形式，即采取现装或直接装船的方式。

在杂货班轮运输的情况下，不论接货装船的形式是直接装船还是集中装船，也就是说，不论采取怎样的装船形式，托运人都应承担将货物送至船边的义务，而作为承运人的班轮公司的责任则是从装船时开始，除非承运人与托运人之间另有不同的约定。因此，集中装船与直接装船的不同之处，只不过是由班轮公司指定的装船代理人代托运人将货物从仓库送至船边，而班轮公司与托运人之间的责任界限和装船费用的分担仍然以船边货物挂上吊钩为界。

从货主角度出发，在集中装船的形式下，当托运人在装货港将货物交给班轮公司指定的装船代理人（我国通常由港口的港区装卸公司充当）时，就可视为将货物交给班轮公司，交货后的一切风险都应由船公司负担。

课堂讨论： 为什么在杂货班轮运输实践中，通常采用由班轮公司在各装货港指定装船代理人，在各装货港的指定地点（通常为码头仓库）接收托运人送来的货物，即采取所谓的“仓库收货，集中装船”的形式呢？

▶ 引经据典

我国《海商法》第四十六条规定：……承运人对非集装箱装运的货物的责任期间，是指从货物装上船时起至卸下船时止，货物处于承运人掌管之下的全部期间。……前款规定，不影响承运人就非集装箱装运的货物，在装船前和卸船后所承担的责任，达成任何协议。

但是，根据上述有关海上运输法规和提单条款的规定，对于件杂货运输，船公司的责任是从本船船边装货时开始的，即使是在“仓库收货，集中装船”的情况下，船公司与托运人之间的这种责任界限并没有改变。也就是说，船公司的责任期间并没有延伸至仓库收货时。虽然装船代理人在接收货物后便产生了如同船公司所负担的那种责任，实际上船公司和装船代理人各自对托运人所应负担的责任仍然存在着一定的界限，即根据船公司和装船代理人之间的特约，装船以前属于装船代理人的责任。

2. 货物卸船

在集装箱班轮运输中，同样由于班轮公司基本上是以CY/CY作为货物的交接方式，所以集装箱货物的卸船工作都会由班轮公司负责。

在杂货班轮运输中，理论上卸船就意味着交货，是指将船舶所承运的货物在提单上载明的卸货港从船上卸下，并在船边交给收货人并办理货物的交接手续。

但是，如果由于战争、冰冻、港口罢工等特殊原因，船舶已不可能前往原定的卸货港，或会使船舶处于不安全状态，则船公司有权决定船舶驶往能够安全到达的附近港卸货。

资料卡：关于“误卸”（Mislanded）

船方和装卸公司应根据载货清单和其他有关单证认真地组织和实施货物的卸船作业，避免发生误卸的情况，即避免发生原来应该在其他港口卸下的货物卸在本港的溢卸（Overlanded）和原来应该在本港卸下的货物遗漏未卸的短卸（Shortlanded）的情况。船公司或其代理人一旦发现误卸时，应立即向各挂靠港口发出货物查询单（Cargo Tracer），查清后应及时将货物运至原定的卸货港。

提单条款中一般都有关于因误卸而引起的货物延迟损失或货物损坏责任问题的规定：因误卸而发生的补送、退运的费用由船公司负担，但对因此而造成的延迟交付或货物的损坏，船公司不负赔偿责任。如果误卸是因标志不清、不全或错误，以及因货主的过失造成的，则所有补送、退运、卸货或保管的费用都由货主承担，船公司不负担任何责任。

在杂货班轮运输中，对于危险货物，重大件等特殊货物，通常采取由收货人办妥进口手续后，来船边接收货物，并办理交接手续的现提形式。但是，如果各个收货人在船抵后都同时来到码头船边接收货物，同样会使卸货现场十分混乱，影响卸货效率，延长船舶在港停泊时间。所以，为使船舶在有限的停泊时间内迅速将货卸完，实践中通常由船公司指定装卸公司作为卸货代理人，由卸货代理人总揽卸货和接收货物工作，并向收货人实际交付货物。因此，在杂货班轮运输中，对于普通货物，通常采取先将货物卸至码头仓库，进行分类整理后，再向收货人交付的所谓“集中卸船，仓库交付”的形式。

与装船的情况相同，在杂货班轮运输中，不论采取怎样的卸船交货的形式，船公司的责任都是以船边为责任界限，而且卸货费用也是按这样的分界线来划分的。船公司、卸货代理人和收货人三者之间的相互关系与前述的船公司、装船代理人和托运人三者之间的关系相同。

（三）提取货物

在集装箱班轮运输中，大多采用 CY/CY 交接方式。在杂货班轮运输中，由于实务中多采用“集中卸船，仓库交付”的形式，并且收货人必须在办妥进口手续后，方能提取货物。所以，在班轮运输中，通常是收货人先取得提货单，办理进口手续后，再凭提货单到堆场、仓库等存放货物的现场提取货物。收货人只有在符合法律规定及航运惯例的前提条件下，方能取得提货单。

在使用提单的情况下收货人必须把提单交回承运人，并且该提单必须经过正确地背书（Endorsement），否则船公司没有交付货物的义务。另外，收货人还须付清所有应该支付的费用，如到付的运费，共同海损分担费等，否则船公司有权根据提单上的留置权条款的规定，暂时不交付货物，直至收货人付清各项费用为止；如果收货人拒绝支付应付的费用而使货物无法交付时，船公司还可以经卸货港所在地法院批准，对货物进行拍卖，以拍卖所得价款充抵应收的费用。因此，货运代理人应及时与收货人联系，取得经正确背书的提单，并付清应该支付的费用，以便换取提货单，并在办理了进口手续后提取货物。

二、实践中存在的问题

（一）关于“无单放货”

在已经签发了提单的情况下，收货人要取得提货的权利，必须以交出提单为前提条件。然而，有时由于提单邮寄延误，或者作为押汇的跟单票据的提单未到达进口地银行，或者虽然已到达进口地银行，而因为汇票的兑现期限的关系，在货物已抵卸货港的情况下，收货人还无法取得提单，也就无法凭正本提单来换取提货单了。

此时，按照一般的航运习惯，收货人就会开具由一流银行签署的保证书，以保证书向船公司交换提货单后提货。除有意欺诈外，船公司可以根据保证书，将此种交付货物而发生的损失转嫁给收货人或保证银行。但是，由于违反运输合同的义务，船公司对正当的提单持有人仍具有赔偿一切损失的风险。因此，船公司通常会要求收货人尽快履行解除担保的责任，即要求收货人在取得提单后及时交给船公司，以恢复正常的交付货物的手续。

实践中，船公司对保证书的形式和措辞的要求各不相同，但主要内容都包括因不凭正本提单提货，收货人和保证银行同意下列条件。

（1）因不凭提单提取货物，收货人和银行保证赔偿并承担船公司及其雇员和代理人因此承担的一切责任和遭受的一切损失。

（2）对船公司或其雇员或其代理人因此被起诉而提供足够的法律费用。

（3）对船公司的船舶或财产因此被扣押或羁留或遭到这种威胁，提供所需的保释金或其他担保以解除或阻止上述扣押或羁留，并赔偿船公司由此所遭受的一切损失、损害或费用。

（4）收到提单后换回保证书。

（5）对于上述保证内容由收货人和银行一起负连带责任。

（二）关于“电放”业务

在船公司普遍没有自己的海运单，而又不需要收货人在卸货港以提单换取提货单的情况下，“电放”的做法产生了。

“电放”是指在装货港货物装船后，承运人签发提单，托运人再将全套提单交回承运人，并指定收货人，承运人以电讯方式授权其在卸货港的代理人，在收货人不出具提单的情况下，交付货物。

由于与传统的做法不同，因此托运人和收货人都要出具保函，但收货人不需要履行解除担保的责任。同时，承运人不能交错货，托运人（卖方）应能收到货款，而收货人（买方）应能提到货物，这是“电放”中各方应注意的问题。

在使用海运单的情况下，收货人无须出具海运单，承运人只要将货物交给海运单上所列的收货人，就被视为已经做到了谨慎处理。通常收货人在取得提货单提货之前，应出具海运单副本及自己确实是海运单注明的收货人的证明材料。

▶ 知识窗：

关于“电放”

目前，在我们国家，普遍应用一种和海运单相似的单据，就是电放。电放提单是指船公司或其代理人签发的注有“Surrendered”或“Telex Release”的提单副本，复印件或传真件。其基本作用有三：一是承运人收到其照管的货物收据，二是运输合同的证明，三是用来换取提货单的依据。其运行程序：

（1）由托运人向货运代理提交一份电放保函，表明电放操作产生的一切责任及后果由托运人承担。

（2）货运代理向船公司提出电放申请并提交作用相同的电放保函一份。

（3）船公司接受申请及保函后给目的港船公司代理发一份电放通知，允许该票货物可以用盖章后的电放提单换提货单。

（4）装船后，船公司向货运代理签发 Master 电放提单（Master 电放提单是指在 Master 单的正本复印件或副本上注有“Surrendered”或“Telex Release”字样的单据。所谓 Master 单，是指由船公司签发的提单，也称 Master Bill of Lading）。

（5）货运代理向托运人签发 House 电放提单（House 电放提单是指在 House 单的正本复印件或副本上注有“Surrendered”或“Telex Release”字样的单据。所谓 House 单是指由货运代理签发的提单，也称 House Bill of Lading）。

（6）装运港货运代理向目的港的货运代理传真 Master 电放提单。

（7）托运人向收货人传真 House 电放提单。

（8）目的港船代理凭此 Master 电放提单签发提货单。

（9）收货人将盖其公司章的 House 电放提单交给目的港货运代理处。

（10）目的港货运代理凭此 House 电放提单交与收货人提货单。

船抵港后，收货人凭此提货单即可提货。

电放提单的特点：

（1）迅捷。电放提单可通过传真在几秒钟内完成单据传递。收货人凭电放提单换取提货单并及时提货，从根本上解决了货等单的问题。

（2）对收货人安全。电放提单不是物权凭证，不可转让，对收货人风险小。

（3）简便。采用电放提单，托运人一般通过传真方式将电放提单传给收货人，传真方式不同于以往的邮递方式，减少了许多中间环节，也减少了其中间环节所带来的不必要的风险和失误，传递既简便又安全，也减少了收货人的风险。

（4）承运人对错交货物不承担责任。电放操作中由于有电放保函，承运人可将错交货物的责任推给托运人，而自己不承担责任。他只要做到小心谨慎即可。

（5）电放提单对银行债权无保障。电放提单是提单的副本或复印件，不可流通转让，议付，不是物权证明，对银行债权无保障。它的使用与海运单一样，也是有条件的。

三、散杂货班轮货运单证及业务流程

（一）单证

目前国际上通用的及我国航行于国际航线船舶所使用的主要单证有以下几个。

1. 在装货港编制使用的单证

（1）托运单。托运单（Booking Note，B/N）（国内有时用“委托申请书”代替）

是指由托运人根据买卖合同和信用证的有关内容向承运人或他的代理人办理货物运输的书面凭证。经承运人或其代理人对该单的签认，即表示已接受这一托运，承、托之间的运输合同关系即告建立。

（2）装货联单。实务中，通常是由货运代理人根据托运人委托，填写装货联单后提交给船公司的代理人申请托运。船公司或其代理人接受承运后，予以编号并签发装货单。主要由以下各联所组成。

① 托运单（Booking Note，B/N）及其留底；

② 装货单（Shipping Order，S/O）；

③ 收货单（Mate's Receipt，M/R）。

签发装货单时，船公司或其代理人会按不同港口分别编制装货单号（有可能成为最终的提单号），装货单号不会重复，也不会混港编号。签发装货单后，船、货、港等方面都需要有一段时间来编制装货清单、积载计划、办理货物报关、查验放行、货物集中等待装船等准备工作。因此，对每一航次在装船开始前的一定时间应截止到签发装货单。

由于托运人必须在办理海关手续后，才能要求船长将货物装船，所以装货单又常称为“关单”。

收货单是指某一票货物装上船后，由船上大副（Chief Mate）签署给托运人的，作为证明船方已收到该票货物并已装上船的凭证，所以，收货单又称为“大副收据”或“大副收单”。托运人取得了经大副签署的收货单后，即可凭以向船公司或其代理人换取已装船提单。

大副在签署收货单时，会认真检查装船货物的外表状况、货物标志、货物数量等情况。如果货物外表状况不良：标志不清，有水渍、油渍或污渍，数量短缺，货物损坏等情况时，大副就会将这些情况记载在收货单上。此种记载称为“批注”（Remark），习惯上称为“大副批注”。

（3）装货清单。装货清单（Loading List，L/L）是根据装货联单中的托运单留底联，将全船待运货物按目的港和货物性质归类，依靠港顺序编制的装货单的汇总清单。内容包括船名、装货单编号、件数、包装、货名、毛重、估计立方米及特种货物对运输的要求或注意事项等说明。

它是大副编制积载计划的主要依据，又是供现场理货人员进行理货、港口安排驳运、进出库场以及掌握托运人备货及货物集中情况等的业务单据。

（4）载货清单。载货清单（Manifest，M/F），也称“舱单”。它是在货物装船完毕后，根据大副收据或提单编制的，按卸货港顺序逐票列明全部实际载运货物的汇总清单。

它是国际航运实践中一份非常重要的通用单证。船舶办理报关手续时，必须提交载货清单。载货清单是海关对进出口船舶所载货物进出国境进行监督管理的单证，如果船载货物在载货清单上没有列明，海关有权依据海关法的规定进行处理。载货清单又是港方及理货机构安排卸货的单证之一。在我国，载货清单还是出口企业在办理货物出口后，申请退税，海关据以办理出口退税手续的单证之一。

因此，在船舶装货完毕离港前，应由船长签发若干份载货清单，并留下数份随船同行，以备中途挂港或到达卸货港时办理进口报关手续时使用。另外，收货人在办理货物进口报关手续时，载货清单也是海关验放的单证之一。

（5）货物积载图。出口货物在货物装船前，必须就货物装船顺序、货物在船上的装载位置等情况做一个详细的计划，以指导有关方面安排泊位、货物出舱、下驳、搬运等工作。通常用图表的形式表示货物在船舱内的装载情况，称为积载图（Stowage Plan）。

在货物装船以前，大副根据装货清单上记载的货物资料制定货物积载计划。但是，在实际装船过程中，往往会因为各种客观原因，使装货工作无法完全按计划进行。例如，原计划的货载变动；货物未能按时集港等。这样，就造成货物实际在舱内的积载位置与原计划不一致。当每一票货物装船后，应重新标出货物在舱内的实际位置，最后绘制成一份“货物积载图”。

（6）危险货物清单。危险货物清单是专门列出船舶所载运全部危险货物的明细表。其内容除装货清单、载货清单所应记载的内容外，还特别增加了危险货物的性能和装船位置两项内容。

为了确保船舶、货物、港口及装卸、运输的安全，包括我国在内的世界上很多国家的港口都规定，凡船舶载运危险货物的都必须另行单独编制危险货物清单。

按照一般港口的规定，凡船舶装运危险货物时，船方应向有关部门（在我国是海事局）申请派员监督装卸。在装货港装船完毕后由监装部门签发给船方一份“危险货物安全装载书”（Dangerous Cargo Safe Stowage Certificate），这也是船舶载运危险货物时必备的单证之一。

另外，有些港口对装、卸危险货物的地点、泊位，甚至每一航次载运的数量，以及对货物的包装、标志等都有所规定。因此，船公司和货主对各国的相关规定都应事先有所了解，以免日后发生不必要的麻烦。

2. 在卸货港编制使用的单证

（1）过驳清单。过驳清单（Boat Note）是采用驳船作业时，作为证明货物交接和表明货物实际情况的单证。过驳清单是根据卸货时的理货单编制的。其内容包括：驳船名、货名、标志、号码、包装、件数、卸货港、卸货日期、舱口号等，并由收货人、卸货公司、驳船经营人等收取货物的一方与船方共同签字确认。

（2）货物溢短单。货物溢短单（Overlanded & Shortlanded List）是指一票货物所卸下的数量与载货清单上所记载的不符，发生溢卸或短卸的证明单据。该单证由理货员编制，并且必须经船方和有关方如收货人及仓库等共同签字确认。

（3）货物残损单。货物残损单（Broken & Damaged Cargo List）是指卸货完毕后，理货员根据卸货过程中发现的货物破损、水湿、水渍、渗漏、霉烂、生锈、弯曲变形等情况记录编制的，证明货物残损情况的单据。该单据必须经船方签认。

以上三种单据通常是收货人向船公司提出损害赔偿要求的证明材料，也是船公司处理收货人索赔要求的原始依据。所以，船方在签字时会认真核对，情况属实时才会给予签认；在各方对单证记载内容意见不一致时，应尽量协调，以取得一致意见；否则，船方也可能在单证上做出适当的保留批注。货主在获取以上三种单据时，应检查船方的签字。

（4）提货单。提货单（Delivery Order，D/O）也称小提单，是收货人凭以向现场（码头仓库或船边）提取货物的凭证。其内容包括船名、货名、件数、数量、包装、标志、提单号、收货人名称等。

提货单的性质与提单完全不同，它只不过是船公司指令码头仓库或装卸公司向收货人交付货物的凭证，不具备流通及其他作用。

（二）货运流程图

杂货班轮货运及主要货运单证流程见图5-1。

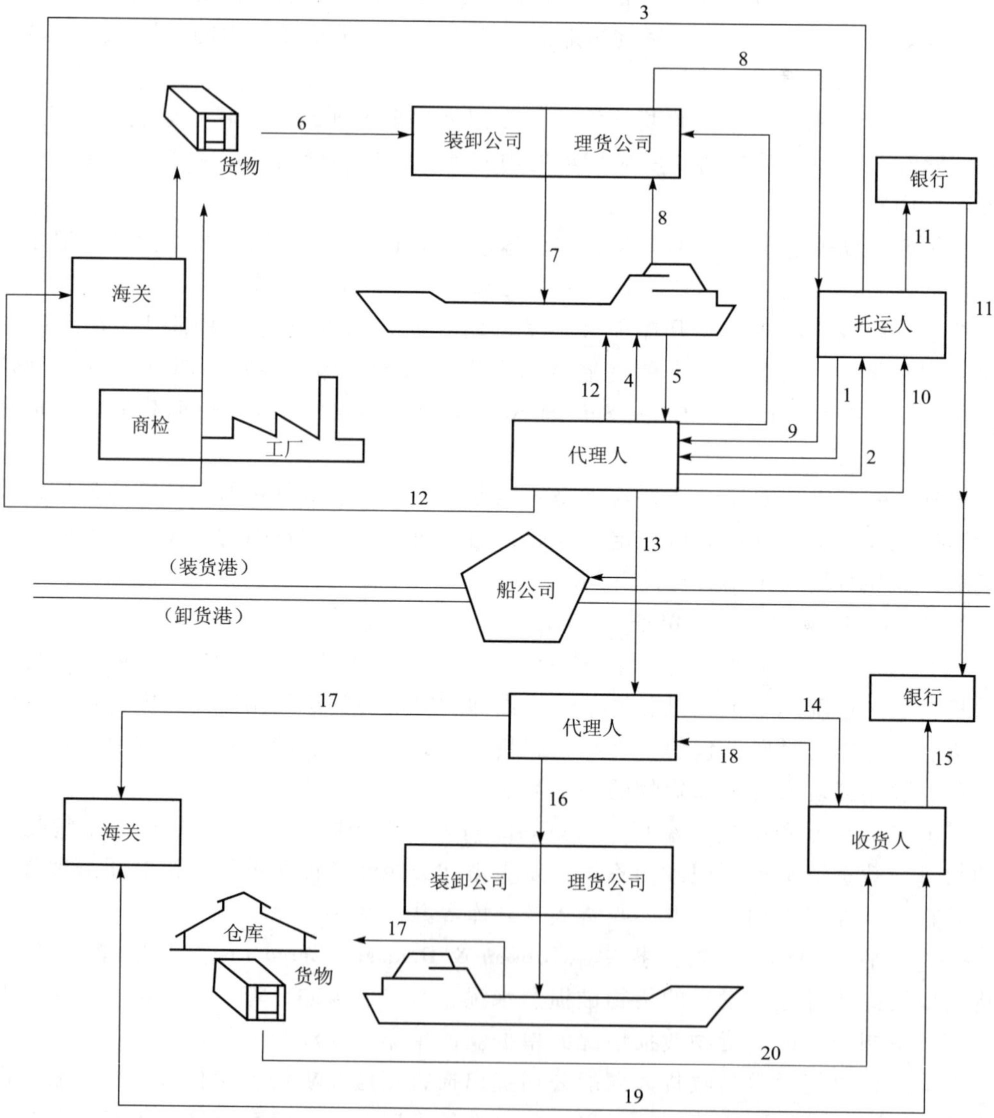

图5-1 杂货班轮货运及主要货运单证流程图

（1）托运人向船公司在装货港的代理人（也可直接向船公司或其营业所）提出货物装运申请，递交托运单，填写装货联单。

（2）船公司同意承运后，其代理人指定船名，核对 S/O 与托运单上的内容无误后，签发 S/O，将底联留下后退还给托运人，要求托运人将货物及时送至指定的码头仓库。

（3）托运人持 S/O 及有关单证向海关办理货物出口报关、验发放行手续，海关在 S/O 上加盖放行图章后，货物准予装船出口。

（4）船公司在装货港的代理人根据留底联编制装货清单（L/L）送船舶及理货公司、装卸公司。

（5）大副根据 L/L 编制货物积载计划交代理人分送理货、装卸公司等按计划装船。

（6）托运人将经过检验及检量的货物送至指定的码头仓库准备装船。

（7）货物装船后，理货长将 S/O 交大副，大副核实无误后留下 S/O 并签发收货单（M/R）。

（8）理货长将大副签发的 M/R 转交给托运人。

（9）托运人持 M/R 到船公司在装货港的代理人处付清运费（预付运费情况下）换取正本已装船提单（B/L）。

（10）船公司在装货港的代理人审核无误后，留下 M/R 签发 B/L 给托运人。

（11）托运人持 B/L 及有关单证到议付银行结汇（在信用证支付方式下），取得货款，议付行将 B/L 及有关单证邮寄开证银行。

（12）货物装船完毕后，船公司在装货港的代理人编妥出口载货清单（M/F）送船长签字后向海关办理船舶出口手续，并将 M/F 交船随带，船舶起航。

（13）船公司在装货港的代理人根据 B/L 副本（或 M/R）编制出口载货运费清单，连同 B/L 副本、M/R 送交船公司结算代收运费，并将卸货港需要的单证寄给船公司在卸货港的代理人。

（14）船公司在卸货港的代理人接到船舶抵港电报后，通知收货人船舶到港日期，做好提货准备。

（15）收货人到开证银行付清货款取回 B/L（在信用证支付方式下）。

（16）卸货港船公司的代理人根据装货港船公司的代理人寄来的货运单证，编进口载货清单及有关船舶进口报关和卸货所需的单证，约定装卸公司、理货公司、联系安排泊位，做好接船及卸货准备工作。

（17）船舶抵港后，船公司在卸货港的代理人随即办理船舶进口手续，船舶靠泊后即开始卸货。

（18）收货人持正本 B/L 向船公司在卸货港的代理人处办理提货手续，付清应付的费用后，换取代理人签发的提货单（D/O）。

（19）收货人办理货物进口报关手续，缴纳关税。

（20）收货人持 D/O 到码头仓库或船边提取货物。

任务三　集装箱班轮货运流程与单证

任务描述：掌握集装箱运输的进出口单据及业务流程。

一、整箱货出口流程与单证

（一）业务流程

1. 委托代理

在集装箱班轮货物运输过程中，货主一般都委托货运代理人为其办理有关的货运业务。在确立委托代理关系时，双方会签订一份货运代理委托书。

2. 订舱

货运代理人接受委托后，应根据货主提供的有关贸易合同或信用证条款的规定，在货物出运之前一定的时间内，填制订舱单向船公司或其代理人申请订舱。船公司或其代理人在决定是否接受发货人的托运申请时，会考虑其航线、船舶、运输要求、港口条件、运输时间等方面能否满足运输的要求。船方一旦接受订舱，就会着手编制订舱清单，然后分送集装箱码头堆场、空箱堆场等有关部门，并将据此安排办理空箱及货运交接等工作。

在订舱时，货运代理人会填制“场站收据”联单、预配清单等单据。

3. 提取空箱

在订舱后，货运代理人应提出使用集装箱的申请，船方会给予安排并发放集装箱设备交接单。凭设备交接单，货运代理人就可安排提取所需的集装箱。

在整箱货运输时，通常是由货运代理人安排集装箱卡车运输公司（实践中通常称为集卡车队）到集装箱空箱堆场领取空箱，也可以由货主自己安排提箱。无论由谁安排提箱，在领取空箱时，提箱人都应与集装箱堆场办理空箱交接手续，并填制设备交接单。

4. 货物装箱

整箱货的装箱工作大多是由货运代理人安排进行，并可以在货主的工厂、仓库装箱或是由货主将货物交由货运代理人的集装箱货运站装箱。当然，也可以由货主自己安排货物的装箱工作。

装箱人应根据订舱清单的资料，并核对场站收据和货物装箱的情况，填制集装箱货物装箱单。

5. 整箱货交接签证

由货运代理人或发货人自行负责装箱并加封志的整箱货，通过内陆运输运至承运人的集装箱码头堆场，并由码头堆场根据订舱清单，核对场站收据和装箱单接收货物。整箱货出运前也应办理有关出口手续。

集装箱码头堆场在验收货箱后，即在场站收据上签字，并将签署的场站收据交还给货运代理人或发货人。货运代理人或发货人可以凭借经签署的场站收据要求承运人签发提单。

6. 装船

集装箱码头堆场或集装箱装卸区根据接收待装的货箱情况，制订出装船计划，等船靠泊后即行装船。

7. 换取提单

货运代理人或发货人凭签署的场站收据，在支付了预付运费后（在预付运费的情况下），就可以向承运人或其代理人换取提单。发货人取得提单后，就可以去银行结汇。

（二）货运单证

1. 货主委托货运代理办理运输事宜的单证

该类单证可分为基本单证和特殊单证。

基本单证，即通常每批托运货物都须具备的单证。有：出口货运代理委托书、出口货物报关单、商业发票、装箱单、重量单（磅码单）、规格单等。

特殊单证是在基本单证以外，根据国家规定，按不同商品、不同业务性质、不同出口地区需要向有关主管机关及海关交验的单证，例如：出口许可证、配额许可证、商检证、动植物检疫证、卫生证明、进料、来料加工手册、危险货物申请书、包装证、品质证、原产地证书等。

在此介绍出口货运代理委托书和有关危险品的有关问题。

出口货运代理委托书：简称委托书，具有两种功能。

其一，它是委托方（出口企业）向被委托方提出的一种要约，货运代理人接到委托书后，如不能接受或某些要求无法满足，应及时做出反应，以免耽误船期，承担不必要的法律责任。

其二，委托书详列提供的各项资料和委办事项及工作要求，它是货运代理人的工作依据。

货运代理人接到委托方的委托书后，应及时加以审核，根据要求及时联系有关船公司或其代理人订舱，如某些要求无法接受或船货衔接存在问题，应迅速征求委托方意见，以免贻误工作。

资料卡：危险品单证

危险货物由于具有易爆、易燃、有毒、腐蚀、放射等危害特性，在进出口运输安排上要求较高、难度较大，托运的手续和需要的单证比普通货物复杂得多。《国际海运危险货物规则》（IMDG Code）中对海运危险货物的认定标准和程序做出了规定。在办理危险货物的托运时，通常需要提供有关危险品的单证。

1. 危险货物的托运订舱必须按各类不同危险特性，分别缮制托运单办理订舱。以便船方根据货物不同的危险特性，按照《国际海运危险货物规则》的要求安排运输，以利安全。

例如，一份信用证和合同中同时出运氧化剂、易燃液体和腐蚀品三种不同性质的货物，托运时必须按三种不同性质危险货物分别缮制三份托运单。切不可一份托运单同时托运三种性质互不相容的危险货物；否则，船方可能会将三种货物装在一起，货物极容易互相接触，产生化学反应，引起燃烧、爆炸，造成事故。如果是集装箱运输，切忌同时将互不相容的危险货物装在同一集装箱内。

2. 托运单的缮制。除一般普通货物共同需要的内容（如目的港、唛头、收货人、通知人、品名、重量、尺码、件数等）以外，危险货物的托运单还需增加下述七项内容：

（1）货物名称必须用正确的化学学名或技术名称，不能使用人们不熟悉的商品俗名。例如“漂白粉”不能用 BLEACHING POWDER，而应使用“次氯酸钙”；砒霜不能用俗名“信精”，而应使用“三氧化二砷”。

（2）必须注明危险货物 DANGEROUS CARGO 字样，以引起船方的重视。

（3）必须注明危险货物的性质和类别。例如：氧化剂（OXIDIZING AGENT）和第 5.1 类（CLASS 5.1）字样，或易燃液体（INFLAMABLE LIQUID）和第 3 类（CLASS 3）。

（4）必须注明联合国危险品编号，例如：磷酸为 UN No. 1805。

（5）必须注明货物在《国际海运危险货物规则》里的页码，例如：硝酸钾为 IMDG CODE PAGE 5171。

（6）易燃液体必须注明闪点，例如：FLASH POINT 20℃。

（7）另外，对积载有特殊要求的，也必须在托运单上注明，供船舶配载时参考。例如：必须装舱面的货物，需注明 DECK SHIPMENT ONLY；须远离火源和热源的货物，应注明 FAR AWAY FROM FIRE AND HEAT。

3. 托运时应随托运单提供中英文对照的“危险货物说明书”或“危险货物技术证明书”一式数份，显示货物的品名、别名、分子式、性能、运输注意事项、急救措施、消防方法等内容，供港口、船舶装卸、运输时参考。

4. 托运时必须同时提交经海事局审核批准的“包装危险货物安全适运申报单”（简称货申报），船舶代理人在配船以后凭此申报单再向海事局办理“船舶载运危险货物申报单”（简称船申报），港务部门必须收到海事局批准的“船申报”后才允许装载危险货物。

5. 托运时应提交“检验检疫局”出具的按《国际海运危险货物规则》要求进行过各项试验，结果合格的“危险货物包装容器使用证书”，该证书需经港务管理局审核盖章后方才有效。港口装卸作业区凭港务局审核盖章后的证书，同意危险货物进港并核对货物后方可验放装船。海事局也凭该包装证书办理货物申报。

6. 集装箱装载危险货物后，还需填制中英文的“集装箱装运危险货物装箱证明书”一式数份，分送港区、船方、船代和海事局。

7. 危险货物外包装表面必须张贴《国际海运危险货物规则》规定的危险品标志和标记；成组包装或集装箱装运危险货物时，除箱内货物张贴危险品标志和标记外，还要在箱外贴上相同的危险品标牌和标记。

8. 对美国出口或需在美国转运的危险货物，托运时应提供英文的“危险货物安全资料卡”一式两份，由船代转交承运人提供美国港口备案。

9. 罐式集装箱装运散装危险货物时，还须提供罐式集装箱的检验合格证书。

10. 对美国出运危险货物或在中国香港转运危险货物，还需要增加一份《国际海运危险货物规则》推荐使用的“危险货物申报单”。

托运人托运危险货物，应当依照有关海上危险货物运输的规定，妥善包装，做出危险品标志和标签，并将其正式名称和性质以及应当采取的预防危害措施书面通知承运人；托运人未通知或者通知有误的，承运人可以在任何时间、任何地点根据情况需要将货物卸下、销毁或者使之不能为害，而不负赔偿责任。托运人对承运人因运输此类货物所受到的损害应当负赔偿责任。

承运人知道危险货物的性质并已同意装运的，仍然可以在该项货物对于船舶、人员或者其他货物构成实际危险时，将货物卸下、销毁或者使之不能为害，而不负赔偿责任。但是，正常运输下的危险品并不影响共同海损的分摊。

2. “场站收据”联单

“场站收据”联单通常是由货运代理企业缮制送交船公司或其代理人订舱，因此此单据也就相当于订舱单。

各联的设计和用途如下。

第一联，货主留底（早先托运单由货主缮制后将此联留存，故列第一联）；

第二联，船代留底；

第三联，运费通知①；

第四联，运费通知②；

第五联，装货单；

第五联，（附页）缴纳出口货物港务申请书（由港区核算应收之港务费用）；

第六联，（浅红色）场站收据副本大副联；

第七联，（黄色）场站收据正本；

第八联，货运代理留底；

第九联，配舱回单；

第十联，配舱回单。

以上一套十张，船公司或其代理接受订舱后在托运单上加填船名、航次及编号（此编号俗称关单号，与该批货物的提单号基本上保持一致），并在第五联装货单上盖章，表示确认订舱，然后将二至四联留存，第五联以下全部退还货运代理公司。

货运代理将第五联、五联附页、六联、七联共四联拆下，作为报关单证之用，九或十联交托运人（货主）做配舱回执，其余供内部各环节使用。

托运单虽有10联之多，其核心单据仅为第五、六、七联。第五联是装货单，盖有船公司或其代理人的图章，是船公司发给船上负责人员和集装箱装卸作业区接受装货的指令，报关时海关查核后在此联盖放行章，船方（集装箱装卸作业区）凭以收发装船。第六联供港区在货物装船前交外轮理货公司，当货物装船时与船上大副交接用。第七联场站收据俗称黄联（黄色纸张，便于辨认），在货物装上船后由船上大副签字（通常由集装箱码头堆场签章），退回船公司或其代理人，据以签发提单。

3. 集装箱发放/设备交接单

该单据是集装箱进出港区、场站时，用箱人、运箱人与管箱人或其代理人之间交接集装箱及设备的凭证。兼有发放集装箱的凭证功能，所以它既是一种交接凭证，又是一种发放凭证，对集装箱运输特别是对箱务管理起着巨大作用。它在日常业务中被简称为“设备交接单”（Equipment Interchange Receipt，EIR）。

设备交接单使用时，应按照有关设备交接单制度规定的原则进行。设备交接单制度应严格要求做到一箱一单、箱单相符、箱单同行。用箱人、运箱人凭设备交接单进出港区、场站，到设备交接单指定的提箱地点提箱，并在规定的地点还箱。与此同时，用箱人必须在规定的日期、地点将箱子和机械设备如同交付时状态还给管箱人或其代理人。对集装箱的超期使用或租用，用箱人应支付超期使用费；对使用或租用期间发生的任何箱子及设备的灭失和损坏，用箱人应承担赔偿责任，相应费用标准也应做出明确规定。

设备交接单有多种用途，在集装箱货物出口运输中，它主要是货主（或货运代理人）领取空箱出场及运送重箱装船的交接凭证。

设备交接单的下半部分是出场或进场检查记录，由用箱人（运箱人）及集装箱堆场工作人员在双方交接空箱或重箱时验明箱体记录情况，用以分清双方责任。

4. 集装箱装箱单

集装箱装箱单（Container Load Plan，CLP）是详细记载集装箱内货物的名称、数量等内容的单据，每个载货集装箱都要制作这样的单据，它是根据已装进集装箱内的货物制作的。不论是由发货人自己，还是由集装箱货运站负责装箱，装箱人都要制作装箱单。其主要作用有：

（1）作为发货人、货运站与码头堆场之间交接货物的单证。

（2）作为向船方通知集装箱内所装货物的明细表。

（3）单据上所记载的货物与集装箱的总重量是计算船舶吃水差、稳性的基本数据。

（4）在卸货地点是办理集装箱保税运输的单据之一。

（5）当发生货损时，是处理索赔事故的原始单据之一。

（6）卸货港集装箱货运站安排拆箱、理货的单据之一。

装箱单记载事项必须与场站收据和报关单据上的相应事项保持一致，否则会引发不良后果。例如：装货港错打与场站收据不符，港区有可能不予配装，造成退关；也有可能配舱错位，以致到达卸货港时无法从错置的舱架上把集装箱卸下等。

二、整箱货进口流程与单证

（一）业务流程

完整的海运进口业务，从国外接货开始，包括安排装船、运输、代办保险，直至货物运到我国港口后的卸货，接运报关报验，转运等业务。

1. 货运代理人接受委托

货运代理人与货主双方建立的委托关系可以是长期的，也可以是就某一批货物而签订的。在建立了长期代理关系的情况下，委托人往往会把代理人写在合同的一些条款中，这样，国外发货人在履行合约有关运输部分时会直接与代理人联系，有助于提高工作效率和避免联系脱节的现象发生。

2. 卸货地订舱

如果货物以 FOB 价格条件成交，货运代理接受收货人委托后，就负有订舱或租船的责任，并有将船名、装船期通知发货人的义务。特别是在采用特殊集装箱运输时，更应尽早预订舱位。

3. 接运工作

接运工作要做到及时、迅速。主要工作包括加强内部管理、做好接货准备、及时告知收货人、汇集单证、及时与港方联系以及谨慎接卸。

4. 报检报关

根据国家有关法律、法规的规定，进口货物必须办理验放手续后，收货人才能提取货物。因此，必须及时办理有关报检、报关等手续。

5. 监管转运

进口货物入境后，一般在港口报关放行后再转运。但经收货人要求，经海关核准也可运往另一设关地点办理海关手续，称为转关运输。

6. 提取货物

货运代理人向货主交货有两种情况：一是象征性交货，即以单证交接，货物到港经海关验放，并在提货单上加盖海关放行章，将该提货单交给货主，即交货完毕。二是实际性交货，即除完成报关放行外，货运代理人负责向港口装卸区办理提货，并将货物运至货主指定地点，交给货主。集装箱运输中的整箱货通常还需要负责空箱的还箱工作。以上两种交货，都应做好交货工作的记录。

（二）货运单证

1. 货主委托货运代理办理进口货运业务单证

这些单证主要包括进口货运代理委托书、进口订舱联系单、提单、发票、装箱单、保险单、进口许可证以及包括木箱包装熏蒸证明等在内的其他单证。

2.“交货记录”联单

根据“集装箱工试”在上海的试验成果，在集装箱班轮运输中普遍采用交货记录联单以代替件杂货运输中使用的提货单。交货记录的性质实际上与“提货单”一样，仅仅是在其组成和流转过程方面有所不同。

“交货记录”标准格式一套共五联：一联为到货通知书；二联为提货单；三联为费用账单（蓝色）；四联为费用账单（红色）；五联为交货记录。其流转程序为：

（1）船舶代理人在收到进口货物单证资料后，通常会向收货人或其代理人发出到货通知书。

（2）收货人或其代理人在收到到货通知书后，凭海运正本提单（背书）向船舶代理人换取提货单及场站、港区的费用账单联、交货记录联等四联。“提货单”经船代盖章方始有效。

（3）收货人或其代理人持提货单在海关规定的期限内备妥报关资料，向海关申报。海关验放后在提货单的规定栏目内盖放行章。收货人或其代理人还要办理其他有关手续的，也应办理手续，取得有关单位盖章放行。

（4）收货人及其代理人凭已盖章放行的提货单及费用账单和交货记录联向场站或港区的营业所办理申请提货作业计划，港区或场站营业所核对船代提货单是否有效及有关放行章后，将提货单、费用账单联留下，做放货、结算费用及收费依据。在第五联“交货记录”联上盖章，以示确认手续完备，受理作业申请，安排提货作业计划，并同意放货。

（5）收货人及其代理人凭港区或场站已盖章的“交货记录”联到港区仓库，或场站仓库、堆场提取货物，提货完毕后，提货人应在规定的栏目内签名，以示确认提取的货物无误。交货记录上所列货物数量全部提完后，场站或港区应收回交货记录联。

（6）场站或港区凭收回的交货记录联核算有关费用。填制费用账单一式两联，结算费用。将第三联（蓝色）费用账单联留存场站、港区制单部门，第四联（红色）费用账单联作为向收货人收取费用的凭证。

（7）港区或场站将第二联“提货单”联及第三联“费用账单”联、第五联“交货记录”联留存归档备查。

3. 集装箱发放/设备交接单

集装箱进口货运过程中也需要使用“设备交接单”。

三、拼箱货货运流程与单证

集装箱运输的货物分为整箱货（FCL）和拼箱货（LCL）两种，有条件的货运代理公司也能承办拼箱业务，即接收客户尺码或重量达不到整箱要求的小批量货物，把不同收货人、同一卸货港的货物集中起来，拼成一个整箱，这种做法称作集拼，国际上叫作Consolidation，简称 Consol，承办者称作 Consolidator。

资料卡：

承办集拼业务的货运代理企业必须具备如下条件。

（1）具有集装箱货运站（CFS）装箱设施和装箱能力。

（2）与国外卸货港有拆箱分运能力的航运或货运企业建有代理关系。

（3）政府部门批准有权从事集拼业务并有权签发自己的 House B/L。

从事集拼业务的国际货运代理企业由于其签发了自己的提单（House B/L），故通常被货方视为承运人，如果只经营海运区段的拼箱业务，则是无船承运人。因此其特征主要有：不是国际贸易合同的当事人；在法律上有权订立运输合同；本人不拥有、不经营海上运输工具；因与货主订立运输合同而对货物运输负有责任；有权签发提单，并受该提单条款约束；具有双重身份，对货主而言，他是承运人，但对真正运输货物的集装箱班轮公司而言，他又是货物托运人。

集拼业务的操作比较复杂，先要区别货种，合理组合，待拼成一个 20 英尺或 40 英尺箱时可以向船公司或其代理人订舱。

集拼的每票货物各缮制一套场站收据，附于一套汇总的场站收据上，例如有五票货物拼成一个整箱，这五票货须分别按其货名、数量、包装、重量、尺码等各自缮制场站收据，另外缮制一套总的场站收据，货名可作成“集拼货物”（Consolidated Cargo），数量是总的件数（Packages），重量、尺码都是五票货的汇总数，目的港是统一的，关单（提单）号也是统一的编号，但五票分单的关单（提单）号则在这个统一编号之尾缀以 A、B、C、D、E，以资区分。货物出运后船公司或其代理人按总单签一份海运提单（Ocean B/L），托运人是货运代理公司，收货人是货运代理公司的卸货港代理人，然后，货运代理公司根据海运提单，按五票货的托运单（场站收据）内容签发五份仓至仓提单（House B/L），House B/L 编号按海运提单号，尾部分别缀以 A、B、C、D、E，其内容则与各该场站收据相一致，分发给各托运单位银行结汇之用。

另一方面货运代理公司须将船公司或其代理人签发给他的海运提单正本连同自己签发的各 House B/L 邮寄给其卸货港代理，代理人在船到时向船方提供海运提单正本，提取该集装箱到自己的货运站（CFS）拆箱，通知 House B/L 中各个收货人持正本 House B/L 前来提货。

集拼业务票数越多，处理难度越大，有时其中一票货的数量发生变更往往牵涉整箱货的出运，所以在处理中要倍加审慎（见图 5-2）。

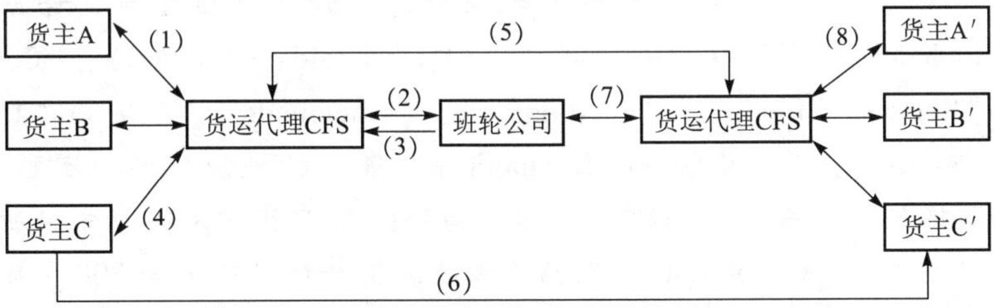

图 5-2 拼箱货业务流程图

图注：

（1）A、B、C 等不同货主（发货人）将不足一个集装箱的货物（LCL）交集拼经营人。

（2）集拼经营人将拼箱货拼装成整箱货后，向班轮公司办理整箱货物运输。

（3）整箱货装船后，班轮公司签发 B/L 或其他单据（如海运单）给集拼经营人。

（4）集拼经营人在货物装船后也签发自己的提单（H B/L）给每一个货主（发货人）。

（5）集拼经营人将货物装船及船舶预计抵达卸货港等信息告知其卸货港的机构（代理人），同时，还将班轮公司 B/L 及 H B/L 的复印件等单据交卸货港代理人，以便向班轮公司提货和向收货人交付货物。

（6）货主之间办理包括 H B/L 在内的有关单证的交接。

（7）集拼经营人在卸货港的代理人凭班轮公司的提单等提取整箱货。

（8）A′、B′、C′等不同货主（收货人）凭 H B/L 等在 CFS 提取拼箱货。

资料卡：舱单24小时预申报规则

基于集装箱安全预检的要求，美国海关法专门针对驶往美国卸货的船舶的自动舱单系统（Automated Manifest System，AMS）做了规定。美国海关制订了船舶舱单中必须填写的内容、采用的格式以及船舶电子舱单的传送方式。任何驶往美国的船舶须在外国港口进行装货前24小时向美国海关报备所有相关货物的舱单。自动舱单系统适用于所有途经美国的货物，不论该货物是进口货物还是途经货物，要求船公司或者无船承运人在装港装货前24小时，而不是在最后装货港，将舱单在装船前用电子数据递交给美国海关，由其在货物装船前预先评价用海运集装箱走私武器的风险。

舱单申报的主要内容：按照自动舱单系统的规定，申报的舱单应当包括下述14项内容：船舶前往美国前离开的最后一个港口（即使在该港口船舶只是临时挂靠并没有进行装卸货作业）；承运人标准代码（Standard Carrier Alpha Code，SCAC）；船舶航次号；船舶预计到达美国第一个港口的日期；承运人的提单号和货物数量；向美国海关申报的提单上显示的交货地点；准确的货物名称和货物重量；提单上托运人的准确名称和地址或者识别号码（识别号码是美国海关2003年根据“自动商业环境（The Automated Commercial Environment）规定”分配的号码；提单上收货人（记名提单）、货主或者作为第一通知方的货主代表（指示提单）的名称和地址或者标识号码；船名、船籍和IMO号码；货物装上干线船的装货港；运输危险品时的国际危险品代码；准确的箱号；集装箱铅封号。

其中，有关货物的名称，申报人必须披露货物的详细信息，诸如“FAK”（Freight All Kinds）、“General Cargo”、“STC”（Said to Contain）、“Consolidated Cargo”、“Personal Effects”、“Food-stuffs”、“Chemicals”、“General Department Store Merchandise”、“Mail Order Merchandise”笼统的货物名称将不被接受。货物数量指最低的外包装单位的数量。集装箱和托盘不可作为舱单中的货物数量。例如：一个装了10托盘共200纸箱的集装箱的货物数量应记为200个纸箱。

任务四　海上货运事故的处理

任务描述：掌握海上货运事故的责任划分以及索赔的相关规定。

本任务通过对国际海上货运业务中主要的事故及纠纷的原因、责任划分、索赔方法、索赔途径与方式等的分析，使读者了解所适用的法律规定与规则，掌握事故及纠纷的处理程序及要点，并借助于案例分析，了解法律实践。

一、货运事故及责任划分

（一）海上货运事故

国际海上货物运输的时间、空间跨度都比较大，涉及的部门、作业环节众多；使用的文件、单证繁杂，运输过程中的环境条件复杂多变。因此，在国际海上货物运输过程中，就可能会造成货物的灭失或损坏，即发生货损货差事故。

国际海上货物运输合同的当事人，即承运人与托运人或收货人，船舶所有人与承租人，尽管在签约时取得了一致，但在出现纠纷之后，出于各自的利益会对运输合同中的条款、约定拥有不同的解释和理解，更由于海运欺诈等不法行为的存在，使得海事纠纷多式多样，层出不穷。

处理海上货损事故及纠纷是一项十分重要的工作，其基础是对这些事故及纠纷有一个正确的事实把握和适用法律的准确使用，应根据国际公约、国内法规、贸易合同、运输合同，以及国际惯例正确处理。

（二）货运事故的责任划分

就造成货运事故产生的责任人而言，货运事故又可分为承运人的责任事故、托运人的责任事故、第三者的责任事故（如港方的责任、集装箱货运站的责任等）、不可抗力造成的事故。无论事故是由何种原因造成的，在索赔时最终要将事故归类于这些事故种类。

对于发生的货运事故，如果收货人与承运人不能对事故的性质和损坏程度取得一致时，则应在彼此同意的条件下，双方共同指定检验人对所有应检验的项目进行检验，检验报告是日后确定货损责任的重要依据。

事故的处理和日后的赔偿均是以这些证据或依据为准来确定责任人及其责任程度的。

1. 托运人的责任

首先，不论是租船运输还是班轮运输，托运人根据运输合同将货物交付承运人之前所发生的一切货损、货差均由托运人负责。

例如，尽管货物运抵港口，当租船合同使用了 FI 或类似条款，在货物没有交付给承运人前，在港期间发生的货物灭失或损坏，由托运人承担损失；此时还可能包括装货所造成的货物损坏或灭失。集装箱运输时，拼箱货交至 CFS 前，或整箱货交至 CY 前，所发生的货物损坏或灭失，也属托运人的责任。

当货物交付承运人，货物处于承运人监管下时，托运人也不能百分之百地免除对货损发生的责任。

例如，由于货物的包装不坚固、标志不清，或由于托运人隐瞒货物种类或其特性，或潜在缺陷等原因造成货损时，则由托运人负责；而且由此而引起的其他损失也应由托运人负责赔偿。在 FIOST 条款下，如果由于积载不当或绑扎不牢，从而造成了货损，根据租船合同的规定也可能由托运人负责。

▶ 引经据典

我国《海商法》第66条第1款规定，托运人托运货物，应当妥善包装，并向承运人保证，货物装船时所提供的货物的品名、标志、包装或者件数、重量或者体积的正确性；由于包装不良或者上述资料不正确，对承运人造成损失的，托运人应当负赔偿责任。

2. 承运人的责任

货物在承运人监管过程中所发生的货损、货差事故，除由于上述的托运人的原因和不可抗力的原因外，原则上都由承运人承担负责。

这里，承运人对货物的监管过程不仅仅指货物在船积载阶段，也包括待装船和待提货阶段。这要由运输合同的条款约定来决定。例如，在FIO条款下，托运人负责装卸港的装卸货操作，包括装卸工人的雇用，所以，承运人的责任仅限于货物在船积载阶段；而集装箱运输中，如果约定在CFS交付货物，则在拼箱作业过程中，或拆箱过程中出现的货损也应由承运人负责。而货物在船运输阶段，承运人则既有保证船舶适航的义务，还有对货物给予充分保管的义务，即承运人及其雇用人员在货物的接收、装船、积载、运送、保管、卸船、交付等环节中，对因其疏忽而造成的货损、灭失等，负有损害赔偿责任。

根据我国《海商法》以及《海牙规则》和提单上通常记载的免责条款，承运人只对以下原因造成的货损事故承担赔偿责任。

（1）船舶不适航造成的损害。船舶的适航包括两个要件。其一是船舶的技术状态符合其确定的等级航区。这些技术状态既指船体、船机、属具等设备的状态，也包括船员、航行资料。船舶备品和必要消耗品等的配备状态。其二是船舶处于适于收受、载运和保管货物的状态。要使货舱及其他载货处所适合积载货物，并使其处于良好的保管状态，保证货物安全运达目的港。

（2）对货物的故意或过失所造成的损害。在货物处于承运人监管期间，包括货物在装船、积载、运输、保管、卸货等各个环节都应尽"谨慎处理"义务，并承担相应的责任。有关法规中或提单条款中的"疏忽条款"（Negligence Clause），仅指承运人对船长、船员、引航员或承运人的受雇人员在驾驶或管理船舶上的行为或疏忽等航行过失所造成的货损，可以免责。而对于商业过失，即有关货物的接收、装卸、积载、运送、保管、照料、卸货和交付等方面的过失不能免责。因船员或承运人的受雇人员的故意行为所造成的货损，无论什么情况，承运人都负有赔偿责任。

3. 第三方的责任

在货物的运输过程中，货物仅处于承运人或托运人的监管之下。因此，对于货损事故，尽管确定了是第三方的责任，承运人或托运人都不能免予承担责任。只不过是承运人与托运人在解决完了货损、货差的赔偿问题之后，再根据事故的责任，来确定追究第三方的责任。

第三方责任人一般是港口装卸企业、陆路及水路运输企业、第三方船舶以及仓储企业等。在装卸作业过程中会由于装卸工人操作不当或疏忽致使货物遭受损害；水路运输中会由于驳船方面的原因导致货物受损；陆路运输中也会由于交通事故、管理不善的原因而发生货物灭失。仓储过程中，不良的保管条件、储存环境会使货物变质、失窃，与他船的碰撞事故也是导致货损的现象之一。理货失误等也会造成货差事故的出现。对于这些损害，承运人和托运人如何分担负责，如何向第三方索赔等事务处理，要根据货损、货差发生的时间和地点而定。

为了确定货损事故的责任方，重要的一点是要首先明确货损发生的阶段。前述的收货单、理货计数单、积载计划、积载检验报告、过驳清单或卸货报告、货物残损单和货物溢短单、检验证书等都是划分船方、托运方、其他第三方责任的必要证据。要根据事故的直接或间接原因确定责任。

另外，班轮运输中的“钩到钩”原则在许多租船合同中不一定就是作为区分承运人和托运人责任的依据，而应该以合同中的条款约定为依据。例如，在FI条款下，装卸工人既然由托运人雇用，而不是承运人所雇用，那么，装货过程中所发生的货损自然应由托运人与港方负责。

总而言之，事故的责任划分，应以货物在谁的有效控制下为基准。而且，对于任何货损、货差事故，首先是托运人与承运人之间的赔偿问题的解决，然后才是承运人或托运人与第三方之间的追偿问题。

二、索赔

货主对因货运事故造成的损失向承运人或船舶所有人提出赔偿要求的行为称为索赔。

（一）索赔的原则和条件

任何一件诉讼都是从索赔开始的，索赔应坚持实事求是、有根有据、合情合理、注重实效的原则。

实事求是是沟通双方的基础，也是解决纠纷的关键。实事求是就是根据所发生的实际情况，分析其原因，确定责任人及其责任范围。

在提出索赔时，应掌握造成货运事故的有力证据，并依据合同有关条款、国际惯例，有根有据地提出索赔。

合情合理就是根据事故发生的事实，准确地确定损失程度和金额，合理地确定责任方应承担的责任。根据不同情况，采用不同的解决方式、方法，使事故合理、尽早得以处理。

注重实效就是要在货损、货差索赔中注重实际效益。如果已不可能得到赔偿，但仍然长期纠缠在法律诉讼中，则只能是浪费时间和财力。如果能收回一部分损失，切不可因等待全额赔偿而放弃。

根据货损、货差的不同原因，被索赔的对象也不同。

▶ **知识窗：**

属于（1）原装货物数量不足；（2）货物的品质与合同规定不符；（3）包装不牢致使货物受损；（4）未在合同规定的装运期内交货等原因时，则由“收货人”（他是买卖合同中的买方，并根据货物买卖合同的规定）凭有关机构出具的鉴定证书向“托运人”（他是货物买卖合同中的卖方）提出索赔（根据货物买卖合同条款的规定人）。

属于（1）在卸货港交付的货物数量少于提单中所记载的货物数量；（2）收货人持正本清洁提单提取货物时，发现货物发生残损、缺少，且系承运人的过失；（3）货物的灭失或损害是由于承运人免资范围以外的责任所致等原因时，则由收货人或其他有权提出索赔的人凭有关机构出具的鉴定资料向承运人（这时应根据货物运输合同条款的规定）提出索赔。

属于（1）承保责任范围内，保险人应予赔偿的损失；（2）承保责任范围内，由于自然灾害或意外原因等事故使货物遭受损害等原因时，则由“收货人”（他是保险合同中的被保险人）凭有关证书、文件向保险公司（这时应根据货物保险合同条款的规定）提出索赔。之后，保险公司可根据实际情况，在取得代位求偿权后，向有关责任人追偿。

一项合理的索赔必须具备下列条件。

1. 索赔人要有索赔权

提出货物索赔的人原则上是货物所有人，或提单上记载的收货人或合法的提单持有人。但是，根据收货人提出的权益转让证书（Letter of Subrogation），也可以由有代位求偿权的货运代理人或其他有关当事人提出索赔。货物的保险人也可以是货运事故的索赔人。

在实践中，我国的某些部门和单位还通过委托关系，作为索赔人的代理人进行索赔。如在 CIF 和 CFR 价格条件下，港口的外轮代理公司就可以是受货主委托成为向国外航运公司提出货运事故赔偿的索赔人。

2. 责任方必需负有实际赔偿责任

收货人作为索赔方提出的索赔应是属于承运人免责范围之外的，或居保险人承保责任内的，或买卖合同规定由卖方承担的货损、货差。

3. 索赔的金额必须是合理的

合理的索赔金额应以货损实际程度为基础。要注意在实践中责任人经常会受到赔偿责任限额的保护。

4. 在规定的期限内提出索赔

索赔必须在规定的期限，即索赔时效内提出。否则，索赔人提出的索赔在时效过后就很难得到赔偿。

（二）索赔的一般程序

1. 发出索赔通知

我国《海商法》和有关的国际公约，如《海牙规则》《海牙—维斯比规则》《汉堡规则》以及各承运人的提单条款，一般都规定，货损事故发生后，根据运输合同或提单有权提货的人，应在承运人或承运人的代理人、雇用人交付货物当时或规定的时间内，向承运人或其代理人提出书面通知，声明保留索赔的权利，否则承运人可免除责任。

关于发出索赔通知的时限，我国《海商法》第 81 条第 1 款规定，承运人向收货人交付货物时。收货人未将货物灭失或者损坏的情况书面通知承运人的，此项交付视为承运人已经按照运输单证的记载交付以及货物状态良好的初步证据。该条的第 2 款又规定，货物灭失或者损坏的情况非显而易见的，在货物交付的次日起连续七日内，集装箱货物交付的次日起连续十五日内，收货人未提交书面通知的，适用前款规定。

《海牙规则》则规定，根据运输契约有权收货的人，除非在卸货港将货物灭失和损害的一般情况，于货物被移交他监督之前或者当时（如果灭失或损害不明显，则在 3 天之内），已用书面通知承运人或其代理人，这种移交便应作为承运人已经按照提单规定交付货物的证据。

另外，在某种条件下，索赔人在接收货物时可以不提出货损书面通知。这种情况是货物交付时，收货人已经会同承运人对货物进行了联合检查或检验的，无须就所查明的灭失或者损坏的情况提交书面通知。我国的《海商法》、国际公约和某些提单就有这样的规定。

2. 提交索赔申请书或索赔清单

索赔申请书或索赔清单（Statement of Claims）是索赔人向承运人正式要求赔偿的书面文件。其提出意味着正式提出了索赔要求。因此，如果索赔方仅仅提出货损通知而没有递交索赔申请书或索赔清单，或出具有关的货运单证，则可解释为没有提出正式索赔要求，承运人就不会受理货损、货差的索赔，即承运人不会进行理赔。索赔申请书或索赔清单没有统一的格式和内容要求，主要内容应包括：

（1）索赔人的名称和地址；

（2）船名、抵达卸货港日期、装船港及接货地点名称；

（3）货物名称、提单号等有关情况；

（4）短卸或残损情况、数量；

（5）索赔日期、索赔金额、索赔理由。

对于正式索赔，有一个时效问题。如果提出索赔超过了法律或合同规定的时效，则就丧失了索赔的权利。

3. 提起诉讼

从法律的角度讲，索赔可以通过当事人双方之间的协调、协商，或通过非法律机关的第三人的调停予以解决。但是，这种协商、调停工作并不能保证出现结果，这时，最终的手段是通过法律手段解决，也就是要提起诉讼。

法律对涉及索赔的诉讼案件规定了诉讼时效。因此，无论向货损事故的责任人提出了索赔与否，在无望解决问题的前提下，索赔人应在规定的诉讼时效届满之前提起诉讼。否则，就失去了起诉的权利，往往也失去了索赔的权利和经济利益。

《海牙规则》和《海牙—维斯比规则》关于诉讼时效，规定期限为 1 年。但最好是向有最终管辖权的法院提出。

▶ 引经据典

我国《海商法》第 257 条规定，就海上货物运输向承运人要求赔偿的请求权，时效期间为一年，自承运人交付或者应当交付货物之日起计算。

除协商不成提起诉讼外，在一定条件下还可以通过仲裁的手段解决纠纷。仲裁的主要问题包括仲裁协议的有效性、仲裁程序的合法性、仲裁的司法监督等。目前，我国调整仲裁的法律主要是 1995 年颁布的《仲裁法》。中国海事仲裁委员会是我国目前的海事仲裁常设机构。

（三）索赔单证

索赔人在提出索赔时，应首先承担证明其收到的货物并不是在提单上所记载的货物状态下接受的举证责任。作为举证的手段，索赔人要出具货运单证。检验证书、商业票据和有关记录等，以便证明货损的原因、种类、损失规模及程度以及货损的责任。海运货损索赔中使用的主要单证有：

（1）提单正本。提单既是承运人接收货物的收据，也是交付货物给收货人时的凭证，还是确定承运人与收货人之间责任的证明，是收货人提出索赔依据的主要单证。提单的货物收据作用，表明了承运人所收货物的外表状况和数量，交付货物时不能按其提交这一事实本身就说明了货损或货差的存在；提单条款规定了承运人的权利、义务、赔偿责任和免资项目，是处理承运人和货主之间争议的主要依据。

（2）卸货港理货单或货物溢短单、残损单等卸货单证。这些单证是证明货损或货差发生在船舶运输过程中的重要单证。如果这些卸货单证上批注了货损或货差情况，并经船舶大副签认，而在收货单上又未做出同样的批注，就证明了这些货损或货差是发生在运输途中的。

（3）重理单。船方对所卸货物件数或数量有疑问时，一般要求复查或重新理货，并在证明货物溢短的单证上做出“复查”或“重理”的批注。这种情况下，索赔时，必须同时提供复查结果的证明文件或理货人签发的重理单，并以此为依据证明货物是否短缺。

（4）货物残损检验报告。在货物受损的原因不明显或不易区别，或无法判定货物的受损程度时，可以申请具有公证资格的检验人对货物进行检验。在这种情况下，索赔时必须提供检验人检验后出具的货物残损检验证书（Inspection Certificate for Damage & Shortage）。

（5）商业发票。商业发票（Invoice）是贸易中由卖方开出的一种商业票据。它是用来计算索赔金额的主要依据。

（6）装箱单。装箱单（Packing List）也是一种商业票据，列明了每一箱内所装货物的名称、件数、规格等，用以确定损失程度。

(7) 修理单。修理单用来表明被损坏的仪器设备、机械等货物的修理所花费的费用。

(8) 有关的文件证明——索赔的起因和索赔数目的计算依据。

(9) 权益转让证书。

除了以上所述单证外，其他能够证明货运事故的原因、损失程度、索赔金额、责任所在的单证都应提供。如有其他能够进一步说明责任人责任的证明，如船长或大副出具的货损报告，或其他书面资料也应提交。索赔案件的性质、内容不同，所需要的索赔单证和资料也就不同。至于提供何种索赔单证没有统一规定。总之，索赔单证必须齐全、准确，内容衔接一致，不能自相矛盾。

▶ 知识窗：

索赔权利的保全措施

保全措施是指为了保证索赔得以实现，需要通过一定的法律程序来采取措施，使得货损事故责任人对仲裁机构的裁决或法院的判决的执行履行责任。

索赔人采取的保全措施主要是提供担保和扣船两种：提供担保是指使货损事故责任人对执行仲裁机构的裁决或法院的判决提供的担保。担保形式主要有现金担保和保函担保。

权益转让

权益转让就是收货人根据货物保险合同从保险公司得到赔偿后，将自己的索赔权利转让给保险公司，由保险公司出面向事故责任人或其代理人提出索赔的行为。

权益转让的证明文件就是权益转让证书（Letter of Subrogation）。通常由收货人将权益转让证书正本交给保险公司，同时，还可将其副本交给事故责任人或其代理人备查。

配套实训练习

案例选读

1. 船舶配载不当造成甩货货损赔偿案

【案情】 原告：山东省畜产进出口公司

被告：香港永合船务公司

第三方：青岛金安储运有限公司（以下简称金安储运）

第三方：中外运集装箱运输有限公司山东分公司（以下简称海运公司）

某年7月初，原告向被告订舱出运8个货柜的洋葱，约定由被告将货物从装港青岛运至目的港日本神户，原告应支付约定的海运费、港杂费等。被告接受订舱后，又以自己的名义通过第三方金安储运向第三方箱运公司订舱。箱运公司接受订舱后，即出具了提单号。7月7日，被告向原告发出入货通知，告知提单号、使用半开门集装箱，同时告知装运航次。原告按入货通知单运货准备好货物，由被告从原告工厂接受已装箱铅封的集装箱入港。因该航次船舶超载，原告有5柜货物共120吨洋葱未能装上预定的船舶，导致甩箱，被告迟至7月15日才将货物送回原告货场。7月16日，原、被告双方的代表共同进行了盘货，并决定对已腐烂的洋葱进行分检。7月22日，莱西市公证处应原告证据保全的申请，指派公证员会同原告及有关见证人对受损洋葱进行查验，并对制作的勘验记录出具了公证书。检验记录表明，查验洋葱共计120吨，腐烂数量69.15吨，腐烂率为57.625%。该批洋葱CNF价格270美元/吨。以全损69.15吨计算，货损CNF价值为154 965.15元人民币。货物回运后产生卸车费960元、包装网袋费9 000元、二次分检加工费3万元及公证费1 200元，合计41 160元人民币。该五个货柜的货物运费5 200美元，69.15吨的运费经折算为24 870元人民币，因未装船原告未予支付。

6月19日，被告在承运原告另一票洋葱货物中，货到目的港日本大阪后有腐烂发霉现象。但提单中未载明货到日期。原告以被告此航次交货比前几航次交货晚三、四天属迟延交付为由，索赔因此产生的损失6万元。

原告于8月25日向青岛海事法院提起诉讼，请求法院判令被告支付因甩箱造成的货损180 997.20元及因迟延交付造成的货损6万元。

被告香港永合船务公司答辩称：被告作为原告的货运代理人，于7月5日接受原告委托向第三方金安储运订舱，金安储运经第三方箱运公司取得提单号，后第三方箱运公司因舱位已满未将原告提单项下五柜货物装船，第三方应承担甩箱造成损失的连带责任。甩箱货物送回原告货场后，原告未采取措施防止损失进一步扩大，应负相应责任。对于原告所称6月由被告承运的货物迟延交付损失，因收货人未依《海商法》第81条的规定，承运人向收货人交付货物时，收货人未将货物灭失或者损坏的情况书面通知承运人的，此项交付视为承运人已经按照运输单证的记载交付以及货物状况良好的初步证据。货物灭失或者损坏的情况非显而易见的，在货物交付的次日起连续七日内，集装箱货物交付的次日起连续十五日内，收货人未提交书面通知的，适用前款规定。

第三方金安储运述称：我司接受被告委托租船订舱，系被告的货运代理人，对于甩箱不应承担责任。

第三方箱运公司述称：被告接受原告委托订舱托运货物，并以自己的名义签发提单，原、被告之间的海上货物运输合同关系依法成立。被告再以自己的名义向金安储运订舱，金安储运按其要求转向我司订舱，被告与金安储运是货运代理关系。但被告与我司之间的海上货物运输合同关系并未成立。因为，从被告提供的订舱单证据来看，由其缮制的订舱单中没有对货量、箱量及对货柜的特殊要求有所规定，金安储运凭此订舱单口头要求我司提供一个提单号，我司出具了提单号。当我司得知被告所要求的货柜为半开门时，考虑到用半开门柜运输保鲜洋葱的风险，即通知金安储运要求被告出具保函才接受订舱。但被告在接到我司及时通知的情况下，未按要求提供保函，我司遂拒绝接受订舱，不予承运此票货物。原告货损的发生，部分是因天气原因、货物本身属性及集装箱的不合理使用引起的，原告对货损也应负相应责任。

（资料来源：找法网）

【审判】

青岛海事法院经审理认为：被告以承运人身份接受原告的订舱承运货物，并向原告出具了第三方箱运公司提供的提单号，其虽未按惯常作法向原告签发提单，但双方的海上货物运输合同关系已依法成立。被告自原告工厂接收已装箱铅封的集装箱，但未将货物装上船而致货损，根据《中华人民共和国海商法》第46条的规定，是在承运人责任期间内发生的，被告应负赔偿责任。第三方金安储运是为被告办理订舱的货运代理人，被告要求其承担责任，无事实和法律依据，不予支持。第三方箱运公司向被告提供提单号，视为接受被告的委托承运货物，是该航次运输的实际承运人，因其未妥善积载而未将货物装上船所造成的损失，应与承运人被告对原告承担连带责任。第三方箱运公司主张被告不按要求提供保函而未接受订舱，其双方的海上运输合同关系不成立，因而不存在承担违约责任的观点，因证据不足，不予采信。

原告货物未装上船造成的损失，应以货物回运至工厂后产生的有关费用及货物本身损失合理计算。货损检验虽未经商检机关进行，但原、被告双方对货物进行分检达成了协议，分检后，有公证机关派员参加的查验所证明的事实是客观真实的，被告与第三方不能提供相反证据否定该事实，因此，公证机关的公证书应作为定损的依据。货损应以CNF价值扣除未发生的运费计算。原告索赔的卸车费、包装网袋费、二次加工费、公证费计41 160元是相关合理费用，应予认定。其他的加工费、商检费等费用是发生在预计装船前，包括在货物成本之内，不应另计。综上，认定原告索赔的损失共计171 255.15元。被告与第三方箱运公司认为部分货损是因原告自身扩大损失所致，或因货物自然特性及天气原因所造成，因无证据证明，不予支持。

原告向被告提出的前一航次因迟延交付造成货损的诉讼请求，因提单中未约定交货时间，证据不足，不予支持。

次年4月6日青岛海事法院的判决如下。

一、被告香港永合船务公司及第三方中外运集装箱运输有限公司山东分公司连带赔偿原告山东省畜产进出口公司货损等经济损失171 255.15元人民币，及自货损发生之日7月16日起至本判决生效之日止的银行同期存款利息。

二、驳回原、被告的其他诉讼请求。

【评析】

本案主要涉及海上货物运输合同中，承运人与实际承运人的确定及其对于甩箱造成的货损责任的承担；延迟交付的构成要件等问题。

一、本案涉及四方当事人，弄清他们之间的关系是本案的关键，是确定责任的前提和基础

首先，被告香港永合船务公司是不是承运人？在与托运人订立的合同中承担货物运输义务，并以自己的名义委托实际承运人运输货物中，是货物承运人而非货运代理人，应当承担承运人的责任。本案被告以自己名义接受原告的订舱，约定的权利与义务是被告将货物从青岛港运至目的港日本神户，原告支付约定的海运费、港杂费等费用，这是典型的运输合同的内容。根据我国《海商法》第41条的规定，原、被告间的海上货物运输合同关系成立。被告虽未签发提单，但已提供提单号，并接收了货物，被告是本案

所涉航次的合同承运人。

金安储运在本案中是何种身份？金安储运接受被告委托租船订舱，其依照被告的装运指示，选择合适的承运人并向选定的承运人订舱，索取提单号后即已履行完毕被告所委托的订舱义务。据此，金安储运的身份是被告的货运代理人。

箱运公司是不是承运人？金安储运按被告要求向箱运公司订舱，箱运公司接受订舱并出具提单号，表明其与被告间的装货协议已明确成立，承托双方的海上货物运输合同已成立。此时，箱运公司虽还未签发提单，但不能以此否定其与被告间的海上货物运输合同关系。因为，提单并非海上货物运输合同成立的唯一证明。对于原告而言，箱运公司是本案所涉航次的实际承运人。

二、甩箱责任应由承运人与实际承运人连带承担

根据我国《海商法》第46条、第48条的规定，承运人对因其积载不当而造成的甩箱应当负赔偿责任。根据我国《海商法》第63条的规定，被告香港永合船务公司与第三人箱运公司分别作为本案的承运人与实际承运人，因都对给原告造成的货损负有赔偿责任，即应承担连带赔偿责任。

三、原告所诉之延迟交付不能成立

关于迟延交付，我国《海商法》第50条明确规定了迟延交付的构成要件以及法律责任。对交付货物的时间有明确的约定，是构成迟延交货的时间概念。“明确约定”是指承运人与托运人之间在运输合同中，或者在提单中，或者以其他方式明确记载或表明货物在目的港交付的具体时间。本案原、被告间并未以任何方式明确约定交货时间，是否构成迟延交付，就得看承运人是否存在过失。本案原告没有任何证据能够证明承运人存在过失，因此不能仅凭承运人比前几航次晚三四天交货而断定承运人迟延交付。因为海上运输存在诸多风险，有许多因素影响着航线、航速，承运人只要在合理时间内将所运货物运至目的港，即应认为其已按运输单证的记载交付货物。

2. 货运代理合同纠纷案

【案情】原告：河南嵩岳集团郑州四棉有限公司

被告：环亚（上海）国际货运公司

某年4月21日，原告作为卖方与香港永佳实业公司签订了两份纱卡销售合同。合同规定货物价值为86 420美元，价格条件FOB上海，运输起止由上海经中国香港到孟加拉国，买方通过中国香港银行开出以卖方为受益人的不可撤销即期信用证。合同附加条款一约定：“买方在工厂检验合格签署合格证书，卖方即安排货物运送到上海，装上买方指定船舶。”

5月13日，泛洋（推定受买方香港永佳公司委托）［全称为泛洋（香港）船务有限公司］传真给被告，要求被告安排5月18、19日的船出运原告货物。15日，被告传真给原告告知送报关单据的地址。16日，被告向宏海箱运有限公司订舱，托运人为被告，收货人为泛洋。17日，原告的货物进入被告仓库，被告将货物交给宏海箱运有限公司出运到中国香港，并做了电放指令。18日原告传真给被告一份出口货物委托书。19日，宏海箱运有限公司出具了以被告为托运人，泛洋为收货人的海运提单。

货到中国香港，由宏海箱运有限公司根据被告电放指示放给泛洋。与此同时，5月

18日，泛洋传真被告告知给原告的全程提单的填写内容，被告立即传真给原告，原告修改后回传给被告。19日，被告将自己签发的环亚格式的全程提单传真给原告确认。22日，被告将签发的提单寄交给原告。6月20日，原告因信用证不符点不能议付，传真被告委托其迅速查明涉案货物确切位置，并将货运回上海港。据查，泛洋从未在香港商业登记署做过登记；香港永佳实业公司于4月23日歇业。

（资料来源：中大网校）

【评析】

这是一起典型的国外买方利用货运代理提单对国内卖方和货运代理公司进行诈骗的案例。当货运代理向国内的卖方签发了全程多式联运提单后，他就应该对货物全程运输承担承运人责任，货运代理在这种情况下必须牢牢控制货物，特别是不能随意安排在卸货港放货（不见正本提单放货），否则就要面临正本提单持有人索赔的风险。

本案还有一个特殊的情况就是，FOB贸易合同条件下，托运人是买家还是卖家，或换句话说货运代理向谁签发提单呢？FOB贸易合同条件下，买方负责运输与承运人签订运输合同，符合海商法关于托运人的定义；卖方负责实际将货物交到承运人手里，也符合海商法关于托运人的定义，有人将之称为发货人。那么当两人同时依据《海商法》第72条规定要求承运人签发提单时，承运人向谁签发提单呢？这是海商法学界一直争论的问题。在本案中尚不存在这个矛盾，买方同意让卖方作为提单的托运人，因此，卖方完全有权凭提单向货运代理索赔。

从这个案件中，我们应吸取以下经验教训。

第一，货运代理只有在对全程运输的各个环节，特别是中转过程能够控制得住的情况下，才能签发多式联运提单，否则丧失对货物的控制权，非常危险。

第二，特殊情况下需要卸货港电放货物，必须得到有关保证，如未经背书的正本提单上的托运人的书面同意或银行保函等。

第三，在接触新客户时，应对他们进行必要的资信调查。

3. 无正本提单放货案

【案情】

2001年12月6日，原告中化国际贸易股份有限公司一纸诉状将被告某公司以海上货物运输合同无正本提单放货为由诉至天津海事法院。原告称，2000年1月至2001年5月间，原告与韩国某公司签订服装贸易系列合同，由原告分期分批向韩国公司出口。合同签订后，原告分期分批委托被告承运出口服装，被告向原告签发了相应正本提单24份，而韩国公司并未付款赎单。2001年11月14日，原告持24份正本提单到釜山港保税仓库处理该批货物时，得知价值576 728.06美元的货物已被他人提走。而被告则认为，其从未办理过放货手续，没有过失，不应承担责任。且根据海商法的规定，原告的起诉已超过诉讼时效。那么，价值五十余万美元，近七千箱货物在未见正本提单的情况下被提走，究竟是谁之过错？

天津海事法院经过审查，认为被告是否存在无单放货行为是争议的焦点。原告手持24票正本提单、售货合同、商业发票及韩国釜山港保税仓库的单证，证明被告未收回正本提单而将货物放行。被告则提供了韩国关税法、关税厅告示，其规定韩国进口的货物应储存在保税库，进口货物通关不需要提单正本及承运人的放货指示，还提供了保税运输申报书，证明其已将货物交给保税库，义务已经完成，放货是韩国主管部门的行为，被告无过错。

（资料来源：豆丁网）

【评析】

法院认为，本案是由涉案提单所证明的海上货物运输合同关系。其中涉及一个重要的法律问题，即承运人的责任期间。依照我国《海商法》和国际航运惯例，被告作为承运人，其风险责任自接收货物签发正本提单始至交付货物收回正本提单止。在承运人接收货物、收回正本提单前，本案提单项下货物属于被告的掌管期间，被告对货物负有谨慎保管、正确交付货物之合同义务。在被告掌管期间货物如何交付的举证责任应由被告承担，被告如不能举证证明其已正确发行货物交付义务，则被告应承担举证不能的法律后果。本案货物运抵目的港，储存于当地保税仓库，只是运输过程中的一个环节，在未收回正本提单前，被告的合同义务并未完成。被告所举韩国的有关规定，不能成为免除承运人向正本提单持有人交付货物的合同义务。

另一个需要注意的问题是诉讼时效期间。海上货物运输合同纠纷，根据我国《海商法》的规定，时效期间为一年，自承运人交付或者应当交付货物之日起计算。承运人应向特定对象交付，而非向任何人交付。本案承运人向非正本提单持有人交付货物，不能视为履行交货义务，因而不能作为提单持有人向承运人索赔的诉讼时效起算依据。托运人只有收到结汇银行退回的单证，才能向承运人主张权利，因此，诉讼时效应从此时起算。

据此，本院最终判定被告承担无正本提单放货的违约责任。

附件 5-1:

中国外轮代理公司

CHINA OCEAN SHIPPING AGENCY

装　货　单

SHIPPING ORDER

S/O No. ________

船　名 Vessel Name ________ 航次 Voy. ________ 目的港 For ________

托运人 Shipper ________

受货人 Consignee ________

通　知 Notify ________

兹将下列完好状况之货物装船后希签署收货单

Receive on board the undermentioned goods apparent in good order and condition and sign the accompanying receipt for the same.

标记及号码 Marks & No.	件　数 Quantity	货　名 Description of Goods	毛重量千克 Gross Weight in Kilos	尺　码 Measurement 立方米 Cu. M.
共计件数（大写） Total Number of Packages in Writing				

日期 Date ________ 时间 Time ________

装入何仓 Stowed ________

实收 Received ________

理货员签名 Tallied By ________ 经办员 Approved By ________

附件 5-2：

中国外轮代理公司

CHINA OCEAN SHIPPING AGENCY

收 货 单

MATE'S RECEIPT

S/O No. ______

船 名 Vessel Name ______ 航次 Voy. ______ 目的港 For ______

托运人 Shipper ______

受货人 Consignee ______

通 知 Notify ______

下列完好状况之货物业已收妥无损

Received on board the following goods apparent in good order and condition:

标记及号码 Marks & No.	件 数 Quantity	货 名 Description of Goods	毛重量千克 Gross Weight in Kilos	尺 码 Measurement 立方米 Cu. M.
共计件数（大写） Total Number of Packages in Writing				

日期 Date ______ 时间 Time ______

装入何仓 Stowed ______

实收 Received ______

理货员签名 Tallied By ______ 大 副 Chief Officer ______

附件 5-3：

中国外运上海公司

SINOTRANS SHANGHAI CO.

出口货运代理委托书（　　）

委托单位编号：	
外运公司编号：	
合同号：	收结汇方式：
成交条件总金额：	
贸易性质：	贸易国别：

发货人：	运输要求	装港：SHANGHAI	卸港（注国别）：
		目的港：	
		可否分批：	可否转运：
收货人：		装船期限：	L/C 有效期：
		运费预付：	运费到付：
		国内存货地点：	
通知人：	委托单位	开户银行：	
		人民币账号：	
		开户银行：	
		外币账号：	

货物标记及唛码	中英文货名（规格及货号）	件数及包装式样	毛重（kgs）	净重（kgs）	最大件长×宽×高（m^3）
					总体积

委托事项（V）	订舱	报关	中转外运储存	外运仓库集港	货主仓库集港	散货港口交接	CFS装箱	CFS装箱货集运	门到门箱驳运			口岸商检	动植物检疫	卫生检疫	熏蒸			取回退税单	海洋提单寄送				代办保险险别：平安险	水渍险	一切险	甲板险	

随时单证	报关单	商业发票	包装或磅码单	重量单	出口许可证	出口配额证	商检证	动植物检疫证	卫生检疫证	进来料加工手册	原产地证明书	危险货申请书	危险货品质证	危险货包装证	FOB装船指令				
份																			

代理协议及声明事项

1. 本委托书各栏目内容均由委托人填写（若委托他人填写，应视作委托人亲自填写），委托人与代理人双方确认本委托书背面条款为本委托书不可分割的组成部分。
2. 委托书一经双方盖章，经办人签署即生效，一式两份，双方各执一份。
3. 货物出运后，委托人自取提单须凭委托书向代理人换取。
4. 费用结算采用协议条款第五条第二款中第________种方法。

委托单位（盖章）　　　　中国外运上海公司（盖章）

授权经办人签名　　　　授权经办人签名

年　月　日

委托单位	联系人	电话
	邮　编	传真
	地　址	
外运公司	联系人	电话
	邮　编	传真
	地　址	
	开户银行	
	人民币账户	
	开户银行	
	外币银行	
备注		

附件 5-4：

<table>
<tr><td colspan="3">Shipper</td><td colspan="3" rowspan="2">D/R No：</td></tr>
<tr><td colspan="3">Consignee</td></tr>
<tr><td colspan="3">Notify Party</td><td colspan="3" rowspan="3">配舱回单</td></tr>
<tr><td colspan="2">Pre-carriage by</td><td>Place of Receipt</td></tr>
<tr><td>Vessel</td><td>Voy. No.</td><td>Port of Loading</td></tr>
<tr><td colspan="2">Port of Discharge</td><td colspan="2">Place of Delivery</td><td colspan="2">Final Destination for the Merchant's Reference</td></tr>
<tr><td>Container No.</td><td>Marks & Nos.</td><td>Nos. Kinds of Packages</td><td>Description of Goods</td><td>Gross Weight (kg)</td><td>Measurements (M^3)</td></tr>
<tr><td colspan="2">Total Number of Containers of Packages (In Words)</td><td colspan="4"></td></tr>
<tr><td colspan="2">Freight & Charges</td><td>Revenue Tons</td><td>Rate</td><td>Prepaid</td><td>Collect</td></tr>
<tr><td rowspan="2">Ex. Rate</td><td colspan="2">Prepaid at</td><td>Payable at</td><td colspan="2">Place ofIssue</td></tr>
<tr><td colspan="2">Total Prepaid</td><td colspan="3">No. of Original B (s) /L</td></tr>
<tr><td colspan="2">Service Type on Receiving</td><td>Service Type on Delivery</td><td colspan="3" rowspan="5">提单签发：</td></tr>
<tr><td colspan="2">可否转船：</td><td>可否分批：</td></tr>
<tr><td colspan="2">装期：</td><td>效期：</td></tr>
<tr><td colspan="3">金额：</td></tr>
<tr><td colspan="3">制单日期：</td></tr>
</table>

附件 5-5：

中国外运天津集团集装箱公司
TIANJIN GROUP CONTAINER COMPANY FOR CHINA SINOTRANS

集装箱发放/设备交接单
EQUIPMENT INTERCHANGE RECEIPT

IN 进 场

№.

0016582

用箱人/运箱人（CONTAINER USER/HAULIER）	
来自地点（WHERE FROM）	返回/收箱地点（PLACE OF RETURN）

船名/航次（VESSEL/VOYAGE NO.）	集装箱号（CONTAINER NO.）	尺寸/类型（SIZE/TYPE）	营运人（CNTR. OPTR.）

提单号(B/L NO.)	铅封号(SEAL NO.)	免费期限(FREE TIME PERIOD)	运载工具牌号(TRUCK. WAGON. BARGE NO.)

	进场目的/状态(PPS OF GATE-IN/STATUS)	进场日期(TIME-IN)
		月 日 时

进场检查记录(INSPECTION AT THE TIME OF INTERCHANGE)

普通集装箱(GP CONTAINER)	冷藏集装箱(RF CONTAINER)	特种集装箱(SPECIAL CONTAINER)	发电机(GEN SET)
□正常(SOUND) □异常(DEFECTIVE)	□正常(SOUND) □异常(DEFECTIVE)	□正常(SOUND) □异常(DEFECTIVE)	□正常(SOUND) □异常(DEFECTIVE)

①外运留底

损坏记录及代号(DAMAGE & CODE)	BR	D	M	DR	DL
	破 损 (BROKEN)	凹 损 (DENT)	丢 失 (MISSING)	污 箱 (DIRTY)	危 标 (DGLABEL)

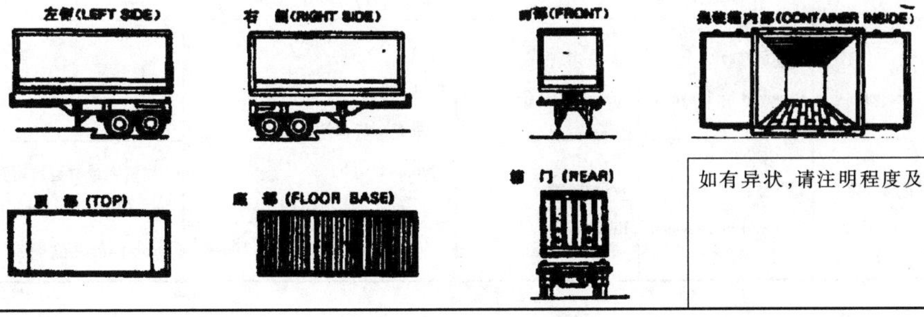

如有异状，请注明程度及尺寸(REMARX)

除列明者外，集装箱及集装箱设备交换时完好无损，铅封完整无误。

THE CONTAINER/ASSOCIATED EQUIPMENT INTERCHANGED IN SOUND CONDITION AND SEAL INTACT UNLESS OTHER WISE STATED

用箱人/运箱人签署
(CONTAINER USER/HAULIER'S SIGNATURE)

码头/堆场值班员签署
(TERMINAL/DEPOT CLERK'S SIGNATURE)

附件 5-6：

装　箱　单
CONTAINER LOAD PLAN

集装箱号 Container No.	集装箱规格 Type of Container：20　40
铅封号 Seal No.	冷藏温度　℉　℃ Reefer. temp. Required

船名 Ocean Vessel	航次 Voy. No.	收货地点 Place of Receipt □-场 CY □-站 CFS □-门 Door	装货港 Port of Loading	卸货港 Port of Discharging	交货地点 Place of Delivery □-场 CY □-站 CFS □-门 Door

箱主 Owner	提单号码 B/L No.	1. 发货人 Shipper　2. 收货人 Consignee　3. 通知人 Notify	标志和号码 Marks & Numbers	件数及包装种类 No. & Kind of Pkgs.	货名 Description of Goods	重量(千克) Weight kg.	尺码(立方米) Measurement Cu. M.
		底 Front					
		门 Door			总件数 Total Number of Packages 重量及尺码总计 Total Weight & Measurement		

危险品要注明危险品标志分类及闪点 In case of dangerous goods, please enter the label classification and flash point of the goods.	重新铅封号 New Seal No.	开封原因 Reason for breaking seat	装箱日期 Date of vanning：______ 装箱地点 at：______ (地点及国名 Place & Country)		皮重 Tare Weight

出口 Export	驾驶员签收 Received by Drayman	堆场签收 Received by CY	装箱人 Packed by： 发货人　货运站 (Shipper/CFS) ______ (签署)Signed		总毛重 Gross Weight
进口 Import	驾驶员签收 Received by Drayman	货运站签收 Received by CFS			发货人或货运站留存 SHIPPER/CFS 一式十份 此栏每份不同

附件 5-7：

中国外轮代理公司上海分公司

CHINA OCEAN SHIPPING AGENCY SHANGHAI BRANCH

提 货 单

DELIVERY ORDER

No. 0043601

致：__________港区、场、站

收货人：______________________

下列货物已办妥手续，运费结清，准予交付收费人。

船名：	航次：	起运港：	目的地：
提单号：	交付条款：	到付海运费：	
卸货地点：	到达日期：	进库场日期：	第一程运输：

标记与集装箱号	货　名	集装箱数	件数	重量（kgs）	体积（m^3）

请核对放货。

中国外轮代理公司上海分公司

年　　月　　日

凡属法定检验、检疫的进口商品，必须向有关监督机构申报。

收货人章 1	海关章 2	3	4
5	6	7	8

项目六

租船合同

本项目结合有关国际公约、法律和合同范本，重点介绍了航次租船合同的主要条款，并对这些条款进行了比较详细的分析。另外，本项目也介绍了定期租船合同的主要条款，并对这些条款进行了分析。

任务一 租船货运合同的主要条款

任务描述：了解租船合同条款的分类。

一、租船合同条款的性质

租船合同是一种运输契约，本质上是船舶所有人与承租人双方自愿接受法律约束的协议，双方有义务遵守。如果履行合同发生了纠纷，则合同的解释以及有关问题的处理，要受法律的约束。

为方便事后法律问题的处理，一般在租船合同中应对适用的规则、规定、法律予以明确。当租船合同对适用法律没有明确规定时，可根据海事国际私法的原则具体适用船籍国、签约地国、合同所用文字国等法律。

二、租船合同条款的分类

租船合同中所列的条款很多，其中有些条款在合同中起着重要的和决定性的作用，有些则起着附属和次要作用。当合同一方违反了合同中的某一条款时，受害方所得到的补救是不一样的。根据英美合同法的原理，租船合同中的条款基本上可分为三类。

（一）条件条款

条件条款（Condition Clause）是指合同中那些履行与否对实现合同的商业目的有着密切关系的条款。如果合同中未列入这些条款或虽被列入但未履行或一方擅自取消，就会使合同双方协议的商业目的无法实现。对此，受害方有权拒绝履行合同中规定的义务，取消合同，并可提出赔偿要求。

条件条款不都是明显的、典型的、本质性的合同条款。在租船合同中以明确的措辞规定的内容，也可作为条件条款，如解除合同条款明确规定船舶必须在某月某日前到达装货港，否则承租人有权选择是否解除合同。

对于条件条款的判断标准：

（1）成文法中明文规定作为条件的义务责任之类的条款。

（2）合同中明显指出作为条件的义务责任。

（3）判例中被视为条件的条款（但也可能会改变）。

（4）根据合同条款、合同背景所表示的双方的意图确定。

例如，船名、船型、船舶所处的位置、船级、船旗等船舶概述的规定，船长签发提单条款，承租人应该提供约定的货物，船舶预计装货日等条款是比较典型的条件条款。

（二）保证条款

保证条款（Warranty Clause）是指合同中次要的、非本质性的条款。对履行合同不产生决定性影响。即使合同的一方违背了这些条款，也不至于影响合同的商业目的的实现；受害方只能提出赔偿要求，而不能以此取消合同或拒绝履行合同中的义务。

保证条款的确定要视合同的条款、双方的意图及法院或仲裁的判决或裁决而定。例如，航次租船合同中的安全港口和泊位，定期租船合同中的船速及燃油消耗、船舶的维修保养以及剩余燃油的数量的规定等一般都属于保证条款。

（三）中间性条款

中间性条款（Intermediate Clause）是指介于条件条款和保证条款之间的合同条款。它既不是条件，也不是保证。合同当事人一方违反这种条款时，受害方究竟是按违背条件条款处理，还是按违背保证条款处理，要根据违约程度和后果而定。例如，关于船舶适航保证的条款中一般规定船舶在到达装货港时应适航，如果船舶有严重的“适航缺陷”，承租人有权解除合同并要求赔偿，但是，如果船舶仅存在着轻微的“适航缺陷”，承租人就只能要求赔偿，而无须解除合同。因此，这里所说的“适航保证”，只不过是船舶所有人对使船舶适航做出的保证，并不可以理解为就是保证条款。

任务二　航次租船合同的主要条款

任务描述：掌握程租合同的主要条款。

一、概述

航次租船合同的内容因具体业务的货类、航线、贸易条件等而不同，使用的标准租船合同格式的条款也不同，可以根据具体情况和对双方有利的原则，对标准合同格式中的若干条款进行删减或增加，对于没有明确规定的事项可以依照法律或商业习惯处理。

根据我国《海商法》第93条的规定，航次租船合同的内容，主要包括船舶所有人和承租人的名称、船名、船籍、载货重量、容积、货名、装货港和目的港、受载期限、运费、滞期费、速遣费以及其他有关事项。”

注意：

根据我国《海商法》的规定，航次租船合同必须以书面形式订立。因此，口头的陈述不具有法律效力。

二、主要条款

（一）合同当事人

租船合同的当事人是指对租船合同的履行承担责任的人。航次租船合同的当事人应该是船舶所有人和承租人。为此租船合同中须列明船舶所有人和租船人的名称、住址和主要营业所地址。

作为代理人的经纪人应该注意，即使在签署合同时已经明确了自己是代理人，但在合同中仍须列明其委托人的名称、住址或主要营业所在地，否则很可能法院将会认定经纪人为合同当事人，而要求其承担履行租船合同的义务。

（二）船舶概况

1. 考虑与买卖合同的关系

签订租船合同时，承租人必须考虑到在买卖合同中对船舶的一些要求。在买卖合约签订时，买卖双方也必然会讨论到运输的船舶，从而做出一些要求。那么在CIF、CFR买卖中，卖方进行租船需要注意以下问题：首先，租的船在吃水、长宽、船高、载重量等方面要适应装港或泊位，要在适当的时间抵达装港，并处于适于接收货物的状态（包括船上的吊具处于可工作状态等）。其次，卖方还要考虑所租船舶必须能够到达买卖合同中列名的卸港或其他地点。

承租人在进行租船、寻找船舶时，必然要根据买卖合同的规定，在租约中对船舶的一些要求予以明示。

2. 船名

船名（Name of Vessel）是航次租船合同中十分重要的一项内容。选择什么样的船舶完成航次租船合同所规定的运输任务，是双方当事人，特别是承租人极其关心的问题。目前，对于一般具体船舶的确定，通常有三种办法可供当事人选择。

（1）指定船舶。所谓指定船舶（Named Vessel），实际上就是在航次租船合同中，明确的记述一艘特定的船舶（Special Ship），如“M/V GLORIA”。一旦在合同中确定了船舶，就必须由该艘船舶执行合同规定的航次运输任务，船舶所有人无权擅自以其他船舶替代。这是船舶所有人的一项合同义务，否则，被认为是违约行为（Breach of

Contract）。如果原来指定的船舶由于意外事故沉没或者不能履行合同，则合同受阻，合同自此解除，双方均不承担责任。即使承租人因种种原因急需船舶，而要求船舶所有人另派其他船舶，船舶所有人也没有义务为承租人提供合同以外的船舶，除非合同另有约定。

（2）代替船舶。在实践中，为能顺利地履行合同以及避免因原指定船舶发生意外事故而导致合同解除，通常在指定船名的情况下，在航次租船合同中加入“代替船条款”（Substitute Clause），赋予船舶所有人“选择权”。“代替船条款”有利于船舶所有人，因为在签订合同时，船舶所有人还无法预料在调配船舶方面可能发生变化的情况，所以船舶所有人往往希望根据实际情况决定最终履约的船舶，拥有指派哪一艘船舶前往装港履行合同的选择权，故船舶所有人往往要求采用这种条款。但是，船舶所有人在指定代替船时，必须在船级、船型、载重吨、位置等方面与原定船舶相符，否则，承租人有权取消合同，并要求损害赔偿。

（3）船籍（Ship's Nationality）。船籍是指船舶所属的国籍，它是通过船旗（Vessel Flag）来表现的。出于政治和船货安全的需要以及货物保险费率的不同，在租船合同中承租人经常指定船籍，或者声明不得悬挂某国国旗。而且，除非合同另有约定，船舶所有人不得在合同履行期间擅自变更船舶国籍，更换船旗，否则对于承租人构成违约行为。

（4）船级（Classification of Vessel）。租船合同中的船级是指双方在订立合同时，船舶应实际达到的技术状态的指标，并不意味着船舶所有人有义务在整个合同履行期间保持这一船级。除合同中另有约定，否则，即使在合同履行期内丧失船级，也不视为违约。

（5）船舶吨位（Tonnage of Vessel）。船舶吨位是船舶规范资料之一，除表示船舶的大小与装载货物的数量关系外，也是港口费用、运河通行费、代理费、吨税等征收的基本参数，所以租船合同中要记明船舶的登记吨和载重吨。

由于在洽谈租船业务或缔结航次租船合同时，船舶所有人对航次中所需的燃料、物料、备品、淡水、食品等的消耗难以估计准确，所以对本航次实际可以装载货物的数量难以定出确切的数字。因此，通常航次租船合同中只规定一个装载货物的大概数字和可增减的百分比。记为“大约×××吨货物，×%的增减数量”。这是航次租船合同中有关船舶装载货物的“数量增减条款”（the More or Less Clause，MOL）。可增减的百分比由双方当事人根据不同种类的货物在合同中予以确定。在具体装货之前，船长根据本船的实际装货能力及港口吃水限制等，在该百分比范围内选择船舶能够装载货物的实际数量，并以书面的形式向承租人进行“宣载”（Declaration of Cargo）。宣载书一般包括：船舶名称、船舶的载重吨、货物载重量、燃料数量、淡水数量、船舶常数、船长签名、宣载日期等。在英美法国家，认为数量增减条款是中间性条款。

如果宣载后，货主不能提供船长在“宣载书”中要求的货物数量，除非合同另有明文规定或属于承租人免责范围，承租人必须承担亏舱损失。

如果船长的“宣载”不在航次租船合同中规定的装载货物的数字范围内，船东应承担由此给货主造成的损失，如短装损失、额外的仓储费等。

资料卡：关于船舶位置（Vessel's Present Position）

船舶位置是指订立合同时船舶所处的位置或状态。因为它直接影响船舶能否按期抵达预定的装货港；而承租人也要按照有关船舱位置或状态的说明，在船舶到港前备货和安排货物装运的准备，所以，必须在租船合同中正确地记载船舶的位置。

提供船舶位置的准确情况是船舶所有人的一项义务，因此这一条款在英美法国家都被认定为条件条款。

（三）装卸港口

1. 装卸港口或地点（Loading/Discharging Ports or Places）

在航次租船运输中，装卸港通常由承租人指定或选择，航次租船合同中也将具体港口名称予以记载。目前国际上约定装卸港的方法有以下几种。

（1）明确指定具体的装货港和卸货港。这种方法是在合同中只记载装货港和卸货港的港口名称，而没有确定该港的具体泊位。装卸作业的具体泊位按该港的习惯决定。单航次租船运输时，往往采用这种规定方法。

（2）规定某个特定的装卸泊位或地点。这种方法是在租船合同中，除指定港名外，还要指明港内的装卸泊位或地点。如注明某港某泊位，这是承租人为了装卸方便而在租船合同中做出的规定。

（3）由承租人选择装货港和卸货港。这种方法通常在合同中注明两个或两个以上装货港或卸货港名或某个区域，并规定承租人在其范围内选择其中的一个或两个。这个范围必须是在一条连续的海岸线上。对于卸货港而言，这种选择权，必须在船东签发提单之前或者抵达第一个被选港之前若干小时内行使，否则，因为承租人未及时“宣港”（Declaration of Port），而给出租人造成的延误损失，承租人应负责赔偿。

▶ 引经据典

我国《海商法》第 101 条规定，出租人应当在合同约定的卸货港卸货。合同订有承租人选择卸货港条款的，在承租人未按照合同约定及时通知确定卸货港时，船长可以从约定的选卸港中自行选定一港卸货。承租人未按照合同约定及时通知确定的卸货港，致使出租人遭受损失的，应当负赔偿责任。出租人未按合同约定，擅自选定港口卸货致使承租人遭受损失的，应当负赔偿责任。

2. 安全港口和安全泊位

在航次租船合同中，装货港和卸货港通常都是由承租人进行指定或选择的，为了保证船舶进出港口和在港内装卸作业的安全，承租人所指定的港口或泊位都必须是能使船舶安全进出，并进行装卸货物的“安全港”（Safe Port）和“安全泊位”（Safe Berth）。它的定义是：一个港口或泊位能使船舶在抵达、进港、在港停泊和离港的整个相关期内，在未出现某些非常事件的情况下，不会处于运用了良好的航海技术和船艺仍不能避免的危险中。

具体地说，安全港和安全泊位可从以下几方面理解。

自然条件方面的安全。它是指该港口应具有能够使船舶避免恶劣气候等自然现象的危险的必要设施。

港口设施方面的安全。它是指港口应能提供夜间照明、拖轮、引航员以及必要的锚地和调头区域等。

航海方面的安全。它是指港口应设置能使船舶安全进出港口所需要的导航灯标等，港口的航道水深及桥梁的高度等都应符合安全航行的要求。

装卸货物方面的安全。它是指能保证船舶在港装卸作业期间，使船舶始终处于安全浮泊状态。

政治局势方面的安全。它是指港口没有战争或战争危险，或暴动或骚乱等危及船舶安全的政治因素。

在航运实际业务中，有关“安全港”和“安全泊位”的问题，时常发生争议。从英美法国家的一些著名判例来看，实际承担港口和泊位是否安全的责任，还要视具体情况而定。

如果在租船合同中明确规定了装、卸港口或泊位，即在列明港口（Named Port）和泊位（Named Berth）条件下，除非合同另有约定，否则承租人没有保证港口安全性的义务。而这意味着港口和泊位的安全风险和责任在船舶所有人这一方。

如果在订立租船合同时，承租人选定了某一港口，但没有列明具体泊位，则该港口的安全风险由船舶所有人负责，而泊位的风险和责任由承租人承担，当然由于某一事件造成一个港内所有泊位的不安全性，依然是作为港口风险处理，由船舶所有人承担风险。

如果在订立租船合同时，承租人并没有列明某一个具体的港口，而是写作 Port A or Port B or Port C 等选择性的条款，也是由船舶所有人承担安全港口和泊位的风险和责任。而如果承租人选择并不是在几个列明的港口中选择，而是在一个较大范围内，例如 One Port between Singapore and Kobe，这时风险分摊应是船舶所有人负责列明的港口或泊位，即本例中为 Singapore and Kobe。

如果在租船合同中，装卸港口或泊位是由承租人选择或待指定，则承租人一般有保证港口或泊位安全的义务。

资料卡：关于租约中的“附近港口条款”（the Near Clause）

“附近港口条款”的内容是：“船舶必须开往某港或所能安全抵达的附近地点（the Vessel shall proceed to ×× port or so near thereto as she way safely get and lie always afloat）”，这一条款包括两方面的含义：当原定港口变得不安全时，承租人应当指定或重新指定临近的港口；若承租人不指定或不重新指定时，出租人有权将货物卸于这种邻近地点。当港口不安全仅仅是因为暂时的障碍造成时，船东不能依此条款将货物卸掉，必须等待至障碍消除，当然以合理等待时间为准。

（四）受载期与解约日

受载期（Laydays）是船舶在租船合同规定的日期内到达约定的装货港，并做好装货准备的期限。解约日（Cancelling Date）是船舶到达合同规定的装港，并做好装货准备的最后一天。航次租船合同中将该条款用“LAYCAN”来表示。

受载期是指船舶在这一段时间内的任意一天到达装港都是租约允许的，无论是受载期的第一天还是最后一天，船舶抵达装港并做好装货准备即可。根据租约中的规定，如是港口合同，则船舶抵达装货港口区域；如是泊位合同，船舶靠抵泊位；船舶所有人即可递交“装货准备就绪通知书（Notice of Readiness，NOR）”，经过通知时间后，就可以起算装卸时间，因此承租人就必须在受载期之前，将货物运到码头泊位，以备装船，否则，如果装卸时间已起算，而货物仍未备妥，所耽误的时间都是通过滞期费或滞期损失的形式由承租人承担的。

资料卡：何谓预备航次（Preliminary Voyage）

所谓预备航次是指，相对于为完成航次租船合同约定的货物运输的航次，船舶前往装货港准备装货的航次。

航次租船运输合同在“预备航次”阶段就开始执行了，即预备航次是租船合同规定的船舶出租航次的一部分。合同中关于船舶所有人权利和义务的规定，同样适用于预备航次。一方面，在预备航次中船舶所有人有权享有合同项下的免责等权利性条款。另一方面，船舶所有人有义务将船舶驶往装货港或船舶所能安全抵达并始终保持浮泊的邻近地点，并规定船舶应以合理的速度尽快完成预备航次，即船舶所有人应“尽速派遣船舶”，指示船长将船舶开往租船合同指定或承租人选择的装货港。

（五）货物

货物的航次运输需求是由承租人提出的，所以，承租人享有货物的选择权。但另一方面，承租人提供货物也必须满足合同的一定要求，受到合同的一定限制。

1. 种类

货物的种类与运费率、舱容或吨位的利用以及船舶的适航能力等密切相关。承租人为完成某种特定货物的运输，以航次租船的形式，签订租船合同。

船舶抵达装货港后，承租人只能提供“契约货物”，而不能提供其他货物，否则，船长有权拒绝装船，船舶所有人还可因承租人的违约行为而要求赔偿损失。

► 引经据典

我国《海商法》第100条规定，承租人应当提供约定的货物；经出租人同意，可以更换货物。但是，更换的货物对出租人不利的，出租人有权拒绝或者解除合同。因未提供约定的货物致使出租人遭受损失的，承租人应当负赔偿责任。

2. 数量

在航次租船运输的情况下，如果在租船合同中规定了货物数量，那么承租人所提供的货物的数量必须达到船舶的装载能力，即重货按照满载，轻货按照满舱的要求，同时，船舶所有人也有义务尽可能提供载货空间。例如，不得因为装港的燃油便宜而为下个航次加油。如果租船合同中规定了承租人有义务对船舶提供“满载货物”，同时又规定“或多或少一定百分比”（More or Less ×%），或者规定至多×××吨，至少×××吨，那么这两种情况下，应该由船长进行“宣载”，即根据本航次所需要的物料、油水等因素，由船长在装港宣布可以装载的货物数量。

3. 提供货物的时间

在英美法下，尽管承租人提供货物被默示为须尽快提供，但是如果承租人不能及时提供货物而带来了船期的延误，其仅仅是违反了保证条款，如果租约中规定待泊时间装入装卸时间，则通过滞期费的形式，如无法起算装卸时间，则通过滞留损失的形式，由承租人向船舶所有人进行赔偿。

（六）装卸费用分担

装卸费用是指将货物从岸边（或驳船）装入舱内和将货物从船舱内卸至岸边（或驳船）的费用。如果租船合同中没有做出约定，则由船舶所有人负担，但关于装卸费用及风险如何分担的问题，一般租约中都会做出约定，此时应完全依据合同条款的具体约定。常见的约定方法有：

1. 班轮条款

班轮条款（Liner Term）又称泊位条款（Berth Term）、船边交接货物条款（Free Alongside Ship，FAS）。根据这一条款，承租人把货物交到船边船舶的吊钩下，船方负责把货物装进舱内，并整理好；卸货时，船方负责把货物从舱内卸到船边，由承租人或收货人提货。所以，责任和费用的划分以船边为界，是船舶所有人负责雇用装卸工人，并负担货物的装卸费用的条款。

2. 舱内收货条款

舱内收货条款（Free In，FI）简称为 FI 条款，或船舶所有人不负担装货费条款。根据这一条款，在装货港由承租人负担装货费用。如果船舶所有人仅就装货费不负责，其他费用，如卸货港的卸货费用等仍由船舶所有人承担的话，可用“FILO（Free In，Liner Out）”条款，这是 FI 条款的变形。

3. 舱内交货条款

舱内交货条款（Free Out，FO）简称为 FO 条款，或船舶所有人不负担卸货费条款。根据这一条款，装货港由船舶出租人负担装货费，在卸货港由承租人负担卸货费。如果船舶所有人仅就卸货费不负责，其他费用仍承担的话，可用“LIFO（Liner In，Free Out）”条款，这是 FO 条款的变形。

4. 舱内收交货条款

舱内收交货条款（Free In And Out，FIO）简称为 FIO 条款，或称船舶出租人不负担装卸费条款。根据这一条款，在装、卸两港由承租人雇用装卸工人，并负担装卸费用。

5. 舱内收交货和堆舱、平舱条款

舱内收交货和堆舱、平舱费条款（Free In And Out，Stowed And Trimmed，FIOST）与班轮条款相反，船舶所有人不负担有关装卸的所有费用，装卸费、平舱费和理舱费全部由承租人负担。按此含义，装运重大件货物时，绑扎所需的绑扎材料费用也应由承租人负担，为明确起见，在合同中注明“FIOS，Lashed”。若船舶所有人还不承担垫舱费用，则加“FIOST”。

课堂讨论：租船合同中的装卸费用条款应与货物买卖合同的价格术语相衔接。如 CIF Ex Ship's Hold（CIF 舱底交货）是指买方应在舱底接受货物，并负担卸货费，那么在航次租船合同中应约定 FO 条款。

如买卖合同中订明 FOBst，租船合同中应约定什么条款呢？

（七）运费

1. 运费的计收方法

通常情况下，航次租船的运费是按所装运货物的数量计收的。这种方法较有利于船东，此时须在租船合同中标明运费率。但在承租人实力较强时，租约中也可能会规定按照卸货数量计收，甚至按照装货数量、卸货数量从小计收。此外还存在一种包干运输的形式，这种方法按包干运费（Lump-Sum Freight）支付。包干运输是指按提供的船舶，商订一笔整船运费，不论实际装货多少，一律照付，但出租方必须保证船舶的载重量和装货容积。

2. 运费的法律地位

按照英美判例法，如果租约中对于运费的支付和赚取没有做出规定时，默示的法律地位是到付。即只有船舶所有人将货物运抵目的地，准备交货时才能赚取，而承租人此时才有支付运费的义务。

3. 运费的支付与赚取

按运费的支付时间分，运费的支付方法有预付和到付两种。

在实际租船业务中，预付运费已形成习惯的做法。但是，如果在租约中仅写明预付运费（Freight Prepaid）仍不足以保护船舶所有人，因为按照英美法的解释，这样的写法仅说明运费的支付方式，并没有写明运费的赚取时间，因此仍按照默示的法律地位，即在卸货港开卸时，船舶所有人才有权利赚取，先前支付的运费仅能被视为一笔垫付的资金。因此合同当事人在洽定租船合同时必须对此做出约定，并在合同中写明两方面的内容——何时支付以及何时赚取。

在运费到付时，一般也有三种情况：船舶到达卸货港时支付、卸货完毕时支付或交付货物后支付等表示方法。其法律地位在前面已述。

航次租船合同中，除要订明运费的支付方式外，还要订明支付的币种、方法以及收益人和银行账户。

（八）装卸时间

1. 装卸时间的定义

所谓装卸时间是指“合同当事人双方约定的船舶所有人使船舶并且保证船舶适于装卸货物，无须在运费之外支付附加费的时间”，也可以说是承租人和船舶所有人约定的，承租人保证将合同货物在装货港全部装完以及在卸货港全部卸完的时间之和。

2. 规定方法及含义

（1）不规定装卸天数。在英美法中，如果租船合同中未提及装卸时间，那么其法律地位就如同按装卸港口习惯尽快装卸（Customary Quick Dispatch，CQD），即船舶所有人不得向承租人收取任何滞期费，除非承租人在装卸过程中有过失并因该过失导致了船期的延误。相反，承租人也不得向船舶所有人要求任何的速遣费，此时适用的是一种不固定的装卸时间的规定。

当船舶所有人对于装港或卸港的装卸较为了解时，他可能在合同中订入按装卸港口习惯尽快装卸，此时的法律情况就如上所述。这样港口拥挤、工人罢工、港口当局干预、第三方的行为以及天气因素带来的时间损失的风险都在船舶所有人一方，唯一可归责于承租人的原因是承租人的过失或违约。

另一种不在租船合同中订入具体装卸日数的写法是订明“按照船舶能够收货或交货的速度装货或卸货”。

（2）订明装卸时间。与第一点中的规定相对应，订明装卸时间的方法被称作 Fixed Lay Time。

在租船合同中，针对装卸时间往往是用天数来表示的，随着各种各样租船合同的订立，对于天数的表述也是多种多样的。

一般的计算方法都是在工作日（Working Day）的基础上加以一定的限制来表示的。工作日是指在港口当地，按照港口当地的习惯，如果进行装卸作业，则计入工作日，而休息日，例如，一般国家规定的星期日或伊斯兰国家规定的星期五，不计入装卸时间。但是如果在港口当地的习惯是休息日也进行工作的话，那么就要将这一天计入装卸时间；而且只要某一天开工装卸，不论是一整天还是仅进行一两个小时的作业，甚至是需要支付加班费进行工作，都要算一个工作日。

在工作日基础上加入一些限制条件，就可能成为经常被使用的一些术语。

如 24 小时工作日（Working Day of 24 Hours），其含义为累计足够 24 个小时的工作时间作为一个工作日，例如，港口当地实行 8 小时工作制，那么三个工作日才可算作一个 24 小时工作日；24 小时连续工作日（Working Day of 24 Consecutive Hours），此时装卸时间是被连续计算的，其含义与工作日基本相同。

在工作日的基础上还会有另一种限制方法，即规定晴天工作日（Weather Working Day，WWD），含义是指可以用来装货的时间计算的工作日。在这种条件下，坏天气是不得计入装卸时间的，但是这种坏天气必须是实际上影响了装卸的天气，预计的不能算入，而且必须是以装卸码头的天气状况为准的，船舶在港外锚地待泊的天气不能作为评判的标准。但另一方面，在计算装卸时间的时候，并不考虑是否开始进行装卸作业，如果船舶在锚地待泊时已经开始起算装卸时间，那么这时坏天气同样可以中断装卸时间计算。

将上述两种限制方法综合起来，就出现了一些比较复杂的计算装卸时间的方法。比如 24 小时连续晴天工作日（Weather Working Day of 24 Consecutive Hours）。这种表示方法与晴天工作日的表述基本相同，但是其有一个比较小的差别，即在 24 小时连续晴天工作日的条件下，对任何时间当中发生的坏天气，不论是否发生在作业时间，均要进行实扣实消；而在晴天工作日中，如果坏天气不是发生在工作时间，那么不得进行扣减，但如果发生在工作时间，那么需要按照工作时间与 24 小时的比例进行扣减。

▶ **知识窗：**

租约中“晴天工作日”的变形条件

“晴天工作日”的变形条件，主要包括：

A. 晴天工作日，周日和节假日除外（WWD Sunday Holiday Excepted）。

B. 晴天工作日，周日和节假日除外，除非已使用（WWD Sunday Holiday Excepted, Unless Used）。

C. 晴天工作日，周日和节假日除外，即使已使用（WWD Sunday Holiday Excepted, Even If Used）。

D. 晴天工作日，周日和节假日除外，除非已使用，但仅按照实际使用时间计算（Sunday Holiday Excepted, Unless Used, But Only Time Actually Used To Count）。

对于这些变形条件，须严格按照规定执行。

（3）规定可工作舱口或可工作舱。这种规定方法表明一个可工作舱口或可工作舱一天可以装卸多少吨货物，再根据船长进行宣载时宣布的需要装卸货的具体数量，计算可以使用的天数。

3. 装卸时间的起算

对于装卸时间的起算，需要船舶满足以下三个条件：船舶抵达租船合同中规定的装卸地点；船舶已经备妥可装卸货物；在第一装港或第一卸港，船长要递交装卸准备就绪通知书（Notice of Readiness，NOR）。当然，真正起算还可能要经过一个通知时间（Notice Time）。

（1）抵达船舶。在泊位租约当中，船舶要想起算装卸时间必须是一艘抵达泊位的船舶，此时港口拥挤的风险是由船舶所有人承担的，所以在泊位租约中往往可以看到无论船舶靠泊与否（WIBON，Whether in Berth or Not），这样一个条款就可以使一个泊位合同变成一个港口合同，但是这种说法仅仅能表示如果泊位被其他的船舶占着，而使本船无法靠泊，可以起算装卸时间；而如果是泊位空着，由于天气不好等其他外在原因使船舶不得驶入，是不得起算装卸时间的。同时，船舶必须是一艘抵达港口的船舶，其仅仅到达港外锚地，同样不能起算装卸时间。随着这样的判例解释，船舶所有人又在租船合同中规定了待泊时间照算装卸时间或船舶一抵港即可靠泊。这样两种规定方法，就解决了 WIBON 的问题。首先对第一句待泊时间照算装卸时间，因为这一句的解释是与装卸时间独立的，这样就使得船舶只要花了时间待泊，就可以进行独立的计算。在装卸作业结束之后，将这样计算出来的待泊时间和装卸时间进行加总，再与合同中允许的装卸时间进行对比，从而考虑船舶是滞期还是速遣。对于后一种规定方法，即船舶一抵港即可靠泊，这一句被明确判为是承租人在此有一个绝对严格的责任，即船舶一抵港，便须指定一个马上可以去靠泊的泊位，要是做不到，那就是承租人的违约，须赔偿船舶所有人的延误损失，这种损失往往不是以滞期费的形式表现出来的，而是表现为滞留损失。而这句话同样与装卸时间的起算并没有关系，所以一个泊位租约仍然要等到船舶抵达才能符合开始计算装卸时间的一个条件，本条款是用来保护船舶所有人的。

在港口租约当中，一艘抵达的船舶是以到达港口的商业区内为标志的，船舶在港外的锚地是不能起算装卸时间的，这样与泊位租约相似，船舶所有人在港口租约中往往会加上无论是否抵港（Whether in Port or Not，WIPON）。因此在港口合同中，同样会出现待泊时间照算装卸时间或船舶一抵港即可靠泊的术语。

（2）备妥可装卸货物。这主要是指船舶在各方面做好装货或卸货的准备，即在配备船员，使机器的各个传动部分、吊杆以及其他装卸工具随时处于可供使用状态，以及使船舶随时处于可立即进行装卸货物的状态等方面都已为装卸货物做好准备。比如装货时，货舱已经打扫清洁、适于装载货物。如装谷粮，还要为防止谷物移动而装备“止动板”，已经做到使货舱清洁、干燥、无异味、无虫鼠害；如果需要熏舱，还必须在熏舱后取得检验合格证书。此外船舶还需要通过各项检查，办要各项船舶进出港的手续，即船舶必须通过海关、边防或移民局，以及卫生检疫部门的检查。在这种条件下，船舶就可以进入到第三个步骤，递交装卸准备就绪通知书。

（3）递交装卸准备就绪通知书。在船舶完成上述事项之后，船长就可以向承租人递交装卸准备就绪通知书，通常在租船合同中都会规定，递交装卸准备就绪通知书需要在承租人的办公时间内进行递交，并规定递交装卸准备就绪通知书之后 12 个小时或 24 小时起算装卸时间，这一规定时间就被称作通知时间。

（九）滞期与速遣

1. 滞期费

滞期费（Demurrage Money）是指因不是出租人的责任所造成的，超过装卸时间的船舶迟延而付给出租人的约定金额。滞期不适用装卸时间的除外规定。

如果承租人所用的实际装卸时间超过了合同规定的允许使用时间，超过部分的时间为“滞期时间”，进入滞期的船舶称为“滞期船舶”。对此，承租人必须向船舶所有人支付“滞期费”，以补偿船舶所有人因船舶发生滞期而遭受的损失。

滞期费等于滞期时间和约定的滞期费率的乘积。

在谈到滞期费的时候，必须要和另一个较为相近的概念予以区分，即滞留损失（Damage for Detention），滞留损失又称为延滞损失、超滞期等。它是指船舶滞留在港口而应由承租人赔偿给出租人的一笔金额。

滞留损失不同于滞期费。滞期费的发生往往与装卸时间紧密相关，是一种约定违约金，即当承租人未能在合同约定的装卸时间内完成装卸作业，不管出租人是否有实际损失，也不管出租人的实际损失额是否高于约定的滞期费，承租人都必须按合同约定的数额予以赔偿。

滞留损失不是当事双方事先约定的，或者不能完全预见到，而是由于承租人的过失，或者是承租人的过失之外的其他原因，造成船舶延误而产生的损失，应按船舶的实际损失赔偿。延滞可能是承租人未及时指定卸货港产生的船舶延误，也可能是承租人未及时提供货物产生的延误。一般来说，它与装卸作业无关。所以滞留损失是一种具有补偿性质的违约赔偿金。包括因延误而产生的燃料费、港口使用费等营运费用、延滞造成的出租人可能丧失的期得利益等。

2. 速遣费

速遣费（Dispatch Money）是指在程租下，非船方责任，由于租方未在合同约定时间内完成装卸，船舶滞留在港口造成出租人的权益损害，承租人依据合同应给予相应的赔偿。

速遣费等于速遣时间与约定的速遣费率的乘积。

承租人所用的实际装卸时间少于合同规定的允许使用时间，节省部分的时间即为速遣时间。对此，承租人有权向船舶所有人主张速遣费。根据国际航运惯例，速遣费费率通常是滞期费费率的一半（Dispatch Half Demurrage，DHD），除非合同另有明确规定。

在计算速遣时间的问题上，出租人和承租人容易发生争议的问题是在节省的时间中是否扣除星期日、节假日及不良天气停止工作的时间。为了防止争议，租船合同也常常采用一些含义明确的用语，表明速遣时间的计算。即“节省全部时间（All Time Saved）”和“节省全部工作时间（All Working Time Saved）”。

当合同中没有明确约定采用哪一种用语来计算速遣时间时，通常解释是按“节省全部工作时间”计算，因为按这种用语计算比较合理，实践中采用的也比较多。

样例

租船确认书：

FIXTURE NOTE

M/V 31th Jan. 2017

(or Suitable Substitute Vessel)

It is mutually agreed between Messrs（船舶所有人的名称及详细地址） as Owners and Messrs（承租人的名称及详细地址） as Charterers that:

1. Cargo 15,000t Rice in Bags 5% more or less at owner's option (owners to declare quantity to be shipped 2 days before vessel arriving at loading port).
2. Loading at one safe port Singapore.
3. Discharging at one safe port China.
4. Laydays and Cancelling Date: 20th to/30th Oct. 2017.
5. Freight rate USD 1 900 per Metric ton F. I. O. S. CQD both ends.
6. 100% Freight prepaid by T/T to owner's account in U. S. Dollars at Singapore after completion of loading before releasing Bill of Lading.
7. Any dues/taxes on vessel on freight to be for Owners' account. Any dues/taxes on cargo to be for Charterers' account.
8. If Charterers fall to ship as agreed quantity, they are liable to pay the dead freight at the freight rate as agreed.
9. Otherwise details as per GENCON C/P.

For and on Behalf of (owners)　　　　For and on Behalf of (charterers)

任务三　期租合同的主要条款

任务描述：掌握期租合同的主要条款。

一、概述

纽约土产交易所定期租船合同，简称“土产格式”，是美国纽约土产交易所（New York Produce Exchange）制定的定期租船合同标准格式。该格式最初是由美国纽约土产交易所于1913年制定的，并先后于1921年、1931年、1946年、1981年和1993年对其进行了修改。“土产格式”是目前使用最为广泛的定期租船标准合同。

下面以中国租船公司拟定的租船合同范本“中国期租1980”（SINOTIME 1980）和“波罗的海国际海运协会的标准定期租船合同”（Uniform Time Charter，BAITIME）的内容为主，介绍期租合同条款。

二、主要条款

（一）船舶说明（Description of the Ship）

期租船租赁时间长，且租期内由租方经营管理，因此要认真地选择和审查期租合同中的船舶说明主要项目。

（1）建造年份。世界上不少港口对船龄超过15年的船加以限制，故一般不宜租用超龄船。但选用一些维修保养好的超龄部装运低值货物，且往返于不限船龄的港口之间，可以取得较好的营运效益。

（2）船舶结构、吊杆起重能力、船籍。

（3）船级。租船人要了解船舶有无相应的船级证书，注意证书的时效及特殊要求：例如装载超重货物或矿石的船舶，需要有加固的级别（Strengthen for Heavy Cargo）。

（4）载重吨和载货容积。这两者要结合起来考虑，根据航线及货类特点适当选用。

（5）吃水。同样大小的船舶，由于船型不同，吃水有深有浅；租方一般更愿意租用吃水浅的船舶。

（6）航速与油耗。一般航速与油耗成正比，航速高油耗大但周转快，燃油费是构成船舶管运成本的主要部分。一般远洋船应选择航速较高的，而近洋船宜选用油耗少些的船。

（二）租期（Charter Period）

租期的长短主要根据租方的需要而定。在洽租长期租船时要考虑在这段时间内，有无稳定的基本货源；最好不要在高运价时租进；若在租期内情况变化，例如货源不足时，可考虑转租等；期租船租期之所以重要，是因为租船市场市价波动频繁且幅度较大。在市价上涨时，船方总想早些收回船舶，而租方则会尽可能用足租期。市价下跌时，双方的态度则相反。因此在租期的条文解释上常会发生争执。通常租期订法有三种：

（1）暗含伸缩性。合同规定租期为若干月，例如“6”，虽未明确有无伸缩，但按惯例，允许租方有一个合理的伸缩时间，“4～6个月”也属这种方法。

（2）明确规定伸缩时间。合同规定租期为若干月及租期的具体伸缩天数，例如“6个月，20天伸缩”（Six Months 20 Days More or Less）。

（3）规定没有或暗含没有伸缩。如合同规定租期为最少若干月，最多若干月，则租方必须安排船舶在规定时间内还船，不能再伸缩。例如“最少5个月，最多8个月（Five Months Minimum Eight Months Maximum）”就没有伸缩期了。

以上曾提及的航次或租船业务，其使用的合同是期租合同格式，但租期大多是以完成一个特定的航次为限。

（三）交船（Delivery of Vessel）

交船即船东把船舶和船员交给租船人使用，此时是租期和租金开始计算之时。

交船地点的订法很多，例如在租方指定的港口交船，船到达租方指定的港口引水站交船，或“船过某一位置交船”等。交船地点的选择关键在于船舶空放的经济损失由谁负担。

通常交船时船舶应满足以下条件。

（1）装货已装备就绪。船上所有货舱已为装货准备好，租方对所有货位能够完全控制。

（2）货舱已清扫干净，适于装载预订的货物。

（3）船上存油量和船上设备，如灭火设备、护货板等，符合租约规定，船舶文件齐备且有效。

（4）船舶必须适航。

交船时，如果船舶不符合租约规定，租方有权拒绝接船，若租方没提出异议，即意味着其放弃了拒绝接船的权利。

（四）租金（Hire）

租船人为使用船舶而付出的代价称为租金。习惯上租金按每月（天或日历月）每夏季载重吨计算，也可按整船每天若干金额计算，两者之间可相互换算。例如，一艘夏季载重吨为25 000吨的船，每30天每吨的租金为8美元，则这条船每天租金为25 000×8÷30=6 666美元。但租金与船舶所载货物无关。

租金通常预付半月或一个月，租船人按时按规定的金额支付租金的责任是绝对的。习惯上应付之日指租金付到合同中船东指定的收款银行的账户。这种规定，通常不再有通融期。船东可立即无条件地动用，否则船东有权撤回船舶。在租船市场价格上涨时，租方特别要注意这一点，否则很可能成为船东撤船的借口。

（五）停租与复租（off Hire/Suspension of Hire or on Hire）

停租是指在租期内，因约定的原因，例如船方人员或物料不足、机器故障、检验船舶、入坞修理等船方责任事故，造成租方租期损失时，租方有中断支付停止使用船舶期间租金的权利。

所有的期租合同中都订有这一条款。在引用这一条款时，租方有说明时间损失原因的责任，已付租金可按比例扣除。停租和复租双方必须办理记录手续。“Sinotime 1980”中对造成时间损失引用停租条款的情况做了较详细的说明。这对处理停租事件，防止发生纠纷是有利的。

（六）还船（Redelivery of Vessel）

租期满时，租船人有义务按照租约规定的地点和条件将船还给船东。还船之时就是租金停付之时。

还船地点和时间订法中对租方有利的是“船在何时何处备妥，就在何时何处还船”（When Where the Vessel Ready W. W. R），对船东较有利的是“出港引水员下船时作为还船”（Dropping Outward Pilot，D. O. P）。在这条件下，船东可少付一笔出港使用费。因为牵涉到费用问题，故这条内容应尽可能明确。

还船时，船舶需具备下列条件。

（1）与交船时同样的良好状态和条件，即货舱清洁。船上各部位处于完好状态。

（2）船上存油符合租船合同规定。

（七）转租（Sub-let）

明确租船人在租期内有权把所租来的船转租给别人，但租船人仍有义务履行原租船合同。长期租船条件下，租船人有时会因货源或经营决策等原因，将租船转租给第三者，这种情况下，租船人就成了二船东（Disponent Ship Owner）。在洽订转租合同时，要严格把握原租船合同条款，以保证第三者的行为在受转租合同约束的同时不违背原租船合同，以防止二船东与真正的船东之间发生不必要的纠纷。例如转租合同中的航行地区必须和原租船合同中的规定一致。又如共同海损理赔条款、仲裁条款也要一致。

以上介绍的只是期租合同中的部分常用条款，期租合同条文很多，还有一些条款也是常见的，例如对货物种类及航行区域的限制，船东的责任及免资条款、首要条款、战争条款等，还有冰冻条款、征用条款、航速索赔条款等。在具体租船时，要根据货运需要及自身利益，力争制订对我方有利的条款。

配套实训练习

计算题

外轮在天津新港每一晴天工作日装卸袋装花生米的标准为 1 000M/T。现有一艘登记吨为 20 000 的轮船，按晴天工作节假日除外的标准装运袋装花生米 7 200M/T 出口，具体装运情况如下：

日期工作时间	实际工作时间
8 月 18 日	14:00—24:00　10 小时
8 月 19 日	0:00—24:00　24 小时
8 月 20 日	0:00—24:00　14 小时（下雨 10 小时）

试计算速遣费或滞期费（速遣费每一登记吨为 RMB 0.14，滞期费为每一登记吨为 RMB 0.28，天津新港采用的是连续 24 小时晴天工作日方法进行装卸作业）。

项目七

国际航空货物运输

任务一　国际航空货物运输基础知识

任务描述：掌握航空运输的基础知识以及时差计算。

第二次世界大战前，航空货运对象仅限于一些邮件和紧急物资。它作为一种国际贸易货物的运输方式，是第二次世界大战后才开始出现的。随着宽体飞机的出现和全货机的不断发展，航空货运在经济中的地位越来越重要。

由于空运速度快，航线不受地形条件限制，安全准确，还可节省各项运杂费用，而且手续简便，在开辟新市场，适应市场需要与变化等方面较其他运输方式更为优越。测算表明，航空货运虽然只占全球贸易运输量的 2%，但由于运输对象多是高附加值产品，其货物总价值却超过了全球贸易货运总值的 40%。从地区间国际空运看，亚太至北美、亚太至欧洲和欧洲到北美是最大的三个航空货运区域。

1991—2001 年，世界空运的周转量增长速度达到每年 6.3%，处于一个缓慢增长态势。今后的 20 年间，预计最好的发展速度将为 7.8%，绝对值将达 6 000 亿吨千米，所以空运的发展空间相当大。

我国民航事业是在新中国成立后重新创办起来的。1958 年我国参加了《华沙公约》，从而同二十几个国家建立了航空运输关系。改革开放后，利用空运的外贸货物迅速增多。空运进口货主要是一些贵重物品、稀有金属、精密仪器仪表、电子计算机、照相器材、胶片、手表等。出口货物主要是一些鲜活商品、丝绸、服装、纺织品、皮革制品、工艺品等。截至 2017 年底，我国民航已开通定期航班国际和国内航线 4 418 条，其中国际航线 803 条，覆盖了欧美亚主要地区。中国航空货运有限公司（中货航）和中国国际航空公司货运公司是两家较大型的专业货运企业。

截至 2017 年底，我国民航定期航班完成货邮周转量 243.55 亿吨千米。航空货运得到了空前发展。

一、国际航空货物运输组织

（一）国际航空运输协会（International Air Association，IATA）

国际航空运输协会（简称国际航协），是各国航空运输企业之间的联合组织，会员必须是由国际民用航空组织的成员方颁发的定期航班运输许可证的航空公司。

总部在加拿大的蒙特利尔，执行总部在日内瓦。它的目标是调节有关商业飞行上的一些法律问题，简化和加速国际航线的客货运输，促进国际航空运输的安全和世界范围内航空运输事业的发展。

其具体任务是：设定实施分级联运，使一张票据可通行全世界；协议议定客货运段，防止彼此间的恶性竞争；协议制定各文书的标准格式，以节省人力和物力；协议规定运送人承运时在法律上应负的责任和义务；协议建立各种业务一定的作业程序；协议会员间相互利用装备，并提供新的技术知识；设置督察人员，以确保决议的切实执行；允许树立竞争，以保护会员公司的利益。

（二）国际民用航空组织（International Civil Aviation Organization，ICAO）

国际民用航空组织是各国政府之间组成的国际航空运输机构，1947 年成立，总部在蒙特利尔，是联合国的一个专门机构。负责国际航空运输的技术、航行及法规方面的机构，它通过的文件具有法律效力，成员方必须严格遵守。

它的目标是确保全世界民航事业安全而有秩序地发展壮大；满足全世界人民从航空事业中获取安全与经济的效用；鼓励各国为发展国际民航事业的航路、航站及助航设备而努力；鼓励各国为和平用途改进航空器的使用技术；确保各缔约国的权利获得完全的尊重，并在国际民航方面获得平等的机会；避免各缔约国间的差别待遇；促进国际民用航空器的飞行安全；促进各国和平交换空中通过权；促进各国民航业务的全面发展。

（三）国际电讯协会（SITA）

SITA 是联合国民航组织认可的一个非营利的组织，是航空运输业世界领先的电信和信息技术解决方案的集成供应商。SITA 不仅为航空公司提供网络通信服务，还可为其提供共享系统，如机场系统、行李查询系统、货运系统、国际票价系统等。为适应航空运输的快速发展，其发展策略由原来的网络提供者转变为一个整体方案的提供者，未来 SITA 将为航空业提供互联网（Internet）与公司内部网络（Intranet）之间完整的整合性解决方案、委派服务、工作站整合、机场系统以及各种解决方案，届时 SITA 将成为业界公认的整合式 LAN/WAN 环境及工作站整合服务的提供者，并成为端对端服务的领导者。

（四）中国航空运输协会（China Air Transport Association，CATA）

中国航空运输协会简称中国航协，是依据我国有关法律规定，以民用航空公司为主体，由企、事业法人和社团法人自愿参加结成的、行业性的、不以盈利为目的，经中华人民共和国民政部核准登记注册的全国性社团法人，成立于 2005 年 9 月 26 日。

中国航空运输协会的基本宗旨：遵守宪法、法律法规和国家的方针政策。按照社会主义市场经济体制要求，努力为航空运输企业服务，为会员单位服务，为旅客和货主服务，维护行业和航空运输企业的合法权益，促进中国民航事业健康、快速、持续地发展。

二、航空货运的特点

（一）运送速度快

飞机的飞行时速大约在每小时700～900千米，比其他运输工具快得多，适合运输海鲜、活动物等鲜活易腐的商品。另外，产品的订单生产对交货时间要求比较严格，也需要航空运输来支持。

（二）货物破损率低，安全性好

航空货运的地面操作比较严格，货物破损情况比较少，装上飞机后在空中也不易损坏，因此安全性较好。有些机械设备、精密仪器往往采用空运，以减少货物受损。

（三）单位时间内空间跨度大

现有的宽体机一次可飞7 000千米左右，从中国到美国西海岸只需13小时左右。是所有运输方式中单位时间内空间跨度最大的。

（四）节约企业的相关费用

航空运输可以提高商品流通速度，节约仓储费用，保险费用和利息支出，加快企业资金周转，提高资金的利用率。

（五）运价较高

由于航空运输技术要求高，运输成本大，因此运价较高，空运价格至少是海运价格的10倍以上。

（六）载量有限

由于飞机载重容积的限制，航空货运的载量较少。如与海运船舶动辄几千只集装箱相比，空运货机的载重量有时只有一百多公吨。

（七）易受天气影响

如遇到大风大雨有雾等恶劣天气，航班不能保证。

三、基本知识

（一）航线

民航从事运输飞行，必须按照规定的线路进行，这种线路叫作航空交通线，简称航线。航线不仅确定了航行的方向、经停地点，还根据空中管理的需要，规定了航路的宽度和飞行的高度层，以维护空中交通秩序，保证飞行安全。

航线按飞机飞行的路线分为国内航线和国际航线。线路起降、经停点均在国内的称为国内航线。跨越本国国境，通达其他国家的航线称为国际航线。

飞机由始发站起飞，按照规定的航线经过经停站至终点站所做运输飞行，称为航班。

（二）航空港

航空港为航空运输的经停点，又称航空站或机场，是供飞机起降、停放及组织保障飞行的场所。

近年来随着航空港功能的多样化，港内一般还配有商务、娱乐中心、货物集散中心，满足往来旅客的需要，同时吸引周边地区的生产、消费。

航空港按照所处的位置不同，分为干线航空港和支线航空港。按业务范围，分为国际航空港和国内航空港。

注意：

国际航空港需经政府核准，可以用来供国际航线的航空器起降营运。空港内配有海关、移民、检疫和卫生机构。而国内航空港仅供国内航线的航空器使用。除特殊情况外不对外国的航空器开放。

（三）航空器

航空器主要是指飞机。飞机按发动机不同，分为螺旋桨式、喷气式和活塞式。按速度，分为超音速、亚音速、高速、低速。

按机身的宽窄，可分为宽体飞机和窄体飞机。窄体飞机的机身宽约 3 米，旅客座位之间有一条走廊，这类飞机一般只能在下货舱装运散货。宽体飞机机身较宽，客舱内有两条走廊，三排座椅。机身宽一般在 4.72 米以上，这类飞机可以装运集装箱货和散货。

按用途的不同，飞机也可分为客机、全货机和客货混合机。客机主要运送旅客，一般行李装在飞机的深舱。由于直到目前为止，航空运输仍以客运为主，客运航班密度高、收益大，所以大多数航空公司都采用客机运送货物。所不足的是，由于舱位少，每次运送的货物数量十分有限。全货机运量大，可以弥补客机的不足，但经营成本高，只限在某些货源充足的航线使用。客货混合机可以同时在主甲板运送旅客和货物，并根据需要调整运输安排，是最具灵活性的一种机型。

飞机主要分为两种舱位：主舱和下舱。但波音 747 有三种舱位：上舱、下舱、主舱（见图 7-1）。

图 7-1 飞机货舱

（四）集装设备（Unit Load Device，ULD）

航空运输中的集装设备主要是指为提高运输效率而采用的托盘和集装箱等成组装载设备。为使用这些设备，飞机的甲板和货船都设置了与之配套的固定设施。

由于航空运输的特殊性，这些集装设备无论从外形构造还是技术性能指标，都具有自身的特点。以集装箱为例，就有主甲板集装箱和底甲板集装箱之分。

注意：

我们在海运中常见的40英尺和20英尺的标准箱只能装载在宽体飞机的主甲板上。

---

1. 集装器按注册与非注册划分

（1）注册的飞机集装器。注册的飞机集装器是国家政府有关部门授权集装器生产厂家生产的，适宜于飞机安全载运的，在其使用过程中不会对飞机的内部结构造成损害的集装器。

（2）非注册的飞机集装器。非注册的集装器是指未经有关部门授权生产的，未取得适航证书的集装器。非注册的集装器不能看作为飞机的一部分。因为它与飞机不匹配，一般不允许装入飞机的主货舱，但这种集装器却适于地面的操作环境，它仅适合于某些特定机型的特定货舱。

2. 集装器按种类划分

（1）集装板和网套。集装板是具有标准尺寸的，四边带有卡锁轨或网带卡锁眼，带有中间夹层的硬铝合金制成的平板，以便货物在其上码放；网套是用来把货物固定在集装板上，网套的固定是靠专门的卡锁装置来限定（见图7-2）。

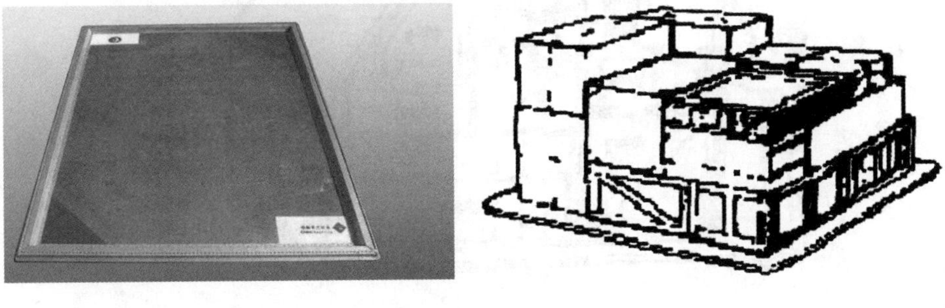

图7-2 集装板

（2）结构与非结构集装棚。为了充分地利用飞机内的空间、保护飞机的内壁，除了板和网之外，还可增加一个非结构的棚罩（可用轻金属制成），罩在货物和网套之间，这就是非结构的集装棚。结构集装棚是指带有固定在底板上的外壳的集装设备，它形成了一个完整的箱，不需要网套固定，分为拱形和长方形两种（见图7-3）。

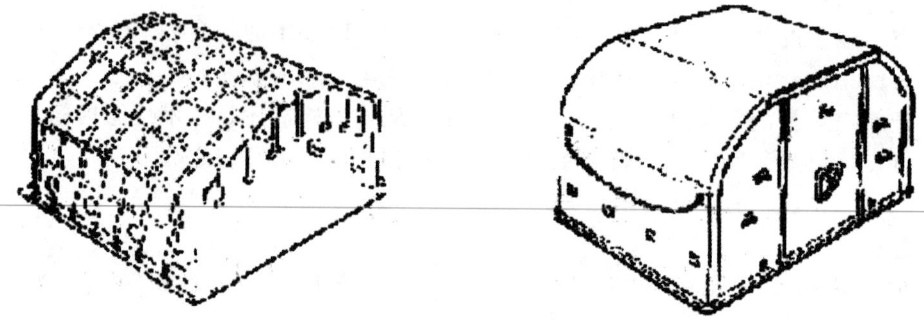

图 7-3 结构与非结构集装棚

（3）集装箱。集装箱类似于结构集装棚，它又可分为：

① 空陆联运集装箱。空陆联运集装箱分为 20ft 或 40ft 箱，高和宽为 8ft。这种集装箱只能装于全货机或客机的主货舱，主要用于陆空、海空联运（见图 7-4）。

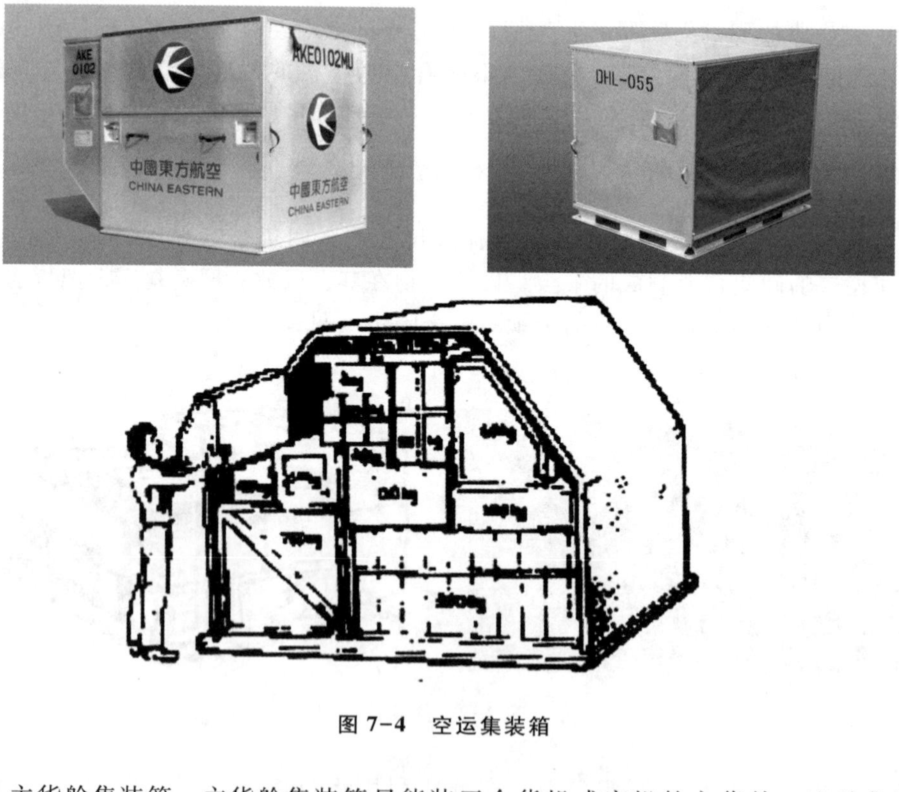

图 7-4 空运集装箱

② 主货舱集装箱。主货舱集装箱只能装于全货机或客机的主货舱，这种集装箱的高度是 163 厘米以上。

③ 下货舱集装箱。下货舱集装箱只能用于飞机的下货舱。

还有一些特殊用途的集装箱，例如：保温箱，它是利用绝缘材料制成的箱体，通过封闭等方法控制箱内的温度，以便装载特种货物。它分为密封保温箱和动力控制保温箱两种。

除此之外，还有专门用于运载活体动物和特种货物的集装器。

四、航空货运代理

航空公司只负责从一个机场将货物运至另一机场。对于揽货、接货、报关、订舱，及在目的地机场提货和将货物交付收货人等方面的业务，全由航空货运代理（以下简称空代）办理。通常空代既是货主的代理又是航空公司的代理。它可代表航空公司接受货主的货物并出具航空分运单，当货物在航空公司责任范围内丢失、损坏，它可代表货主向航空公司索赔。从事空代需要丰富的商品知识，要了解有关的法令、法规和制作有关单证，要熟悉货物拼装的尺码、比重、超限的数据和不同飞机型号的舱容。要精通货运管理费用、货损处理、保险及许可证等方面的规章制度，国外又称其为集运商（Consolidator）。

▶ 知识窗：

航空货运代理的业务范围

其主要向货主提供下述各项服务。

（1）提供运输设备，将货物从发货人处按时运往机场，或将若干托运去同一到站的货物集中成一整批运往机场并向航空公司办理订舱。

（2）检查出口单证是否齐全完善并填制航空运单，正确计算运单上列明的各项费用。

（3）向航空公司交货前要制作交接清单，以便接货人员按交接单逐票点收，然后由双方签字，各执一份。

（4）为货主办理保险、报关、报验、交付运费等有关事宜。

根据“国际航空运输协会”的规定，空代可从航空公司收取5%的订舱佣金和一些暗扣，并向货主收取代付的运费及有关的服务费用。

课堂讨论：空运货运代理的业务内容与海运货运代理有何异同？

五、时区与时差计算

地球上不同经度的地方时间不同，承担国际货运的船舶、火车、飞机去往世界各地，均会遇到时差的困扰。正确地掌握时差换算，对于安排航班和接运货物都是非常重要的。

下面将世界时区有关知识简介如下。

（一）时区的划分

由于地球自西向东的自转，形成太阳每天东升西落的现象，人们把当天所看到的太阳在天空中的位置最高时确定的时间定为“中午”，以此为标准计算的时间叫作“地方时”（Local Time），显然只要经度不同，地方时就不同。随着社会的发展，国际交往日益频繁，按“地方时”计时，在交通、通信方面就造成了很大的混乱和不便。因此，1884 年，在华盛顿举行的国际经度会议上，大多数国家共同商定采用以时区为单位的标准时间（Standard Time）。

国际上规定，以经过英国格林尼治天文台原址的本初子午线（即零经线）为起始经线，分别向东、向西各 7.5 度包含的范围划分为中时区（或零时区）。从中时区向东每隔经度 15 依次划分东 1 区、东 2 区……东 12 区；向西也同样依次划分西 1 区、西 2 区……西 12 区。其中，东 12 区和西 12 区各占经度 7.5 度，它们之间的经线为 180 度经线，东、西 12 区合为一个整时区。这样全球划分为 24 个时区，每个时区占经度 15 度。

（二）理论区时与实际区时

区时指时区的时间。国际规定，每个时区内使用相同的时间，即以本时区中央经线的“地方时”为本区共同的标准时间。相邻时区相差 1 小时。

理论区时是一种理论上的标准，实际上世界各地的时区界线不完全按经度划分。有的沿着曲折的政治疆界划分，有的因海陆分布而弯曲。朝鲜等国均采用比理论时区快 1 小时的标准时。我国实际使用的时间也与理论时区不同，我国疆域辽阔，东西跨经度 60 多度，包括理论上的 5 个标准时区（东 5 区到东 9 区）。为了利于国家经济建设和使用方便，从实际需要出发，全国除乌鲁木齐使用东 6 区标准时外，统一采用首都北京所在的东 8 区的标准时间即“北京时间”。

课堂讨论：理论区时与实际区时为何不同？

注意：

区时计算

1. 以经度求时区

根据所要求的某地的经度（任何地点均可在地图上查其经度数）按下列公式可算出它所在时区。

某地时间 =（该地经度-7.5）/ 15（所得结果如为小数一律进整）

2. 以时区求的区差

（1）当已知和所求地点同处于东时区或同处于西时区时：

时区差 = 两地时区序号之差

（2）当已知和所求地点分处于东、西时区时：

时区差 = 两地时区序号之和

3. 以时区差求区时（某地时间）

所求地点时间 = 已知地点时间“+”或“-”时区差×1 小时

（1）当已知西面时间，求东面时间：

所求地点时间=已知地点时间+时区差×1 小时

（2）当已知东面时间，求西面时间：

所求地点时间=已知地点时间-时区差×1 小时

案例：某旅客乘飞机从北京去华盛顿。1 月 28 日乘国航班机从北京启程，北京时间是 09:44。到达华盛顿时，当地时间为 1 月 28 日 15:30。计算该旅客的飞行时间？

解：第一步：从 International Time Calculator 中找出始发站和目的站的标准时间。

PEK=GMT+0800（Standard Time）

WAS=GMT-0500（Standard Time）

第二步：将起飞和到达的当地时间换算成世界标准时（GMT）。

因为北京提前 GMT8 个小时，把北京当地时间减去 8 换算成 GMT。

PEK 9:44-0800（GMT）=GMT1:44

因为华盛顿落后 GMT5 个小时，把华盛顿当地时间加上 5 换算成 GMT。

PEK 15:30+0500（GMT）=GMT 20:30

第三步：用到达时间减去起飞时间，即是飞行时间。

20:30-1:44=18:46（18 小时 46 分钟）

资料卡：航空货运的代码简介

在航空运输当中，由于单证的大小限制、操作的方便程度等缘故，使得货运的整个流程中代码的作用非常显著。具有简洁、节省空间、容易识别等优点。

国家用两字代码表示，例如：中国，CN；美国，US；英国，GB；德国，DE；日本，JP；法国，FR。

城市的三字代码在航空运输中，占据着重要的位置。运输本身是在空间上点与点的位移，因此，每运一票货物都涉及城市的三字代码。例如：北京，BJS；上海，SHA；青岛，TAO；天津，TSN。

机场通常也用三字代码表示。一些城市机场的三字代码同城市三字代码一样，中国的很多城市如此，例如天津等。但从国际性角度，大多数机场三字代码同城市三字代码不一样，例如北京，城市是 BJS，首都机场是 PEK。法国戴高乐机场，CDG；日本成田机场，NRT；日本大阪关西国际机场，KIX；英国希思罗国际机场，LHR；美国杜勒斯国际机场，IAD。

航空公司一般既有两字代码，也有三字代码。例如，中国国际航空公司，CA；南方航空公司，CZ；东方航空公司，MU；美国美洲航空公司，AA；加拿大航空公司，AC；韩国大韩航空公司，KE；日本全日空航空公司，NH；斯堪的纳维亚航空公司，SAS。

任务二 经营方式

任务描述：掌握航空各种经营方式的主要特点。

航空货物运输的经营方式有班机运输、包机运输、集中托运和航空快递等方式。

一、班机运输（Scheduled Airline）

（一）含义

班机是在固定航线上的固定起落站，按预定时间定期航行的方式。

一般航空公司都使用客货混合型飞机（Combination Carrier），一方面搭载旅客，一方面又运送少量货物。但一些较大的航空公司在一些航线上开辟定期的货运航班，使用全货机（All Cargo Carrier）运输货物。

（二）特点

（1）班机由于固定航线、固定停靠港和定期开飞航，因此国际间货物流通多使用班机运输方式，能安全迅速地到达世界上各通航地点。

（2）收、发货人可确切掌握货物起运和到达的时间。这对市场上急需的商品、鲜活易腐货物以及贵重商品的运送是非常有利的。

（3）班机运输一般是客货混载。因此，舱位有限，不能使大批量的货物及时出运，往往需要分期分批运输。这是班机运输不足之处。

二、包机运输（Chartered Carrier）

包机运输方式可分为整架包机和部分包机。

（一）整架包机

包租整架飞机，指航空公司按照与租机人事先约定的条件及费用，将整架飞机租给包机人，从一个或几个航空港装运货物至目的地。

包机人一般要在货物装运前一个月与航空公司联系，以便航空公司安排运载和向起降机场及有关政府部门申请、办理过境或入境的有关手续。

包机的费用：一次一议，随国际市场供求情况变化。原则上包机运费，是按每一飞行千米固定费率核收费用，并按每一飞行千米费用的 80% 收取空放费。因此，大批量货物使用包机时，均要争取来回程都有货载，这样费用比较低。只使用单程，运费比较高。

（二）部分包机

由几家航空货运公司或发货人联合包租一架飞机或者由航空公司把一架飞机的舱位分别卖给几家航空货运公司装载货物，就是部分包机。它用于托运不足一整架飞机舱容但又较重的货物。

（三）部分包机与班机的比较

（1）时间比班机长，尽管部分包机有固定时间表，往往因其他原因不能按时起飞。

（2）各国政府为了保护本国航空公司利益，常对从事包机业务的外国航空公司实行各种限制。如包机的活动范围比较狭窄，降落地点受到限制。需降落非指定地点外的其他地点时，一定要向当地政府有关部门申请，同意后才能降落（如申请入境、通过领空和降落地点）。

（四）包机的优点

（1）解决班机仓位不足的矛盾。

（2）货物全部由包机运出，节省时间和多次发货的手续。

（3）弥补没有直达航班的不足，且不用中转。

（4）减少货损、货差或丢失的现象。

（5）在空运旺季缓解航班紧张状况。

（6）解决海鲜、活动物的运输问题。

三、集中托运（Consolidation）

（一）含义

将若干票单独发运的、发往同一方向的货物集中起来作为一票货，填写一份总运单发运到同一到站的做法。

由于航空运价随着货物计费重量的增加而逐级递减，货物越重集运商就能从航空公司获得更优惠的运价，因此集中托运大批货物的营运模式是代理人追求的目标。

（二）集中托运的具体做法

（1）将每一票货物分别制定航空运输分运单，即出具货运代理的运单 HAWB（House Air Waybill）。

（2）将所有货物区分方向，按照其目的地相同的同一国家、同一城市来集中，制定出航空公司的总运单 MAWB（Master Air Waybill）。总运单的发货人和收货人均为航空货运代理公司。

（3）打出该总运单项下的货运清单（Manifest），即此总运单有几个分运单，号码各是什么，其中件数、重量各多少等。

（4）把该总运单和货运清单作为一整票货物交给航空公司。一个总运单可视货物具体情况随附分运单（也可以是一个分运单，也可以是多个分运单）。如：一个 MAWB

内有 10 个 HAWB，说明此总运单内有 10 票货，发给 10 个不同的收货人。

（5）货物到达目的地站机场后，当地的货运代理公司作为总运单的收货人负责接货、分拨，按不同的分运单制定各自的报关单据并代为报关，为实际收货人办理有关接货、送货事宜。

（6）实际收货人在分运单上签收以后，目的站货运代理公司以此向发货的货运代理公司反馈到货信息。

（三）集中托运的限制

（1）不是所有货物都可以集中托运，对于航空公司来讲，对待主单上的货物的方式一定是一样的，不可能两种货物采用两种不同的操作方法。集中托运只适合办理普通货物，对于等级运价的货物，如贵重物品、活体动物、尸体骨灰、外交信袋、危险物品以及文物等不适宜。

（2）目的地相同或临近的可以办理，如某一国家或地区，其他则不宜办理。例如：不能把去日本的货发到欧洲。

（四）集中托运的特点

（1）节省运费。航空货运公司的集中托运运价一般都低于“航空协会”的运价。发货人可得到低于航空公司的运价，从而节省费用。

（2）提供方便。将货物集中托运，可使货物到达航空公司地点以外的地方，延伸了航空公司的服务，方便了货主。

（3）提早结汇。发货人将货物交与航空货运代理后，即可取得货物分运单，可持分运单到银行尽早办理结汇。

集中托运方式已在世界范围内普遍开展，形成较完善、有效的服务系统，为促进国际贸易发展和国际科技文化交流起了良好的作用。集中托运成为我国进出口货物的主要运输方式之一。

（五）集中托运的服务过程

1. 集运商提供的服务

集运商将多个托运人货物集中起来作为一票货物交付给承运人，用较低的运价运输货物，货物到达目的站由分拨代理商统一办理海关手续后交付给不同的收货人。

2. 航空集中托运的文件

集中托运中会用到两种文件：主单 MWB 和分单 HWB。

代理人在进行集中托运货物时，首先从各个托运人处收取货物。在收取货物时，需要给托运人一个凭证，这个凭证就是分运单（House Air Waybill），表明托运人把货物交给了代理人。在分运单中，托运人和收货人是实际上的货主。

代理人收到货物后进行集中托运，交给航空公司。代理人和航空公司之间需要一个凭证，就是主运单（Master Air Waybill）。主运单是代理人和承运人之间交接货物的凭证，同时也是运输货物的正式文件。主运单中，托运人和收货人都是代理人。

在中国只有航空公司可以颁布主运单，任何代理不能印制、颁布主运单。

四、航空快递（Air Courier）

（一）含义

航空快递是指具有独立法人资格的企业将进出境货物或物品，从发件人（Consignor）所在地通过自身或代理网络运达收件人（Consignee）的一种快速运输方式。

快件业务从所发运快件的内容看：主要分成快件文件和快件包裹两大类，快件文件以商务文件、资料等无商业价值的印刷品为主，但也包括银行单证、合同、照片、机票等。快件包裹又叫小包裹服务，包裹是指一些贸易成交的小型样品、零配件返修及采用快件运送方式的一些进出口货物和物品。

航空快递的业务性质和运输方式与普通航空货运有较多相近之处，可以视为航空货运的延续或发展。因而，国内许多航空货运代理公司都兼营快件业务，同时也有专门的快件公司从事国际航空快件业务（见图 7-5）。

图 7-5 各大快递公司标识

（二）特点

航空快件运输（尤其是包裹运输）与普通航空货物运输相比，其基本程序和需要办理的手续相同，所需的运输单据和报关单证也基本一样，都要向航空公司办理托运；都要与收、发货人及承运人办理单货交接手续；都要提供相应的报关单证向海关办理进、出口报关手续。但是，航空快运作为一项专门业务而独立存在，也具有其他运输方式所不能取代的特点。

1. 快递公司有完善的快递网络

快递是以时间、递送质量区别其他运输方式。它的高效运转只有建立在完善的网络上才能进行。这种网络要求无论始发地、中转地、到达地都能以服务于网络这个目的进行，同时网络具有相当强的整合能力。

2. 以收运文件和小包裹为主

从收运范围来看，航空快递以收运文件和小包裹为主。文件包括银行票据、贸易合同、商务信函、装船单据，小件资料包括机器上的小零件、小件样品、急用备件等。快运公司对收件有最大重量和体积的限制。

普通航空货运则以收运进出口贸易货物为主，并且规定每件货物的最小体积不得小于 5cm×10cm×20cm，每票货物的最小重量不得小于 0.5kg。邮政业务则以运送私人信函为主要业务范围，要求货物的体积、重量比航空快件小。航空快件、普通航空货运、邮政国际业务三者业务范围之间有一定交叉，但又各有自己相对的经营领域和服务范围。其主导业务是有明显不同的。

3. 特殊的单据

从运输和报关单来看，航空快运业务中有一种其他运输形式所没有的单据，即交付凭证（Proof of Delivery，POD）。POD 是航空快运中重要的单据，由多联组成（各快运公司的 POD 不尽相同），一般有发货人联、随货同行联与结算联、收货人签收联等，其上印有编号及条形码。POD 类似于航空货运分单，但比航空分运单的用途更为广泛。它具有：

（1）商务合同作用。

（2）分运单作用。

（3）服务时效、服务水平记录作用。

（4）配合电脑检测、分类、分拨作用。

（5）结算作用。

4. 流程环节全程控制

从服务层次来看，航空快运因设有专人负责，减少了内部交接环节和衔接时间，因而运送速度快于普通航空货运业务和邮递业务，这是快运业区别于其他运输形式的最本质、最根本的一点。

5. 高度的信息化控制

从服务质量来看，航空快件在整个运输过程中都处于电脑的监控之下，每经一个中转港或目的港，电脑都得输入其动态（提货、转运、报关），派送员将货送交收货人时，让其在 POD 上签收（日期、姓名）后，电脑操作将送货情况输入电脑。这样，信息很快就能反馈到发货方。一旦查询，立时得到准确的回复。这种运输方式使收、发货人都感到安全、可靠。

五、联运方式

（一）含义

陆空联运是火车、飞机和卡车的联合运输方式，简称 TAT（Train-Air-Truck），或火车、飞机的联合运输方式，简称 TA（Train-Air）。

（二）国内出口货物的联运方式

我国空运出口货物通常采用陆空联运方式。这是因为我国幅员辽阔，而国际航空港口岸主要有北京、上海、广州等。虽然省会城市和一些主要城市每天都有班机飞往上海、北京、广州，但班机所带货量有限，费用比较高。如果采用国内包机，费用更贵。因此在货量较大的情况下，往往采用陆运至航空口岸，再与国际航班衔接。由于汽车具有机动灵活的特点，在运送时间上更可掌握主动，因此一般都采用“TAT”方式组织出运。

资料卡：外运分公司的具体做法

我国长江以南的外运分公司目前办理陆空联运的具体做法是用火车、卡车或船将货物运至中国香港，然后利用中国香港航班多，到欧洲、美国运价较低的条件（普遍货物），把货物从中国香港运到目的地，或运到中转地，再通过当地代理，用卡车送到目的地。长江以北的公司多采用火车或卡车将货物送至北京、上海航空口岸出运。

陆空联运货物在中国香港的收转人为合力空运有限公司。发运前，要与他们联系，满足他们对单证的要求，便于提前订舱。各地发货时，可使用外运公司的航空分运单，也可使用“承运货物收据”。有关单据上要注明是转口货，要加盖“陆空联运”字样的标记，以加速周转和避免中国香港当局征税。

任务三 航空货运单

任务描述： 掌握航空货运单的构成及缮制方法。

航空货物运输主要是物流和信息流，其中航空货运单承载了货物最主要的信息，它直接决定了货物运输的准确性，因此航空货运单的填写的准确性十分重要。本节主要介绍航空货运单的填写。

一、概念

航空货运单是由托运人或者以托运人的名义填制，是托运人和承运人之间在承运人的航线上运输货物所订立运输契约的凭证。航空货运单通常包括有出票航空公司标志的航空货运单和无承运人任何标志的中性货运单两种。

航空货运单既可用于单一种类的货物运输，也可用于不同种类货物的集合运输。既可用于单程货物运输，也可用于联程货物运输。

航空货运单不可转让，属于航空货运单所属的空运企业。

二、货运单的构成

我国国际航空货运单由一式十二联组成，包括三联正本、六联副本和三联额外副本。

航空货运单各联的分发如表 7-1 所示。

表 7-1 国际航空货运单联数构成表

序号	名称及分发对象	颜色
A	Original 3 （正本 3，给托运人）	浅蓝色
B	Copy 9 （副本 9，给代理人）	白色
C	Original 1 （正本 1，交出票航空公司）	浅绿色
D	Original 2 （正本 2，给收货人）	粉红色
E	Copy 4 （副本 4，提取货物收据）	浅黄色
F	Copy 5 （副本 5，给目的地机场）	白色
G	Copy 6 （副本 6，给第三承运人）	白色
H	Copy 7 （副本 7，给第二承运人）	白色
I	Copy 8 （副本 8，给第一承运人）	白色
J	Extra Copy （额外副本，供承运人使用）	白色
K	Extra Copy （额外副本，供承运人使用）	白色
L	Extra Copy （额外副本，供承运人使用）	白色

其中，正本 3 为托运人联，在货运单填制后，交给托运人作为托运货物及货物预付运费时交付运费的收据。同时，也是托运人与承运人之间签订的有法律效力的运输文件。

三、货运单的作用

货运单是托运人或其代理人所使用的最重要的货运文件，其作用归纳如下。

（1）它是承运人与托运人之间缔结运输契约的凭证。

（2）它是承运人收运货物的证明文件。

（3）它是运费结算凭证及运费收据。

（4）它是承运人在货物运输组织的全过程中运输货物的依据。

（5）它是国际进出口货物办理清关的证明文件。

（6）它是保险证明。

四、货运单填制责任

根据《华沙公约》《海牙议定书》和承运人运输条件的条款规定，托运人有责任填制航空货运单。规定明确指出，托运人应自行填制航空货运单，也可以要求承运人或承运人授权的代理人代为填制。托运人对货运单所填各项内容的正确性、完备性负责。由于货运单所填内容不准确、不完全，致使承运人或其他人受到损失，托运人负有责任。托运人在航空货运单上的签字，证明其接受航空货运单正本背面的运输条件。根据《中华人民共和国航空法》第 114 条的规定，托运人应当填写航空货运单正本一式三份，连同货物交给承运人。承运人有权要求托运人填写航空货运单，托运人有权要求承运人接受该航空货运单。托运人未能出示航空货运单，航空货运单不符合规定或航空货运单遗失，不影响运输合同的存在或者有效。

五、货运单的限制

一张货运单只能用于一个托运人在同一时间、同一地点托运的由承运人承运的，运往同一目的站同一收货人的一件或多件货物。

货运单可以代表航空公司身份，该货运单由航空公司印制。货运单还可以不代表任何一个航空公司，因其不是航空公司印制的。

不可转让的意义。货运单的右上端印有“不可转让”（Not Negotiable）字样，其意义是指航空货运单仅作为货物航空运输的凭证，所有权属于出票航空公司，与可以转让的海运提单恰恰相反。因此，任何 IATA 成员都不允许印制可以转让的航空货运单，货运单上的“不可转让”字样不可被删去或篡改。

六、货运单号码

货运单号码是货运单不可缺少的重要组成部分，每本货运单都有一个号码，它直接确定航空货运单的所有人——出票航空公司，它是托运人、发货人或其代理人向承运人询问货物运输情况的重要依据，也是承运人在各个环节组织运输，如订舱、配载、查询货物时必不可少的依据。

七、货运单的填制

（一）填制货运单的要求

货运单（见本项目末的附件 7-1）要求用英文打字机或计算机，用英文大写字母打印，各栏内容必须准确、清楚、齐全，不得随意涂改。

货运单已填内容在运输过程中需要修改时，必须在修改项目的近处盖章注明修改货运单的空运企业名称、地址和日期。修改货运单时，应将所有剩余的各联一同修改。

货运单的各栏目中，有些栏目印有阴影。其中，有标题的阴影栏目仅供承运人填写。使用没有标题的阴影栏目一般不需填写，除非承运人特殊需要。

（二）货运单各项栏目的填写说明

1. 货运单号码（The Air Waybill Number）

货运单号码应清晰地印在货运单的左右上角以及右下角（中性货运单需自行填制）。

航空公司的数字代号（Airline Code Number）(1A)。

货运单序号及检验号（Serial Number）(1B)。

注意：第八位数字是检验号，是前 7 数字对 7 取模的结果。

例：131-1234 5675

航空主运单

2. 始发站机场（Airport of Departure）①

填制始发站机场的 IATA 三字代号（如果始发地机场名称不明确，可填制机场所在城市的 IATA 三字代号）。

3. 货运单所属承运人的名称和地址（Issuing Carrier's Name and Address）⑪C

此处一般印有航空公司的标志、名称和地址。

4. 正本联说明（Reference to Original）⑪D

无须填写。

5. 契约条件（Reference to Conditions of Contract）⑪E

一般情况下无须填写，除非承运人需要。

6. 托运人栏（Shipper）

托运人姓名和地址（Shipper's Name and Address）②。填制托运人姓名（名称）、地址、国家（或国家二字代号）以及托运人的电话、传真、电传号码。

托运人账号（Shipper's Account Number）③。此栏不需填写，除非承运人需要。

7. 收货人栏（Consignee）

收货人姓名和地址（Consignee's Name and Address）④。填制收货人姓名（名称）、地址、国家（或国家两字代号）以及收货人的电话号码、传真、电传号码。

收货人账号（Consignee's Account Number）⑤。此栏仅供承运人使用，一般不需填写，除非最后的承运人需要。

8. 填开货运单的承运人的代理人栏（Issuing Carrier's Agent）

（1）名称和城市（Name and City）⑥。填制向承运人收取佣金的国际航协代理人的名称和所在机场或城市。

（2）国际航协代号（Agent's IATA Code）⑦。代理人在非货账结算区（Non—CASS Areas），打印国际航协 7 位数字代号。

（3）货物财务结算系统（CASS-Cargo Accounts Settlement System）。一些航空公司为便于内部系统管理，要求其代理人在此处填制相应的代码。

（4）账号（Account No.）⑧。本栏一般不需填写，除非承运人需要。

9. 运输路线（Routing）⑨

（1）始发站机场（Airport of Departure and Requested Routing）。此栏中应填制始发站机场或所在城市的全称。

（2）运输路线和目的站（Routing and Destination）。至（第一承运人）To（by First Carrier）⑪A。填制目的站机场或第一个转运点的 IATA 三字代号（当该城市有多个机场，不知道机场名称时，可用城市代号）。

由第一承运人（By First Carrier）⑪B。填制第一承运人的名称（全称与 IATA 两字代号皆可）。

至第二承运人 TO（by Second Carrier）⑪C。填制目的站机场或第二个转运点的 IATA 三字代号。

由第二承运人 By（Second Carrier）⑪D。填制第二承运人的 IATA 两字代号。

至第三承运人 TO（by Third Carrier）⑪E。填制目的站机场或第三转运点的 IATA 三字代号。

由第三承运人 By（Third Carrier）⑪F。填制第三承运人的 IATA 两字代号。

（3）目的站机场（Airport of Destination）⑱。填制最后承运人的目的地机场全称。

（4）航班/日期——仅供承运人用（Flight/Date）⑲。本栏一般不需填写，除非参加运输各有关承运人需要。

10. 财务说明（Accounting Information）⑩

此栏填制有关财务说明事项。

付款方式：现金支票或其他方式。

11. 货币（Currency）⑫

填制始发国的 ISO（国际标准组织）的货币代号。

12. 运费代号（CHGS Code）（仅供承运人用）⑬

本栏一般不需填写。

13. 运费（Charges）

（1）WT/VAL 航空运费（根据货物计费重量乘以适用的运价收取的运费）和声明的价值附加费的预付和到付⑭A⑭B。货运单上的㉔A㉕A或㉔B㉕B两项费用必须全部预付或全部到付。

（2）在始发站的其他费用预付和到付 Other（Charges at Origin）㉔A㉕A。货运单上的㉗A㉘A或㉗B㉘B两项费用必须全部预付或全部到付。

14. 供运输用声明价值（Declared Value for Carriage）⑯

打印托运人向货物运输声明的价值金额。

如果托运人没有声明价值，此栏必须打印 NVD 字样。

15. 供海关用声明价值（Declared Value for Customs）⑰

打印货物及通关时所需的商业价值金额。

如果货物没有商业价值，此栏必须打印“NCV”字样。

16. 保险的金额（Amount of Insurance）⑳

如果承运人向托运人提供代办货物保险业务时，此栏打印托运人货物投保的金额。

如果承运人不提供此项服务或托运人不要求投保时，此栏内必须打印“×××”符号。

17. 运输处理注意事项处填制相应的代码（Handling Information）㉑

（1）如果是危险货物，有两种情况，一种是需要附托运人危险品申报单的，则本栏内应打印“DENGEROUS GOODS AS PER ATTACHED SHIPPER'S DECLARATION”字样，对于要求装货机上的危险货物，还应再加上“CARGO AIR CRAFT ONLY”字样。另一种是属于不要求附危险品申报单的危险货物，则应打印“SHIPPER'S DECLARATION NOT REQUIRED”字样。

（2）当一批货物中既有危险货物也有非危险货物时，应分别列明，危险货物必须列在第一项，此类货物不要求托运人附危险品申报单，且危险货物不是放射性物质且数量有限。

（3）其他注意事项尽可能使用“货物交换电报程序”（CARGO-IMP）中的代号和

简语，如：

货物上的标志、号码以及包装方法。

货运单所附文件，如托运人的动物证明书“SHIPPER'S CERTIFICATION for LIVE ANIMAL”，装箱单“PACKING LIST”，发票“INVOICE”等。

除收货人外，另请通知人的姓名、地址、国家以及电话、电传或传真号码。

货物所需要的特殊处理规定。

海关规定等。

18. 货物运价细目㉒A至㉒B（Consignment Rating Details）

一票货物中如含有两种或两种以上不同运价类别计费的货物应分别填写。每填写一项另起一行。如果含有危险品，则该危险货物应列在第一项。

（1）件数/运价组合点（No. of Pieces Rcp）㉒A。打印货物的件数。

如果使用非公布直达运价计算运费时，在件数的下面还应打印运价组合点城市的IATA 三字代号。

（2）毛重（Gross Weight）㉒B。适用于运价的货物实际毛重（以千克为单位时可保留至小数后一位）。

（3）重量单位（kg/Lb）㉒C。以千克为单位用代号“K”；以磅为单位用代号“L”。

（4）运价等级（Rate Class）㉒D。根据需要打印下列代号：

M——最低运费（Minimum Charge）。

N——45 千克以下（或 100 千克以下）运价（Normal Rate）。

Q——45 千克以上运价（Quantity Rate）。

C——指定商品运价（Specific Commodity Rate）。

R——等级货物附减运价（Class Rate Reduction）。

S——等级货物附加运价（Class Rate Surcharge）。

（5）商品品名编号（Commodity Item No.）㉒E。

使用指定商品运价时，此栏打印指定商品代号（打印位置应与运价代号 C 保持水平）

使用等级货物运价时，此栏打印附加或附减运价的比例（百分比）。

（6）计费重量（Chargeable Weight）㉒F。打印与运价相应的货物计费重量。

（7）运价/运费（Rate/Charge）㉒G。

当使用最低运费时，此栏与运价代号“M”对应打印最低运费。

打印与运价代号“N”“Q”“C”等相应的运价。

当货物为等级货物时，此栏与运价代号“S”或“R”应打印附加或附减后的运价。

（8）总计（Total）㉒H。

打印计费重量与适用运价相乘后的运费金额。

如果是最低运费或集装货物基本运费时，本栏与㉒G内金额相同。

（9）货物品名和数量（Nature and Quantity of Goods）㉒I。本栏应按要求打印，尽可能地清楚、简明，以便涉及组织该批货物运输的所有工作人员能够一目了然。

（10）总件数㉒J。打印㉒A中各组货物的件数之和。

（11）总毛重㉒K。打印㉒B中各组货物毛重之和。

（12）总计㉒L。打印㉒H中各组货物运费之和。

（13）一般不需打印，除非承运人需要，此栏内可打印服务代号：㉒Z。

19. 其他费用（Other Charges）㉓

（1）打印始发站运输中发生的其他费用，按全部预付或全部到付。

（2）作为到付的其他费用，应视为“代垫付款”，托运人应按代垫付款规定支付手续费，否则，对其他运费应办理到付业务。

（3）“C”表示承运人收取的其他费用。“A”表示代理人收取的其他费用。例：AWC 为承运人收取的货运单费，AWA 为代理人收取的货运单费。

20. 预付（Prepaid）

（1）Weight Charge 预付运费㉔A。打印货物计费重量计得的货物运费，与㉒H或㉒L中的金额一致。

（2）Valuation Charge（Prepaid）（预付声明价值附加费）㉕A。如果托运人向货物运输声明价值的话，此栏打印根据公式（声明价值-实际毛重×最高赔偿额）×0.5%计得的声明价值附加费金额。此项费用与㉒H或㉒L中货物运费一起必须全部预付或全部到付。

（3）Prepaid Tax（预付税款）㉖A。打印适用的税款。此项费用与㉒H或㉒L中货物运费一起必须全部预付或全部到付。

（4）预付的其他费用总额（Total Other Prepaid Charges）。根据㉓内的其他费用打印。

（5）无名称阴影栏目㉙A。本栏不需打印，除非承运人需要。

（6）预付总计（Total Prepaid）㉚A。打印㉔A㉕A㉖A㉗A㉘A等栏有关预付款项之和。

21. 到付（Collect）

（1）到付运费（Weight Charge）㉔B。打印货物计费重量计得的货物运费，与㉒H或㉒L中的金额一致。

（2）到付声明价值附加费（Valuation Charge（Collect））㉕B。如果托运人向货物运输声明价值的话，此栏打印根据公式（声明价值-实际毛重×最高赔偿额）×0.5%计得的声明价值附加费金额。此项费用与㉒H或㉒L中货物运费一起必须全部预付或全部到付。

（3）到付税款（Collect Tax）㉖B。打印适用的税款。此项费用与㉒H或㉒L中货物运费一起必须全部预付或全部到付。

（4）到付的其他费用总额（Total Other Collect Charges）。根据㉓内的其他费用打印。

（5）㉙B本栏不需打印，除非承运人需要。

（6）到付总计（Total Collect）㉚B。打印㉔B㉕B㉖B㉗B㉘B等栏有关预付款项之和。

22. 托运人证明栏（Shipper's Certification Box）㉛

打印托运人名称并令其在本栏内签字或盖章。

23. 承运人填写栏（Carriers Execution Box）

（1）填开日期 Executed on（date）(32A)。按日、月、年的顺序打印货运单的填开日期，例："06SEP2006"。

（2）填开地点 At（place）(32B)。打印机场或城市的全称或缩写。

（3）填开货运单的承运人或其代理人签字（Signature of Issuing Carrier or its Agent）(32C)。填开货运单的承运人或其代理人在本栏内签字。

24. 仅供承运人在目的站使用（for Carrier's Use Only at Destination）㉝

25. 用目的国家货币付费（仅供承运人使用）(33A)至(33D)

任务四　国际空运业务流程

任务描述：掌握航空货运的进出口流程。

国际航空货物运输的业务流程是指为满足货物运输消费者的需求而进行的，从托运人发货到收货人收货全过程的物流、信息流的实现和控制管理的过程。

国际航空货物运输的业务流程主要包括两大环节：国际货物运输出口业务流程和进口业务流程。

一、航空出口运输代理业务程序

（一）市场销售

航空货物运输代理人销售的产品是航空公司的舱位，因此，承揽货物处于整个航空货运代理业务的核心地位。货运代理与发货人达成运输意向后，可以向发货人提供代理航空公司的"国际货物托运书"，发货人发货时，首先须填写托运书，加盖公章，作为货主委托代办货物出口航空运输的依据。

（二）委托运输

根据《华沙公约》的规定，货运单应由托运人填写，也可由承运人或其代理填写。实际上，目前货运单均由承运人或其代理填写，因此，填开货运单的依据——托运书，应由托运人自己填写，而且，托运人必须在上面签字或盖章。

托运书（Shipper's Letter of Instruction，SLI）是托运人委托承运人或其代理填开航空货运单的一种表单，列有填制货运单的各项内容。

托运书主要内容有：

（1）托运人名称和地址：填写全称、街名、城市、国家及电话、传真等。

（2）收货人名称和地址：填写全称、街名、城市、国家及电话、传真等。本栏不能填写（TO ORDER）或者（TO ORDER OF SHIPPER），因为航空货运单不能转让。

（3）始发站机场：填机场全称或城市名。

（4）目的地机场：填机场全称或城市名，如有重名，要加列国名。

（5）要求的路线：托运人有特别要求，可填入本栏。

（6）供运输用声明价值：填声明价值金额，该价值是承运人承担最高赔偿限额。如果货物每千克毛重不超过 20 美元，无须声明价值，可填入 NVD。

（7）供海关用声明价值。

（8）保险金额：可空着不填。

（9）处理事项：填写货物的处理要求，如另请通知人；操作要求如向上、易碎等。

（10）货运单所附文件：随货运单一起运往目的地的文件名称。

（11）件数和包装方式：货物的总件数和包装方法。没有包装就注明散装。

（12）实际毛重：承运人或代理人称重后填写。

（13）品名和数量：填写货物的品名和数量，包括包装和尺寸，如果一票货物包括多种物品，要分别填报，避免使用笼统的品名。

（14）托运人签字：托运人必须在本栏签字。

（15）日期：交货的日期。

（三）审核单证

包括：发票、箱单、托运书、报关单、外汇核销单、许可证、商检证书、核销单等。

（四）预订舱

代理人按航班日期打印出主运单号、件数、体积，向航空公司预定舱。

（五）接受单证

接受托运人或其代理人送交的已经审核确认的托运书、报关单证和发货凭证。

（六）填制货运单

填制航空货运单的主要依据是发货人提供的国际货物托运书。货运单一般用英文填写。

（七）接收货物

航空货运代理公司把货物从发货人手中接过来并送到自己的仓库。接单与接货一般同时进行，接货时应对货物进行过磅、丈量，清点货物，核对单据。

对外包装的基本要求：托运人提供的货物包装要坚固、完好、轻便，保证正常操作情况下，货物能安全运到目的地，同时不损害货物和设备；为不使飞机的空调系统堵塞，不得使用有碎屑、草末的包装；包装内部不能有突出的棱角；托运人应在每件包装上写清收货人姓名和地址。

（八）标记和标签

标记：外包装上有托运人书写的有关事项和记号。

标签：由识别标签（见图 7-6）、特种货物标签（见图 7-7）、操作标签（见图 7-8）等。

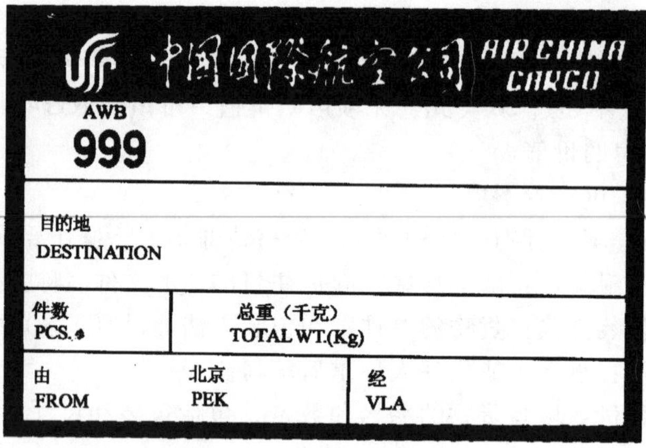

图 7-6　识别标签

（a）危险物品标签

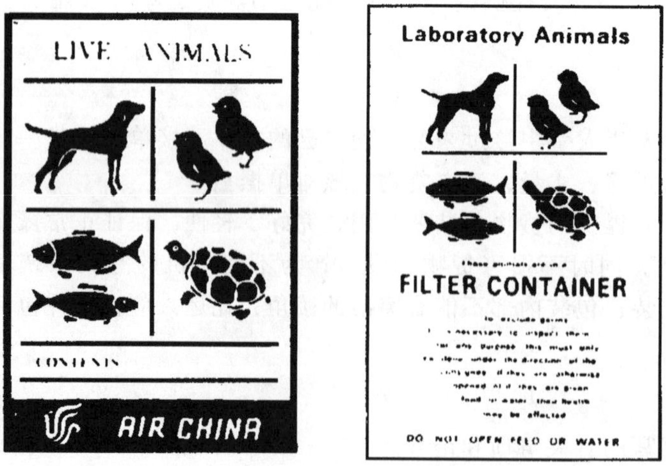

（b）活体动物标签

（c）鲜活易腐物品标签

图 7-7　特种货物标签

图 7-8 操作标签

（九）配舱

按照航班机型、板箱型号、高度、数量进行配载。

（十）订舱

将接收的货物向航空公司正式提出运输申请并订妥舱位。一般，大宗货物、紧急物资、鲜活易腐、危险品、贵重物品等要预订舱位。

（十一）出口报关

出口报关的基本程序：(1) 首先将发货人提供的出口报关单的内容预录入电脑。(2) 在通过电脑填制的报关单上加盖报关单位的报关专用章，准备好相关的发票、装箱单和货运单，以及需要的相关证明文件，由报关员正式向海关报关。(3) 海关审核无误后，在运单正本、出口收汇核销单上加盖放行章。在发货人用于退税的单据上加盖验讫章，完成报关手续。

（十二）出仓单

配舱方案制定后就可以着手编制出仓单。此单交给出口仓库，用于出库时点数。

（十三）提板箱与装货

根据订舱计划申领板箱并办理相应的手续。对使用的板箱要登记、销号。

除特殊情况，航空货运均以集装箱和集装板运输。

装箱、装板要注意：

(1) 不要用错集装箱、集装板，不要用错箱型、板型。航空公司为加强本航空公司的管理，不许可本公司的箱板为其他公司所用。不同公司的箱板因为型号不同，尺寸不同，用错了会无法装上飞机。

(2) 不要超尺寸装箱板。

(3) 应衬垫，封盖好塑料纸，防潮、防雨淋。

(4) 集装箱、板内货物应装配整齐，接紧网索，防止途中倒塌。

(5) 大宗货物、集中托运货物，应尽量装一个箱、板运输，防止遗失、散乱。

（十四）签单

货运单在海关盖放行章后要到航空公司签单，只有签单确认后才能将单、货交给航空公司。

（十五）交接发运

向航空公司交单交货，航空公司安排运输。

（十六）航班跟踪

货运代理要在单、货交给航空公司后，对航班和货物进行跟踪。因为航空公司可能由于种种原因而取消航班或延误。

（十七）信息服务

货运代理应提供多方面信息服务，如：订舱信息、审单报关信息、仓库收货信息、交运称重信息、集中托运信息、单证信息。

（十八）费用结算

（1）与发货人结算费用。

（2）与承运人结算费用。

（3）与国外代理结算到付运费和利润分成。

▶ 知识窗：

航空公司出港货物的操作程序

航空公司出港货物的操作程序是指代理人将货物交给航空公司，直到货物装上飞机的整个过程。

1. 预审 CBA（Cargo Booking Advance）

CBA 及国际货物订舱单，此单由国际吨控室开具，作为配载人员进行货物配载的依据，配载人员应严格按 CBA 要求配货。

2. 整理单据

整理三方面的单据：已入库的大货的单据、现场收运的货物单据、中转的散货单据。

3. 过磅和入库

检查货物板箱组装情况，将货物送至电子磅，记录重量，对轻泡货物记录好体积，将货物码放在货架上。

4. 出港

配载工作结束后，制作平衡交接单，制作舱单（Cargo Manifest）。舱单（见表 7-2）是每架飞机所装载货物和邮件的清单，是每一航班总申报单的附件，也是承运人之间结算运费的依据之一。

转运舱单（Cargo Transfer Manifest，TRM）是由交运承运人填写的承运人之间交接货物文件的凭证，也是承运人之间结算运费的依据之一。

表 7-2 舱单

计划时间	航班号	航空公司	候机楼	目的地	预计时间	实际时间	状态
00:30	KC888	阿斯塔纳航空公司	2	阿拉木图	00:35	00:44	
02:00	KC899	中国国际航空公司	2	法兰克福	02:00	02:01	
02:40	CK239	中货航	2	巴黎	02:40	02:16	
05:50	CK201	中货航	2	卢森堡	05:55	06:21	
07:50	MU2035	中国东方航空公司	2	纽约	08:10	08:10	

二、航空进口运输代理业务程序

航空货物进口运输代理业务程序，是指代理公司对于货物从入境提取或转运的整个流程所需办理的手续及准备单证的过程。

（一）代理预报

国外发货前，国外代理公司将运单、航班、件数、重量、品名、收货人及地址、电话等内容通知目的地代理公司，就是预报。目的是让代理公司做好接货前的准备工作。

注意：

1. 中转航班，中转点航班如有延误会使飞机到达时间滞后。

2. 分批货物，国外机型较大，一次运来的货物在国内中转时，受载量限制，经常会分批。

（二）交接单货

航空货物入境时，单据一般随机到达。运输工具与货物均处于海关监管之下，货物卸下后存入监管仓库，进行舱单录入，将舱单上总运单号、收货人、始发站、目的站、件数重量等信息备案给海关留存，以便报关用。同时根据运单上收货人地址寄提单、提货通知。

航空公司与货运代理之间交接的有：

（1）国际货物交接清单。

（2）总运单和随机文件。

（3）货物。

交接时要注意：

（1）单单核对，交接清单与总单核对。

（2）单货核对，交接清单与货物核对。

核对后如有问题，可以采用如下方式处理（见表 7-3）。

表 7-3 处理方式

总运单	清单	货物	处理方式
有	无	有	在清单上加上总运单号
有	无	无	总运单退回
无	有	有	总运单后补
无	有	无	清单上划去
有	有	无	总运单退回
无	无	有	货物退回

航空货运代理在与航空公司办理交接手续时，应根据运单及交接清单核对实际货物，如果存在有单无货或者有货无单的情况，应该在交接清单上注明，以便航空公司通知入境地海关。

如果发现货物短缺或破损及其他异常情况，应向民航索要商务事故纪录，作为以后索赔的依据。下述情况应请航空公司开具商务事故证明。

（1）包装货物受损。

纸箱开裂、破损、货物散落。

木箱开裂、破损，有明显撞击迹象。

包装未开裂，但内有液体漏出。

（2）裸装货物受损。

无包装货物明显受损，如金属管压扁。

机器部件丢失，仪表破裂。

（3）木箱、仪器上的防倒置标识泛红。

（4）数量短少。

（三）理货与仓储

货运代理公司接货后，将货物存进自己的监管仓库，组织理货与仓储。

1. 理货

逐一核对每票货物的件数，检查货物有无破损；按照大货、小货，重货、轻货，单票货、混载货，危险品、贵重物品，冷冻、冷藏等分别进仓。

2. 仓储注意

防雨淋和受潮，货物不能放在露天地点；防重压；防温度变化导致货物变质；防危险品危及人员及其他货物安全；防贵重货物被盗。

（四）理单与到货通知

1. 理单

将集中托运进口的总运单项下的分运单分别整理出来，审核与到货的情况是否一致，制成清单并分别输入海关电脑，以便报关报验提货。

2. 到货通知

接到货物，为减少仓储费用支出，应该尽早、尽快、尽妥当地通知货主到货情况，提醒货主准备好单证报关提货。

3. 运单处理

运单上需盖好几个章：监管章（总运单）、代理公司分运单确认章（分运单）、检验检疫章、海关放行章等。

（五）制单、报关

制单指按海关要求，依据运单、发票、箱单及证明文件，制作进口货物报关单。进口报关是进口运输中的关键环节，在向海关申报后，海关会有初审、审单、征税、验放等环节。

（六）收费、发货

1. 发货

办完报关报验等手续后，货主凭盖有海关放行章、检验检疫章的进口提货单到监管仓库付费提货。

2. 收费

货运代理公司发放货物之前，应将费用收妥，应收费用有：到付运费及垫付佣金，单证报关费，仓储费（冷藏、冷冻、危险品、贵重物品），装卸费，代付费用，关税及垫付佣金。

（七）送货与转运

国外货主有时要求将货物直接交给收货人，货运代理公司可以提供送货上门或国内的转运业务。

▶ 知识窗：

航空公司进港货物的操作程序

航空公司进港货物的操作程序是指飞机到达目的地机场，承运人把货物卸下飞机直到交给代理人的过程。

1. 进港航班预报

以当日航班进港预报为依据，在航班预报册中逐项填写航班号、机号、预计到达时间。

2. 办理货物海关监管

检察业务袋文件是否完备，业务袋中通常有货运单、货邮舱单、邮件路单等文件，检查完后将货运单送海关办公室，由海关人员在货运单上盖海关监管章。

3. 分单业务

在每份运单正本上加盖或书写到达航班的航班号和日期。

4. 核对运单和舱单

根据分单情况，在整理出的舱单上标明每票运单的去向。

5. 电脑输入

根据标好的一套舱单，将航班号、日期、运单号、数量、重量、特种货物、代理商、分批货、不正常现象等信息输入电脑，打印出国际进口货物航班交接单。

6. 交接

中转货物和中转运单、舱单交出港操作部门，邮件和邮件路单交邮局。

▶ 知识窗：

中国国际航空公司“货物提取须知”

1. 货物提取

货物到达目的站后，中国国际航空股份有限公司货运部门根据货运单所列收货人姓名、地址用到货通知单或电话通知收货人提货。收货人凭单位介绍信或到货通知单或货运单收货人联和本人有效身份证件（如居民身份证、护照、军官证、士兵证、文职军人证、户口簿等），到“国航股份”指定的提货地点办理提货手续。如收货人委托他人提货时，须凭到货通知单或货运单收货人联和货运单指定的收货人，及被委托人的居民身份证或其他有效身份证件提货。收货人应在提货前自行办妥海关、检疫等项手续，并付清相关费用（如到付运费、保管费等）。

2. 保管期限与保管费

普通货物：自发出到货通知的次日起免费保管三日（分批到达的普通货物免费保管期限，从最后一批货物的到货通知发出次日算起）。超过免费保管期限的，按货物的重量计费，每日每千克收取保管费 0.10 元，保管期不足一日按一日计算。每份货运单最低收取保管费 5.00 元。

凡需冷藏的鲜活易腐、低温、冷冻物品，自航班到达后，免费保管 6 小时，超过 6 小时的，按货物的重量计费，每日每千克收取保管费 0.50 元，保管期不足一日按一日计算。每份货运单最低收取保管费 10.00 元。

三、承运人责任的法律规定

有关承运人的损害赔偿责任，是由 1929 年 10 月 12 日在波兰的华沙签署的《统一国际航空运输某些规则的公约》（简称《华沙公约》）确立下来的。目前，已加入该公约的有 130 个国家和地区，我国也于 1958 年 7 月 20 日加入。

《华沙公约》最重要的贡献在于，它统一了国际航空运输的规则和条件，为解决国际航空运输过程中产生的侵权损害赔偿问题，提供了国际统一的标准和条件。该公约是国际私法领域制定国际统一规则最成功的范例。对承运人损害赔偿责任的规定是该公约最主要的实体性法律成果，公约明确规定了承运人应对因其行为所造成的旅客，货主的人身、财产损害承担赔偿责任。

由于《华沙公约》在国际民用航空运输方面的权威性和影响力，各国在其国内的民用航空法律规定中都沿用了公约的规定，做出了符合本国实际情况的承运人赔偿责任。例如，我国《航空法》第 124 条规定，因发生在民用航空器上或者在旅客上、下民用航空器过程中的事件，造成旅客人身伤亡的，承运人应当承担责任；但是，旅客的人身伤亡完全是由于旅客本人的健康状况造成的，承运人不承担责任。

由于航空运输活动的具体特点，《华沙公约》在对承运人的责任问题上采取了限制责任的原则，即给承运人的赔偿责任限定了一个最高的数额，承运人只在这个范围内对旅客和货主承担赔偿责任。例如，《华沙公约》规定，在旅客运输中，承运人对每名旅客的责任以12.5万法郎（约8 300美元）为限。根据案件受理法院地的法律，可以用分期付款方式赔偿损失的，赔偿的本金总额不得超过此限额。但是，旅客可以通过其同承运人的特别协议，约定一个较高的责任限额。在托运行李和货物运输中，承运人对行李或者货物的责任以每千克250法郎为限，除非旅客或托运人在交运包件时，特别声明在目的地点交付时的利益，并在必要时支付附加费。在后种情况下，承运人应当偿付到声明的金额，除非承运人证明声明的金额高于在目的地点交付时旅客或托运人的实际利益。关于旅客自己照管的物件，承运人对每名旅客的责任，以5 000法郎为限。

继《华沙公约》之后的一系列航空运输公约，都承袭了对承运人的限制责任原则，它们与《华沙公约》的区别只在于顺应了社会经济条件的发展变化，将赔偿额作了适度的调整。

▶ 知识窗：

《统一国际航空运输某些规则的公约》简介

《统一国际航空运输某些规则的公约》（Convention for the Unification of Certain Rules for International Carriage by Air），又称为《1999年蒙特利尔公约》，于1999年5月28日经国际民航组织在加拿大蒙特利尔召开的航空法国际会议通过。该公约是在1929年各缔约国签订的《统一国际航空运输某些规则的公约》（简称《华沙公约》）以及1955年签订的《海牙议定书》、1960年《瓜达拉哈拉公约》、1971年《危地马拉议定书》、1975年蒙特利尔附加议定书等5个公约、修订议定书、补充性公约的基础上进行全面修订的，是国际民航组织主持制定的国际航空运输规则方面的重要国际法律文件。《1999年蒙特利尔公约》于2003年11月4日生效。

《1999年蒙特利尔公约》的宗旨是促进国际航空运输有序发展，确保国际航空运输消费者的利益。

任务五 国际航空运费

任务描述： 掌握国际航空运费的计收方法。

货物的航空运费是指将一票货物自始发地机场运输到目的地机场所应收取的航空运输费用。一般地说，货物的航空运费主要由两个因素组成，即货物适用的运价与货物的计费重量。

在组织货物运输的全过程中，销售环节是一个重要环节，它直接关系到航空运输企业的销售收入，从而影响到企业运输收入的实现。尤其是在组织国际联运货物的销售阶段，正确计算航空货物运费是企业最终实现运输收入，提高经济效益的重要保证。

一、基本知识

（一）基本概念

1. 运价（Rate）

运价又称费率，是指承运人对所运输的每一重量单位货物（千克或磅）所收取的自始发地机场至目的地机场的航空费用。

一般以运输始发地的本国货币公布，有的国家以美元代替其本国货币公布。运价应为填制货运单之日的有效运价，即在航空货物运价有效期内适用的运价。

2. 航空运费（Weight Charge）

货物的航空运费是指航空公司将一票货物自始发地机场运至目的地机场所应收取的航空运输费用，不包括其他费用。

该费用根据每票货物所适用的运价和货物的计费重量计算而得。

3. 其他费用（Other Charges）

其他费用是指由承运人、代理人或其他部门收取的与航空货物运输有关的费用。它包括地面运输、仓储、制单、国际货物的清关等环节。

（二）计费重量（Chargeable Weight）

计费重量是指用以计算货物航空运费的重量。货物的计费重量或者是货物的实际毛重，或者是货物的体积重量，或者是较高重量分界点的重量。

1. 实际毛重（Actual Gross Weight）

实际毛重包括货物包装在内的货物重量，称作货物的实际毛重。一般情况下，对于高密度货物，应考虑其货物实际毛重可能会成为计费重量。

2. 体积重量（Volume Weight）

（1）定义。按照国际航协规则，将货物的体积按一定的比例折合成的重量，称作体积重量。由于货舱空间体积的限制，一般对于低密度的货物，即轻泡货物，考虑其体积重量可能会成为计费重量。

（2）计算规则。不论货物的形状是否为规则的长方体或正方体，计算货物体积时，均应以最长、最宽、最高的三边的厘米长度计算。长、宽、高的小数部分按四舍五入取整，体积重量的折算，换算标准为每 6 000 立方厘米折合 1 千克。体积重量（千克）= 货物体积/6 000 立方厘米/千克。

3. 计费重量（Chargeable Weight）

计费重量，一般地，采用货物的实际毛重与货物的体积重量两者比较取高者；但当货物按较高重量分界点的较低运价计算的航空运费较低时，则此较高重量分界点的货物起始重量作为货物的计费重量。

国际航协规定，国际货物的计费重量以 0.5 千克为最小单位，重量尾数不足 0.5 千克的，按 0.5 千克计算；0.5 千克以上不足 1 千克的，按 1 千克计算。例如：

103.001 千克→103.5 千克

103.501 千克→104.0 千克

当使用同一份运单，收运两件或两件以上可以采用同样种类运价计算运费的货物时，其计费重量规定如下：计费重量为货物总的实际毛重与总的体积重量两者较高者。同上所述，较高重量分界点重量也可能成为货物的计费重量。

（三）最低运费（Minimum Charge）

最低运费是指一票货物自始发地机场至目的地机场航空运费的最低限额。

货物按其适用的航空运价与其计费重量计算所得的航空运费，应与货物最低运费相比取高者。

▶ 知识卡：

国际航空货物运价体系简介

目前国际航空货物运价按制定的途径划分，主要分为协议运价和国际航协运价。

1. 协议运价

协议运价是指航空公司与托运人签订协议，托运人保证每年向航空公司交运一定数量的货物，航空公司则向托运人提供一定数量的运价折扣。目前航空公司使用的运价大多是协议运价，但在协议运价中又根据不同的协议方式进行细分。

（1）长期协议通常是指航空公司与托运人或代理人签订的一年期限的协议。

（2）短期协议通常是指航空公司与托运人或代理人签订的半年或半年以下期限的协议。

（3）包板（舱）是指托运人在一定航线上包用承运人的全部或部分的舱位或集装器来运送货物。

（4）死包板（舱）是指托运人在承运人的航线上通过包板（舱）的方式运输时，托运人无论向承运人是否交付货物，都必须付协议上规定的运费。软包板（舱）是指托运人在承运人的航线上通过包板（舱）的方式运输时，托运人在航班起飞前 72 小时如果没有确定舱位，承运人则可以自由销售舱位，（舱）的总量有一个控制。销售量返还是指如果代理人在规定期限内完成了一定的货量，航空公司则可以按一定的比例返还运费。销售额返还是指如果代理人在规定期限内完成了一定的销售额，航空公司可以按一定的比例返还运费。

（5）自由销售也称议价货物或是一票一价，是指除了订过协议的货物，都是一票货物一个定价。

2. 国际航协运价

国际航协运价是指 IATA 在 TACT 运价资料上公布的运价。国际货物运价使用 IATA 的运价手册——TACT RATES BOOK，结合并遵守国际货物运输规 TACT RULES 共同使用。按照 IATA 货物运价公布的形式划分，国际货物运价可分为公布直达运价和非公布直达运价（见表 7-4）。

表 7-4 IATA 运价体系

公布直达运价	普通货物运价（General Cargo Rate） 指定商品运价（Specific Commodity Rate） 等级货物运价（Commodity Classification Rate） 集装货物运价（Unit Load Device Rate）
非公布直达运价	比例运价（Construction Rate） 分段相加运价（Combination of Rates and Charges）

国际航协运价是国际航协通过运价手册向全世界公布，主要目的是协调各国的货物运价。但从实际操作来看，各国从竞争角度考虑，很少有航空公司完全遵照国际航协运价，大多进行了一定的折扣，但不能说明这种运价没有实际价值。首先，它把世界上各个城市之间的运价通过手册公布出来，每个航空公司都能找到一种参照运价，所以每个航空公司在制定本公司运价时，都是按照国际航协这个标准运价进行的；其次，国际航协对特种货物运价进行了分类，航空公司在运输这种货物时一般都用国际航协标准运价；最后，这种国际航协运价在全世界制定了一种标准运价，使得国际航空货物的运输的价格有了统一的基准，使得这个市场得到了规范。

二、普通货物运价

普通货物运价是指除了等级货物运价和指定商品运价以外的适合于普通货物运输的运价（General Cargo Rate，GCR）。

该运价公布在 TACT Rates Books Section 4 中。通常，普通货物运价根据货物重量不同，分为若干个重量等级分界点运价。例如，“N”表示标准普通货物运价（Normal General Cargo Rate），是指 45 千克以下的普通货物运价（如无 45 千克以下运价时，N 表示 100 千克以下普通货物运价）。同时，普通货物运价还公布有“Q45”“Q10”“Q30”等不同重量等级分界点的运价。这里“Q45”表示 45 千克以上（包括 45 千克）普通货物的运价，依此类推。对于 45 千克以上的不同重量分界点的普通货物运价均用“Q”表示。

货物的计费重量和其适用的普通货物运价计算而得的航空运费，不得低于运价资料上公布的航空运费的最低收费标准（M）。这里，代号“N”“Q”“M”在 AWB 的销售工作中，主要用于填制货运单运费计算栏中“RATE CLASS”一栏。

三、运费计算

（一）计算步骤的术语解释

Volume：体积

Volume Weight：体积重量

Chargeable Weight：计费重量

Applicable Rate：适用运价

Weight Charge：航空运费

（二）计算

例 1. Routing：BEIJING，CHINA（BJS）
To TOKYO，JAPAN（TYO）

Commodity：Sample

Gross Weight：25.2kgs

Dimensions：82cm×48cm×32cm

计算该票货物的航空运费。

公布运价如表 7-5 所示。

表 7-5 **运价表**

BENJING	CN		BJS
Y. RENMINBI	CNY	kgs	
TOKYO	JP	M	230
		N	37.51
		45	28.13

［解］

Volume：82cm×48cm×32cm = 125 952cm^3

Volume Weight：125 952 cm^3 ÷ 6 000cm^3/kg = 20.99kgs = 21.0kgs

Gross Weight：25.2kgs

Chargeable Weight：25.5kgs

Applicable Rate：GCR N37.51 CNY/KG

Weight Charge：25.5 ×37.51 = CNY956.51

航空货运单运费计算栏填制如表 7-6 所示。

表 7-6 **运费计算栏**

No. of Pieces RCP	Gross Weight	KG Lb	Rate Class	Chargeable Weight	Rate/Charge	Total	Nature and Quantity of Goods
1	25.2	K	N	25.5	37.51	956.51	SAMPLE DIMS：82cm×48cm×32cm

例 2. Routing：BEIJING，CHINA（BJS）AMSTERDAM，HOLLAND（AMS）

Commodity：PARTS

Gross Weight：38.6kgs

Dimensions：101cm×58cm×32cm

计算其航空运费。

公布运价如表 7-7 所示。

表 7-7　　运价表

BENJING	CN	BJS	
Y. RENMINBI	CNY	kgs	
AMSTERDAM	NL	M	320.00
		N	50.22
		45	41.33
		300	37.52

［解］（1）按实际重量计算

Volume：101cm×58cm×32cm＝187 456m^3

Volume Weight：187 456cm^3÷6 000cm^3/kg＝31.24kgs＝31.5kgs

Gross Weight：38.6kgs

Chargeable Weight：39.0kgs

Applicable Rate：GCR N 50.22CNY/KG

Weight Charge：39.0×50.22＝CNY 1 958.58

（2）采用较高重量分界点的较低运价计算

Chargeable Weight：45.0kgs

Applicable Rate：GCR Q 41.53 CNY/KG

Weight Charge：41.53×45.0＝CNY 1 868.85

（1）与（2）比较，取运费较低者。

Weight Charge：CNY 1 868.85

航空货运单运费计算栏填制如表 7-8 所示。

表 7-8　　运费计算栏

No. of Pieces RCP	Gross Weight	KG Lb	Rate Class	Chargeable Weight	Rate/Charge	Total	Nature and Quantity of Goods
1	38.6	K	Q	45.0	41.53	1 868.85	PARTS DIMS：101cm×58cm×32cm

例 3. Routing：SHANGHAI，CHINA（SHA）TO PARIS，FRANCE（PAR）

Commodity：TOY

Gross Weight：5.6kgs

Dimensions：40cm×28cm×22cm

计算其航空运费。

公布运价如表 7-9 所示。

表 7-9 运价表

SHANGHAI	CN		SHA
Y. RENMINBI	CNY		kgs
PARIS	FR	M	320.00
		N	50.37
		45	41.43
		300	37.90
		500	33.42

[解]

Volume：40cm×28cm×22cm＝28 640cm^3

Volume Weight：28 640cm^3÷6 000cm^3/kg＝4.11kgs＝4.5kgs

Gross Weight：5.6kgs

Chargeable Weight：6.0kgs

Applicable Rate：GCR N50.37 CNY/KG

Weight Charge：6.0×50.37＝CNY302.22

Minimum Charge：320.00CNY

此票货物的航空运费应为 320.00CNY

航空货运单运费计算栏填制如表 7-10 所示。

表 7-10 运费计算栏

No. of Pieces RCP	Gross Weight	KG Lb	Rate Class	Chargeable Weight	Rate/Charge	Total	Nature and Quantity of Goods
1	5.6	K	M	6.0	320	320	TOY 40cm×28cm×22cm

四、其他航空运输常运货物运费计算

(一) 指定商品运价

1. 概念

指定商品运价（Specific Commodity Rate，SCR）是指适用于自规定的始发地至规定的目的地运输特定品名货物的运价。究其性质而言，该运价是一种优惠性质的运价。

2. 指定商品分组和编号

0001—0999 可食用的动植物产品。

1000—1999 活动物及非食用的动植物产品。

2000—2999 纺织品、纤维及其制品。

3000—3999 金属及其制品，不包括机器、汽车和电器设备。

4000—4999 机器、汽车和电器设备。

5000—5999 非金属材料及其制品。

6000—6999 化工材料及其制品。

7000—7999 纸张、芦苇、橡胶和木材制品。

8000—8999 科学仪器、专业仪器、精密仪器、器械及配件。

9000—9999 其他。

3. 从中国始发的常用指定商品代码

0008 新鲜的水果和蔬菜。

0300 鱼、海鲜、海产品。

2199 纱、线、纤维、纺织原料。

4. 运费计算例题

Routing：BEIJING，CHINA（BJS）TO OSAKA，JAPAN（OSA）

Commodity：FRESH APPLES

Gross Weight：EACH 65. 2kgs，TOTAL 5 PIECES

Dimensions：102cm×25cm×44cm×5

计算其航空运费。

公布运价如表 7-11 所示。

表 7-11　　运价表

BEIJING	CN			BJS
Y. RENMINBI	CNY			kgs
OSAKA	JP		M	230. 00
			N	37. 51
			45	28. 13
		0008	300	18. 80
		0300	500	20. 61

解：查品名表，编号 0008 对应的货物名称是新鲜水果，符合要求，货物数量达到 300 千克的最低数量要求。

Volume：104cm×25cm×44×5cm = 561 000cm^3

Volume Weight：561 000cm^3÷6 000cm^3/kg = 93. 5kgs

Gross Weight：65. 2×5kgs = 326. 0kgs

Chargeable Weight：326. 0kgs

Applicable Rate：SCR0008/Q300 18. 8. CNY/KG

Weight Charge：326. 0×18. 80 = CNY6 128. 80

此票货物的航空运费应为 6 128. 80CNY。

航空货运单运费计算栏填制如表 7-12 所示。

表 7-12　　运费计算栏

No. of Pieces RCP	Gross Weight	KG Lb	Rate Class	Chargeable Weight	Rate/Charge	Total	Nature and Quantity of Goods
5	326.0	K	C	326.0	18.80	6 128.80	FRESH APPLES 102cm×25cm×44cm×5

（二）等级货物运价

1. 概念

等级货物运价（Class Cargo Rate，CCR）是指在规定的业务区内或业务区之间运输特别指定的等级货物的运价。

IATA 规定，等级货物包括下列各种货物：

（1）活动物；

（2）贵重货物；

（3）书报杂志类货物；

（4）作为货物运输的行李；

（5）尸体、骨灰；

（6）汽车等。

2. 使用规则

等级货物运价是在普货运价的基础上附加或附减一定百分比构成。附加的等级货物用（S）表示，附减的等级货物用（R）表示。

3. 活动物运费计算例题

Routing：BEIJING，CHINA（BJS）TO NEWYORK，U. S. A.（NYC）

Commodity：TIGER

Gross Weight：270.0kgs

Dimensions：240cm×120cm×60cm

计算其航空运费。

公布运价如表 7-13 所示。

表 7-13　　运价表

BEIJING	CN		BJS
Y. RENMINBI	CNY		kgs
NEWYORK	US	M	630.00
		N	64.46
		45	48.34
		100	45.19
		300	41.80

解：查活动物运价表，从北京到纽约，运价的构成是：110% of Appl. GCR。

（1）Volume：240cm×120cm×60cm = 1728 000cm^3

Volume Weight：1 728 000cm^3÷6 000cm^3/kg＝288. 0kgs

Chargeable Weight：288. 0kgs

Applicable Rate：S110% of Appl. GCR

110%×45. 19CNY/KG＝49. 71CNY/KG

Weight Charge：288. 0×49. 71＝CNY 14 316. 48

（2）由于计费重量已接近下一级重量分界点 300 千克，可以用较高重量点的较低运价计算。

Chargeable Weight：300. 0kgs

Applicable Rate：S110% of Appl. GCR

110%×41. 86 CNY/KG＝46. 05CNY/KG

Weight Charge：300. 0×46. 05＝CNY13 815. 00

对比（1）和（2），去运费较低者。

航空货运单运费计算栏填制如表 7-14 所示。

表 7-14　　运费计算栏

No. of Pieces RCP	Gross Weight	KG Lb	Rate Class	Chargeable Weight	Rate/Charge	Total	Nature and Quantity of Goods
1	270. 0	K	S Q110	300. 0	46. 05	13 815. 0	TIGER 240cm×120cm×60cm

五、国际货物运输的其他费用

国际航空货物运输中，航空运费是指自运输始发地至运输目的地之间的航空运输费用。在实际工作中，对于航空公司或其代理人将收运的货物自始发地（或从托运人手中）运至目的地（或提取货物后交给提货人）整个运输组织过程，除发生航空运费外，在运输始发站、中转站、目的站经常发生与航空运输有关的其他费用。

（一）货运单费

货运单费又称为航空货运单工本费，此项费用为填制航空货运单之费用。航空公司或其代理人销售或填制货运单时，该费用包括逐项逐笔填制货运单的成本。对于航空货运单工本费，各国的收费水平不尽相同。依 TACT Rule 4. 4 及各航空公司的具体规定来操作，货运单费应填制在货运单的“其他费用”一栏中，用两字代码“AW”表示（AW—Air Waybill Fee）。按国际航协规定：

（1）航空货运单若由航空公司来销售或填制，则表示 AWC，表示此项费用归出票航空公司所有。

（2）如果货运单由航空公司的代理人销售或填制，则表示为 AWA，表示此项费用归销售代理人所有。

中国民航各航空公司一般规定：无论货运单是航空公司销售还是由代理人销售，填制 AWB 时，货运单中“OTHER CHARGES”一栏中用 AWC 表示，意为此项费用归出票航空公司所有。

例如，某航空公司销售货运单，如果货运单费收费标准 CNY50.00，则货运单其他费用栏填制如下：

OTHER CHARGES AWC 50.00

（二）垫付款和垫付费

1. 垫付款

（1）垫付款是指在始发地机场运输一票货物时发生的部分其他费用。这部分费用仅限于货物地面运输费、清关处理费和货运单工本费。此项费用需按不同其他费用的种类代号、费用归属代号（A 或 C）及费用金额一并填入货运单的“其他费用”一栏。例如：“AWA”表示代理人填制的货运单。

“CHA”表示代理人代替办理始发地清关业务。

“SUA”表示代理人将货物运输到始发地机场的地面运输费。

（2）限制条件

① 垫付款仅适用于货物费用及其他费用到付“CHARGES COLLECT”，且按 TACT RULES 7.2 规定，目的地国家可接收的货物。

② 垫付款业务在有些国家不办理，操作时应严格按照 TACT RULES 4.2 规定。

③ 垫付款由最后一个承运人向提货人收取。按国际货物运费到付结算规则，通过出票航空公司开账结算，付给支付垫付款的代理人或出票航空公司。

2. 垫付款数额

（1）在任何情况下，垫付款数额不能超过货运单上全部航空运费总额。

（2）但当货运单的航空运费总额低于 100 美元时，垫付款金额可允许达到 100 美元标准。

3. 垫付费

垫付费是对于垫付款的数额而确定的费用。垫付费的费用代码为“DB”，按 TACT Rules 规定，该费用归出票航空公司所有。在货运单的其他费用栏中，此项费用应表示为“DBC”。

垫付费的计算公式：垫付费 = 垫付款 × 10%，但每一票货物的垫付费不得低于 20USD 或等值货币。

（三）危险品处理费

国际航空货物运输中，对于收运的危险品货物，除按危险品规则收运并收取航空运费外，还应收取危险货物收运手续费，该费用必须填制在货运单“其他费用”栏内，用“RA”表示费用种类，TACT RULES 规定，危险品处理费归出票航空公司所有。在货运单中，危险品处理费表示为“RAC”。自中国至 IATA 业务一区、二区、三区，每票货物的最低收费标准均为 400 元人民币。

（四）运费到付货物手续费

国际货物运输中，当货物的航空运费及其他费用到付时，在目的地的收货人除支付货物的航空运费和其他费用外，还应支付到付货物手续费。此项费用由最后一个承运航空公司收取，并归其所有。一般 CC Fee 的收取，采用目的站开具专门发票，但也可以使用货运单（此种情况在交付航空公司无专门发票，并将 AWB 作为发票时使用）。

对于运至中国的运费到付货物，到付运费手续费的计算公式及标准如下：

到付运费手续费 =（货物的航空运费+声明价值附加费）×2%

各个国家 CC Fee 的收费标准不同。在中国，最低收费标准为 CNY100。

配套实训练习

一、自主研究航空运输危险品的种类以及运输技术规范

二、计算题

1. 一票货物用飞机从青岛直接运往法兰克福，3 月 18 日起飞，北京时间 11:35，到达法兰克福时，是当地时间 12:35，求飞行时间。

2. Routing：BEIJING，CHINA（BJS）AMSTERDAM，HOLLAND（AMS）

Commodity：PARTS

Gross Weight：270kgs

Dimensions：101cm×58cm×32cm

计算其航空运费。

公布运价如下：

BENJING	CN		BJS
Y. RENMINBI	CNY		kgs
AMSTERDAM	NL	M	320. 00
		N	50. 22
		45	41. 33
		300	37. 52

3. Routing：BEIJING，CHINA（BJS）To TOKYO，JAPAN（TYO）

Commodity：Sample

Gross Weight：28kgs

Dimensions：82cm×48cm×32cm

计算该票货物的航空运费。

公布运价如下：

BENJING	CN		BJS
Y. RENMINBI	CNY		kgs
TOKYO	JP	M	230
		N	37. 51
		45	28. 13

三、案例选读

1.【案情】

一票从罗马经北京中转至大连的货物，一程航班 XY940/05FEB 02，二程航班

XY51/08FEB 02，货运单号 888-34783442，1 件 320 千克，品名：尼龙粉，收货人：某市保税区贸易公司。赔偿原因：内物丢失 16 千克。在调查时发现，2 月 7 日装卸人员在倒板时发现有绿色粉末散落，并随即告知保管员，但保管员没有理会这些，随口说就那么装，也没有填写事故纪录。请问：承运人应付何责任？

（资料来源：豆丁网）

【分析】

此批为国际货物，适应国际公约。

根据《华沙公约》的有关规定，对普通货物承运人根据最高赔偿金额为毛重每千克 20 美元赔付。如托运人已办理声明价值并交付声明价值附加费的，则赔偿金额以不超过声明价值为限。

货物价值：13 070 马克，每千克 38 马克，实际损失约折合人民币 2 403 元；假如按照每千克 20 美元折合人民币赔偿，应赔偿 2 646.40 元。在此，应按较低的实际损失金额赔付。

2.【案情】

一票从北京到东京的货物，货运单号 666-99783442，1 件 105 千克，计费重量 117 千克，品名：花鼠。赔偿原因：死亡。经调查了解到：6 月 16 日收运，并定妥当日航班，起飞时间 9:30。由于飞机发生故障，推迟起飞时间，定于下午两点装货。当天上午已经将这批货物拖到客机坪，当天气温 33 度，中午时分才将货物拉回仓库，由于花鼠经日晒太久，运到目的地的成活率太低。所以决定拉下。当通知发货人提回时，发现已经死亡过半，取回后，由于受热过度，已经全部死亡。请问：承运人有无责任？

（资料来源：豆丁网）

【分析】

此批货物属于国际运输，虽然没有发生运输，但根据《华沙公约》第 18 条第 1 款，对于交运的行李或货物因毁灭、遗失或损坏而产生的损失，如果造成这种损失的事故发生在航空运输期间，承运人应负责任。第 2 款规定，上款所指航空运输的意义，包括行李或货物在承运人保管的期间，不论在航空站内、在航空器上或在航空站外降停的任何地点。

此票货物显然在承运人的保管期间，而且地点在航空站内。因此适用国际公约。由于发货人没有保险，只能按照每千克 20 美元折合人民币赔偿，应赔偿 2 010 元。

3.【案情】

一票从北京运往巴黎中转马耳他的货物，货运单号 666-89639942，24 件 256 千克，2017 年 1 月 26 日 XX958 航班运往巴黎，由 KM56QOFEB 00 航班转运目的地。品名：服装。赔偿原因：延误。承运人是否负赔偿责任？

（资料来源：找法网）

【分析】

此批货物属于国际运输，根据《华沙公约》第 13 条第 3 款“如承运人承认货物遗失或在应该到达的日期七天后尚未到达，收货人有权向承运人行使运输合同所赋予的权利”。第 19 条第 1 款规定，承运人对旅客、行李或货物在航空运输过程中因延误而造成的损失应负责任。第24条第1款规定，如遇第18条、19条所规定的情况，要求赔偿损失的诉讼，不论其根据如何，只能按照本公约规定的条件和责任赔偿限额提出。

4.【案情】

原告：某保险公司

被告：A航空公司、B航空公司

原告某保险公司接受某公司（托运人）对其准备空运至米兰的20箱丝绸服装的投保，保险金额为73 849美元。同日，由被告A航空公司的代理B航空公司出具了航空货运单一份。该航空货运单注明：第一承运人为A航空公司，第二承运人为C航空公司，货物共20箱，重750千克，该货物的“声明价值（运输）”未填写。A航空公司于1991年12月20日将货物由杭州运抵北京，12月28日，A航空公司在准备按约将货物转交C航空公司运输时，发现货物灭失。1992年，原告对投保人（托运人）进行了全额赔偿并取得权益转让书后，于1992年5月28日向B航空公司提出索赔请求。B航空公司将原告索赔请求材料转交A航空公司。A航空公司表示愿意以每千克20美元限额赔偿原告损失，原告要求被告进行全额赔偿，不接受被告的赔偿意见，遂向法院起诉。

（资料来源：找法网）

【判决】

法院认为，航空货运单是航空运输合同存在及合同条件的初步证据。该合同的“声明”及合同条件是合同的组成部分，并不违反1955年《海牙议定书》的规定，且为国际航空运输协会规则所确认，故应属有效，对承运人和托运人具有相同的约束力。托运人在将货物交付运输时向原告进行了保险，该批货物在A航空公司承运期间发生灭失，A航空公司应负赔偿责任。原告在赔偿后取得代位求偿权。由于托运人在交托货物时，未对托运货物提出声明价值并交付必要的附加费，所以A航空公司在责任范围内承担赔偿责任是合理的。被告B航空公司作为签发人，应对合同下的货物运输负有责任，但鉴于被告A航空公司承诺赔偿，B航空公司可不再承担责任。

法院同时认为，该案是原告拒绝被告A航空公司承诺按责任限额赔偿而引起，故责任在原告。法院判决如下：

第一，航空公司赔偿原告15 000美元。

第二，航空公司给付原告自1993年2月1日至判决生效日15 000美元的活期存款利息。

第三，诉讼费用由原告承担。

【分析】

本案中，首先在托运人和保险公司之间是保险合同关系。根据《中华人民共和国保险法》的规定，因第三者对保险标的的损害而造成保险事故的，保险人自向被保险人赔偿保险金之日起，在赔偿金额范围内代位行使被保险人对第三者请求赔偿的权利。因此，在保险人对托运人理赔后，保险人取得了代位权。

关于连续运输中责任的划分：

本案是国际航空货物运输。始发地点为中国杭州，经停地点为北京，目的地点为意大利米兰，中国和意大利都是《华沙公约》缔约国，因此，根据《华沙公约》的规定，该国际航空货物运输是《华沙公约》意义上的国际航空货物运输。

该航空货运单注明，第一承运人为A航空公司，第二承运人为C航空公司，可见，A航空公司既是缔约承运人又是实际承运人，因为航空货运单是由被告A航空公司的代理B航空公司出具的。

《华沙公约》第18条规定，对于托运的行李或货物因毁灭、遗失或损坏而产生的损失，如果造成这种损失的事故是发生在航空运输期间，承运人应负责任。那么，该由哪一家航空公司承担责任？A航空公司和B航空公司之间是委托代理关系。《民法通则》第63条第2款规定，代理人在代理权限内，以被代理人的名义实施民事法律行为，被代理人对代理人的代理行为，承担民事责任。因此，应由A航空公司承担赔偿责任。

《海牙议定书》第1条第2款规定，由几个连续的航空承运人所办理的运输，如经合同当事人认为是一个单一的运输业务，则无论它是以一个合同或一系列合同的形式约定的，在本公约的意义上，应视为一个不可分割的运输，并不因其中一个合同或一系列的合同完全在同一国家的领土内履行而丧失其国际性质。因此，即便杭州至北京段是在中国境内，它也是个国际航空货物运输合同。

《华沙公约》第30条对连续承运人之间的相互关系和责任规定如下。

(1) 符合第1条第3款所规定的由几个连续承运人办理的运输，接受旅客、行李或货物的每一个承运人应该受本公约规定的约束，并在合同中由其办理的一段运输的范围内，作为运输合同的订约一方。

(2) 对于这种性质的运输，旅客或其权利继承人只能对发生事故或延误的一段运输的承运人提出诉讼，除非有明文约定第一承运人应该对运输全程承担责任。

(3) 至于行李或货物，旅客或托运人有向第一承运人提出诉讼的权利，有权提取行李或货物的收货人也有向最后承运人提出诉讼的权利。此外，托运人和收货人都可以对发生毁灭、遗失、损坏或延误的一段运输的承运人提出诉讼。上述承运人应该对托运人和收货人负连带责任。

由此可以看出，A航空公司和C航空公司在其办理的一段运输的范围内，作为运输合同的订约一方。托运人和收货人既可以起诉A航空公司，也可以起诉C航空公司，A航空公司和C航空公司之间是连带责任关系。但是，由于C航空公司根本没有承运该批货物，并且货物是在A航空公司运至北京准备移交时丢失的，责任在A航空公司，所以，根据上述第3款的规定，原告无权起诉C航空公司，C航空公司不承担赔偿责任。

四、案例分析

1. 一票从悉尼到北京的货物，货运单号777－89783442，1件847千克，航班XY67QIMAY，货物价值3 300美元，品名：干酪。赔偿原因：解冻后受损。调查情况：当天上午9：45发出到货通知，收货人当天提取货运单，办理海关手续。5月25日，收货人办完海关手续后前来提货时，发现这件货物没有放在冷库保存，收货人当时提出异议。因为在货运单的操作注意事项栏中明显注明：NML字样，但工作人员在分拣时没有看到。经过挑选，最终损失达 60%左右，并不影响其他包装件的货物。

请根据《华沙公约》第 22 条第 2 款（B）“如交运的行李或货物的一部分或物种的任何物品发生灭失、损坏或延误，用以确定承运人有限责任赔偿金额的重量，仅为有关包件的总重量。如交运的行李或货物的一部分或者货物中任何物件发生遗失、损坏或者延误，以致影响同一份货运单所列的另一包装件或者其他包装件的价值时，在确定责任限额时，另一包装件的总重量也应当考虑在内”。

请分析承运人应承担何种责任？

2. 我某出口公司向国外 K 公司出口一单工艺品，合同规定航空运输。K 公司开来信用证要求：装运不晚于 2002 年 6 月 20 日，所有单据须于装运后 5 天内向银行议付交单。我出口公司在 6 月 4 日向机场办妥装运手续。后因连日暴雨，飞机延至 7 日起飞，又因 7 日和 8 日均为双休日，单证人员于 10 日才向银行办理议付。结果开证行以所交单据与信用证不符为由拒付货款，而 K 公司又借航空运输可以不凭运单提货的有利条件向承运人提走了货物。

问：（1）开证行拒付有无道理？

（2）出口公司有无责任？此案如何了结为好？

附件 7-1：

航空货运单

IATA-FLATA INTRODUCTORY COURSE

(1A) | ① | (1B)

Shipper's Name and Address ②
MATSUDA TELEVISION SYSTEMS CO.
LOT5, PRESIAN TENKU APUAN
SITE 400 SHA ALAM
SELANG DE MALAYSIA

Shipper's Account Number ③

NOT NEGOTIABLE (1C)
Air Waybill
Issued by **BEIJING KINTE WORLD EXPRESS CO., LTD.**

Copies1,2and3 of this Air Waybill are originals and have the same validity (1D)

Consignee's Name and Address ④
MATSUDA QINGDAO CO., LTD.
NO. 128 WUHAN ROAD
QINGDAO
CHINA

Consignee's Account Number ⑤

It is agreed that the goods described herein are accepted in apparent good order and condition (except as noted) for carriage SUBJECT TO THE CONDITIONS OF CONTRACT ON THE REVERSE HEREOF, ALL GOODS MAY BE CARRIED BY ANY OTHER MEANS. INCLUDING ROAD OR ANY OTHER CARRIER UNLESS SPECIFIC CONTRARY INSTRUCTIONS ARE GIVEN HEREON BY THE SHIPPER. THE SHIPPER'S ATTENTION IS DRAWN TO THE NOTICE CONCERNING CARIER'S LIMITATION OF LIABILITY.Shipper may increase such limitation of liability by declaring a higher value of carriage and paying a supplemental charge if required. (1E)

Issuing Carrier's Agent Name and City ⑥
BEIJING KINTE WORLD EXPRESS CO., LTD.

Agents IATA ⑦ | Account No.⑧

Airport of Departure (Add. of First Carrier) and Requested Routing ⑨
K.LUMPUR,MALAYSIA

Accounting Information ⑩
FREIGHT COLLECT

To	By First Carrier	To	By	To	By	Currency	CHGS Code	WT/VAL PPD	WT/VAL COLL	Other PPD	Other COLL	Declared Value for Carriage⑯	Declared Value for Customs⑰
QAO (11A)	KE (11B)	(11C)	(11D)	(11E)	(11F)	USD ⑫	⑬	(14A)	(14B)	(15A)	(15B)	NVD	NCV

Airport of Destination	Flight/Date	Amount of Insurance	
QINGDAO, CHINA ⑱	KE855/17JUN ⑲	⑳	INSURANCE-If carrier offers insurance and such insurance is requested in accordance with the conditions thereof indicate amount to (20A) be insured in figures in box marked "Amount of Insurance"(20B)

Handling Information ㉑

SCI (21A)

No. of Pieces (RCP) (22A)	Gross Weight (22B)	Kg Lb (22C)	Rate Class (22D) / Commodity Item No. (22E)	Chargeable Weight (22F)	Rate/Charge (22G)	Total (22H)	Nature and Quantity of Goods (incl. Dimensions or Volume) (22I)
52	510.00			211	AS ARRANGED		TV-PARTS 12.638M3
(22J)	(22K)					(22L)	

Prepaid	Weight charge	Collect
(24A)	AS ARRANGED	(24B)
(25A)	Valuation Charge	(25B)
(26A)	Tax	(26B)
(27A)	Total Other Charges Due Agent	(27B)
(28A)	Total Other Charges Due Carrier	(28B)
(29A)		(29B)
(30A) Total Prepaid		Total Collect AS ARRANGED (30B)
Currency Conversion Rates (33A)		CC Charges in des. Currency (33B)
For Carrier's Use Only at Destination ㉝		Charges at Destination (33C)

Other Charges ㉓

Shipper certifies that the particulars on the face hereof are correct and that insofar as any part of the consignment contains dangerous goods, such part is properly described by name and is in proper condition for carriage by air according to the applicable Dangerous Goods Regulations. ㉛
Signature of Shipper or his agent

JUN. 10,2017 QINGDAOKEWQAO
(32A) (32B) (32C)
Executed on(date) at(place) Signature of Issuing Carrier or as Agent

Total Collect Charges (33D)

AIR WAYBILL NUMBER
KEW-51000788

附件 7-2：

国际货物托运书
SHIPPER'S LETTER OF INSTRUCTION

货运单号码
No. of Air Waybill

始发站 Airport of Departure	目的站 Airport of Destination	供承运人用 For Carrier Use Only	
		航班/日期 Flight/Date	航班/日期 Flight/Date

路线及到达站
Routing and Destination

至 To	第一承运人 By First Carrier	至 To	承运人 By	至 To	承运人 By	至 To	承运人 By

已预留吨位
Booked

托运人账号 Shipper's Account Number	托运人姓名及地址 Shipper's Name and Address
收货人账号 Consignee's Account Number	收货人姓名及地址 Consignee's Name And Address

运费
Charges

另请通知
Also Notify

托运人声明的价值 Shipper's Declared Value		保险金额 Amount of Insurance	所附文件 Documents to Accompany Air Waybill
供运输用 For Carriage	供海关用 For Customs		

件数 No. of Packages	实际毛重（公斤） Actual Gross Weight (kg)	运价类别 Rate Class	计费重量 Chargeable Weight	费率 Rate / Charge	货物品名及数量（包括体积或尺寸） Nature and Quantity of Goods (Incl. Dimensions or Volume)

在货物不能交与收货人时，托运人指示的处理办法
Shipper's instructions in case of inability to deliver shipment as consigned

处理情况（包括包装方式，货物标志及号码等）
Handling Information (Incl. method of packing. Identifying marks and number. Etc.)

托运人证实以上所填全部属实并愿遵守承运人的一切载运章程
The shipper certifies that the particulars on the face hereof are correct and agrees to the conditions of carriage of the carrier.

托运人签字 Signature of Shipper	日期 Date	经手人 Agent	日期 Date

附件 7-3：

小动物/导盲犬运输申请书

Application for Pets / Seeing-eye Dog Transportation

旅客姓名： (Name of psgr.)	航班号/日期： (Flt No. / Date.)
动物名称： (Animal Variety)	航程： (Sector)
联运航班/日期： (Connecting Flt / Date)	
联运承运人同意证明： (Permission of successive carrier (s))	
持有的旅行文件名称及编号： (Certificate No.)	
声明：旅客应对所托运的小动物/导盲犬承担全部责任，除东航原因外，在运输中出现的小动物/导盲犬患病，受伤和死亡，东航不承担责任。如果动物在任何国家、州或属地被拒绝入境或过境，对其受伤、丢失、延误、患病或死亡，东航不承担责任。 **Declaration**: the passenger shall assumes full responsibility for the pets / seeing-eye dog. China Eastern shall not be liable for injury to or loss, delay, sickness or death of animal in the event that it is refused entry into or passage through any country, state, or territory. 旅客本人同意（签名）： I agree (Signature) 日期： (Date)	

项目八

国际铁路货物运输

任务一　概　　述

任务描述：掌握铁路运输方式的特点以及铁路基础知识。

一、世界铁路概况及铁路技术发展趋势

铁路运输是现代运输业的主要运输方式之一。世界上的第一条铁路是1825年美国正式营运从斯托克顿至达林顿的43.5千米铁路，距今已有190多年的历史。铁路运输从一开始就显示出了明显的优越性，因此，在较短的时期内就得到了迅速的发展。截至19世纪末，全世界铁路总长度达65万千米，至第一次世界大战前夕迅速增加到110万千米，20世纪20年代末增加到127万千米。第二次世界大战以后，由于航空运输和高速公路的迅速发展，铁路运输发展开始减缓，基本处于相对稳定的状态。目前，世界铁路总长度约130万千米。从地理分布上看，美洲铁路约占世界铁路总长度的1/3；欧洲约占1/3。而非洲、澳洲和亚洲的总长度加起来仅约占1/3。很明显，世界铁路的发展和分布极不平衡。

交通运输发展的历史是人类文明发展史的重要组成部分，随着世界新技术的发展，交通运输也采用了新技术。目前世界铁路技术发展趋势主要是运输工具和设备不断现代化和运输管理工作逐步实现自动化。其主要表现为：

（1）牵引动力电气化和内燃化。

（2）铁路客运高速化。

（3）大宗散货运输重载化。

（4）信号技术电子化，使铁路运营工作逐步走上自动化的道路。

新中国成立后，我国的铁路事业获得了迅速的发展。在铁路新线建设和旧线技术改造、建立铁路工业体系、改善和加强铁路经营管理等方面都取得了巨大的成就。

新中国首先修复了受多年战争破坏的铁路，同时进行了大规模的新线建设。在新线建设布局方面，纠正了过去重沿海、轻内地的情况。我国新建铁路干线已经从沿海伸入

到中部、西南和西北地区，初步改变了路网市局不合理的现象。目前，以北京为中心的全国铁路网络已经初步形成，至1997年年底，全国铁路营业里程已达65 969.5千米，居亚洲第一位、世界第四位。在新线建设的同时，国家对原有铁路进行了大规模的技术改造，其中包括修建复线达19 522千米，电气化铁路达1.4万千米（截至1996年年底），大大地提高了线路牌标准和质量，适应了日益增长的客、货运输的需求。我国的铁路工业生产体系现已初步形成，铁路机车工业和车辆制造工业得到迅速发展，铁路信号、通信工业的生产能力也已形成。

我国铁路运输虽然取得了很大成就，但仍然滞后于国民经济的发展，铁路运输仍然成为制约国民经济发展的“瓶颈”。

二、铁路运输的特点

目前，我国铁路承担的客运周转量占60.5%，货运周转量占71%，我国铁路的运输密度已居世界第二位。和其他运输方式相比，铁路货物运输的特点有以下几方面。

（1）铁路运输的准确性和连续性强。铁路运输几乎不受气候影响，一年四季可以不分昼夜地进行定期的、有规律的、准确的运转。

（2）铁路运输速度比较快。铁路货运速度每昼夜可达几百千米，一般货车可达100km/h左右，远远高于海上运输。

（3）运输量比较大。铁路一列货物列车一般能运送3 000～5 000吨货物，远远高于航空运输和汽车运输。

（4）铁路运输成本较低。铁路运输费用仅为汽车运输费用的几分之一到十几分之一；运输耗油约是汽车运输的二十分之一。

（5）铁路运输安全可靠，风险远比海上运输小。

（6）初期投资大。铁路运输需要铺设轨道、建造桥梁和隧道，建路工程艰巨复杂；需要消耗大量钢材、木材；占用土地，其初期投资大大超过其他运输方式。

三、基础知识

（一）铁路线路

铁路线路是机车车辆和列车运行的基础。线路是由路基、桥隧建筑物和轨道组成的一个整体的工程结构。线路应当经常保持完好状态，使列车能按规定的最高速度安全、平稳和不间断地运行，以保证铁路运输部门能够质量良好地完成客、货运输任务。

1. 铁路轨距（Rail Gauge）

铁路轨距是指线路上两股钢轨头部的内侧距离。由于轨距不同，列车在不同轨距交接的地方必须进行换装或更换轮对。欧、亚大陆铁路轨距按其大小不同，可分为宽轨、标准轨和窄轨三种。标准轨的轨距为1 435毫米；大于标准轨的为宽轨，其轨距大多为1 524毫米和1 520毫米；小于标准轨的为窄轨，其轨距多为1 067毫米和1 000毫米。我国铁路基本上采用标准轨距，但台湾和海南岛铁路轨距为1 067毫米，昆明铁路局的部分轨距为 1 000 毫米。

2. 铁路限界（Rail Line Demarcation）

为了确保机车车辆在铁路线路上运行的安全，防止机车车辆撞击邻近线路的建筑物和设备，而对机车车辆和接近线路的建筑物、设备所规定的不允许超越的轮廓尺寸线，称为限界。

铁路基本限界分为机车车辆限界和建筑接近限界两种。

机车车辆限界是机车车辆横断面的最大极限，它规定了机车车辆不同部位的宽度、高度的最大尺寸和底部零件至轨面的最小距离。

机车车辆限界和桥梁、隧道等限界相互制约。当机车车辆在满载状态下运行时，也不会因产生摇晃、偏移等现象而与桥梁、隧道及线路上其他设备相接触，从而保证行车安全。

建筑接近限界是一个和线路中心线垂直的横断面，它规定了保证机车车辆安全通行所必需的横断面的最小尺寸。凡靠近铁路线路的建筑物及设备，其任何部分（和机车车辆有相互作用的设备除外）都不得侵入限界之内。

（二）铁路机车与车辆

1. 机车

铁路车辆本身没有动力装置，无论是客车还是货车，都必须把许多车辆连接在一起编成一列，由机车牵引才能运行。所以，机车是铁路运输的基本动力。

铁路上使用的机车种类很多，按照机车原动力，可分为蒸汽机车、内燃机车和电力机车三种。

（1）蒸汽机车。蒸汽机车是以蒸汽为原动力的机车。其优点是结构比较简单、制造成本低、使用年限长、驾驶和维修技术较易掌握以及对燃料的要求不高。但蒸汽机车的主要缺点是热效率太低，总效率一般只有 5%～9%，使机车的功率和速度进一步的提升受到了限制。其次是煤水的消耗量大，沿线需要设置许多供煤和给水设施；在运输中产生的大量煤烟污染环境；机车乘务员的劳动条件差。因此，在现代铁路运输中，随着铁路运量的增加和行车速度的提高，蒸汽机车已不适应现代运输的要求。一些发达的资本主义国家如美、英、法、德、日本等，已经在 20 世纪 50 年代和 20 世纪 60 年代就停止生产蒸汽机车，并于 20 世纪 60 年代和 20 世纪 70 年代停止使用这种机车。我国也于 1989 年停止生产蒸汽机车，并采取自然过渡的办法，在牵引动力改革中逐步对蒸汽机车予以淘汰。

（2）内燃机车。内燃机车是以内燃机为原动力的机车。与蒸汽机车相比，它的热效率高，一般可以达到 20%～30%。内燃机车加足一次燃料后，持续工作时间长，机车利用效率高，特别适用于在缺水或水质不良地区运行，便于多机牵引，乘务员的劳动条件较好。但其缺点是机车构造复杂，制造、维修和运营费用都较大，对环境有较大的污染。

（3）电力机车。电力机车是从铁路沿线的接触网获取电能产生牵引动力的机车，所以电力机车是非自带能源的机车。它的热效率比蒸汽机车高一倍以上。它启动快、速度高、善于爬坡；可以制成大功率机车，运输能力大、运营费用低，当利用水力发电时，更为经济；电力机车不用水、不污染空气、劳动条件好、运行中噪音也小、便于多机牵引。但电气化铁路需要建设一套完整的供电系统，在基建投资上要比采用蒸汽机车或内燃机车大得多。

从世界各国铁路牵引动力的发展来看，电力机车被公认为最有发展前途的一种机车，它在运营上有良好的经济效果。

资料卡：我国的磁悬浮列车

磁悬浮列车（见图 8-1）的原理并不深奥。它是运用磁铁“同性相斥，异性相吸”的性质，使磁铁具有抗拒地心引力的能力，即“磁性悬浮”。磁悬浮高速列车是当今世界上最快的地面交通工具，具有爬坡能力强、低污染等特点。2015 年 4 月，日本东海铁路公司在日本山梨县的磁悬浮试验线创造了载人行驶时速 603 千米的世界纪录。

上海磁悬浮列车专线西起上海地铁 2 号线的龙阳路站，东至上海浦东国际机场，专线全长 29.863 千米。设计最大时速 430 千米/小时。由中德两国合作开发的世界第一条磁悬浮商运线 2001 年 3 月 1 日在浦东挖下第一铲，2002 年 12 月 31 日全线试运行，2003 年 1 月 4 日正式开始商业运营。这是世界第一条商业运营的磁悬浮专线。

这列当今世界上最酷的列车，带车头的车厢长 27.196 米，宽 3.7 米。中间的车厢长 24.768 米，14 分钟内能在上海市区和浦东机场之间打个来回。置身其中，您将亲身体验到这架“陆地客机”所带来的奇异感受。

图 8-1 磁悬浮列车

2. 车辆

铁路车辆是运送旅客和货物的工具，它本身没有动力装置，需要把车辆连挂在一起由机车牵引，才能在线路上运行。铁路车辆可分为客车和货车两大类。铁路货车的种类很多。现从各种不同的角度对其进行介绍。

（1）按照用途/车型划分。按照用途或车型可分为通用货车和专用货车两大类。

通用货车又可分为棚车、敞车和平车三类。

① 棚车（Covered Cars）。棚车车体由瑞墙、例墙、棚顶、地板、门窗等部分组成，用于运送比较贵重和怕潮湿的货物。

② 敞车（Open Cars）。敞车仅有端、侧墙和地板，主要装运不怕湿损的散装或包装货物。必要时也可以加盖篷布装运怕潮湿的货物。所以，敞车是一种通用性较大的货车，灵活性较大。

③ 平车（Flat Cars）。大部分平车车体只有一平底板。部分平车装有很低的侧墙和端墙，并且能够翻倒，适合于装载重量、体积或长度较大的货物。也有将车体做成下弯的凹底平车或一部分不装地板的落下孔车，供装运特殊长大重型货物，因而也称作长大货物车。

专用货车是专供装运某些指定种类货物的车辆，它包括：

① 保温车（Cold Storage Cars）。车体与棚车相似，但其墙板由两层壁板构成，壁板间用绝缘材料填充，以减少外界气温的影响。

目前我国以成列或成组使用的机械保温车为多，车内装有制冷设备，可自动控制车内温度。保温车主要用于运送新鲜蔬菜、鱼、肉等易腐货物。

② 罐车（Tank Cars）。车体为圆筒形，罐体上设有装卸口。为保证液体货物运送时的安全，还没有空气包和安全阀等设备。罐车主要用来运送液化石油气、汽油、盐酸、酒精等液态货物及散装水泥等。

③ 家畜车。主要是运送活家禽、家畜等的专用车。车内有给水、饲料的储存装置，还有押运人乘坐的设施。

专用车还有煤车、矿石车、矿砂车等。

（2）按载重量分。我国的货车可分为20吨以下、25～40吨、50吨、60吨、65吨、75吨、90吨等各种不同的车辆。为适应我国货物运量大的客观需要，有利于多装快运和降低货运成本，我国目前以制造60吨车为主。

（三）车站

车站是办理客货运输的基地，配备各项技术设备和客运、货运、行车、装卸各方面的工作人员。为保证行车安全及通过能力，铁路每隔10千米设一个车站。

目前，全国共有大小车站5 000个，80%办理货运，20%办专用业务。分特级站、Ⅰ站、Ⅱ站、Ⅲ站、Ⅳ站、Ⅴ站六个等级。

按技术作业不同，车站还可以分为：

（1）编组站：主要位于主干线汇合处的港口或大城市，办理车辆解体或编组；如：徐州、郑州、西安、兰州、乌鲁木齐等枢纽编组站。

（2）区段站：主要位于大城市，办理列车运转作业，提供机车。

（3）中间站：是数量最多，规模较小的车站。主要为提高区段通过能力、保证行车安全而设立。

四、我国通往邻国的铁路干线及国境车站

与我国开办铁路联运的邻国有独联体、蒙古国、朝鲜和越南。我国同这些国家的铁路联运是从20世纪50年代开始的，至今已有40多年的历史。铁路联运为各国开辟了一条对外经济贸易联系的重要渠道，为发展国际贸易创造了有利条件。

我国通往邻国的铁路干线，我国与邻国国境站站名、轨距、货物和车辆的交接及货物在不同轨距的换装地点（见表8-1）。

表 8-1　　我国通往邻国的铁路干线及国境车站

我国与邻国	我国铁路干线	我国国境站站名	邻国国境站站名	我国轨距（毫米）	邻国轨距（毫米）	交接、换装地点		至国境线距离	
						出口	进口	我国国境站	邻国国境站
中独间	滨洲线	满洲里	后贝加尔	1 435	1 520	后贝加尔	满洲里	9.8	1.3
	滨绥线	绥芬河	格罗迭科沃	1 435	1 520	格罗迭科沃	绥芬河	5.9	20.6
中蒙间	集二线	二连	扎门乌德	1 435	1 524	扎门乌德	二连	4.8	4.5
中朝间	沈丹线	丹东	新义州	1 435	1 435	新义州	丹东	1.4	1.7
	长图线	图们	南阳	1 435	1 435	南阳	图们	7.3	3.8
	梅集线	集安	满浦	1 435	1 435	满浦	集安	2.1	1.3
中越间	湘桂线	凭祥	同登	1 435	1 000/1 435	同登	凭祥	13.2	4.6
	昆河线	老街	新铺	1 000	1 000	新铺	老街	6.5	4.2

注：① 越南铁路连接我国铁路凭祥一段线路，为准轨和米轨的混合轨，我国铁路同越南铁路间经由凭祥的联运货车可以相互过轨。

② 我国昆明铁路局昆河线为米轨铁路。

③ 独联体与蒙古铁路轨距相差4毫米，货车可以直接过轨。

任务二　国际铁路货物联运

任务描述：掌握国际铁路货物联运的单据与流程。

一、概念

国际铁路货物联运是指在两个或两个以上国家之间进行铁路货物运输时只使用一份统一的国际联运票据，由一国铁路向另一国铁路移交货物时，无须发、收货人参加，铁路当局对全程运输负连带责任。

二、联运的范围

19世纪中期，有关国家签订协约开展国际铁路客货联运，1890年欧洲国家在瑞士首都伯尔尼签订了《国际铁路运送规则》并于1893年开始生效。1934年该公约修改后

称为《国际铁路货物运送公约》并于1938年9月开始实行。现在参加该公约的国家已达到30多个，在国际铁路货物运输的影响也日益扩大。

1951年在北大西洋公约组织欧洲各国部长运输会议上，由苏联代表提议，起草并通过了《国际铁路货物联运协定》（简称《国际货协》）和《国际旅客联运协作》，最初有8个国家参加，1954年中国、朝鲜、蒙古国正式参加，随后越南也参加进来。从此，国际铁路联运成为连接亚欧各国客货运输的重要纽带。“货协”国家自20世纪80年代末由于苏联和东欧各国政体发生变化而解体，但铁路联运业务并未终止，原“货协”的许多运作上的制度，因无新的规章替代故仍被沿用，不过由于各国铁路的收费标准不一，报价困难，故目前处在通而不畅的状态。

国际铁路联运既适用于原“货协”国家之间的货物运输，也适用于“货协”至“货约”国家之间的顺向或反向的货物运输。在我国国内凡可办理铁路货运的车站都可接受国际铁路货物联运。

资料卡：国际铁路组织

1. 铁路合作组织

铁路合作组织简称铁组，原为政府部门间的组织，现为政府、企业混合型组织，成立于1956年6月，其宗旨是发展亚欧间铁路联运，总部设在华沙。

2. 国际铁路联盟

国际铁路联盟简称铁盟，主要是欧洲一些国家的铁路机构和部分其他洲的铁路机构及有关组织参加的非政府性铁路联合组织。成立于1922年12月，总部设在巴黎，其宗旨是推动国际铁路运输的发展，改进铁路技术装备和运营方法，实现铁路建筑物和设备的技术标准的统一。

其他的国际铁路组织还有国际铁路协会、国际铁路大会联合会、欧洲铁路共同体等。

三、办理种别与限制

（一）办理种别

国际铁路货物联运办理种别分为整车、零担和大吨位集装箱。

1. 整车

整车是指按一份运单托运的按其体积或种类需要单独车辆运送的货物。一批货物无论是总重或总体积足够装一辆货车标记载重量，或充满一货车容积的，都应办理整车；一件货物的形状不适于装入棚车或敞车与其他货物拼装，或货物的性质决定，有特殊运输要求或者不能清点件数的，也应按整车办理。

2. 零担

零担是指按一份运单托运的一批货物，重量不超过5 000千克，按其体积或种类不需要单独车辆运送的货物。国际铁路运输中，这种方式因极不适应现代铁路快速、规模运输方式，我国已停办多年。

3. 大吨位集装箱

大吨位集装箱是指按一份运单托运的，用大吨集装箱（即指符合ISO第Ⅰ系列的国际标准集装箱）运送的货物或空的大吨位集装箱。

（二）国际铁路联运的限制

《国际货协》对以下联运货物的范围与条件做出了明确的规定：第一，不准运送的货物；第二，不准在一辆车内运送的货物；第三，不准按一份或数份运单在一辆车内混装运送的货物；第四，需要各国铁路间预先商定后才能承运的货物；第五，需要押运人押运的货物；第六，需要声明价值的货物。

以不准运送的货物为例，《国际货协》禁止运送以下货物。

（1）参加运送铁路的任一国家禁止运送的物品；属于参加运送铁路的任一国家邮政专运物品。

（2）炸弹、弹药和军火，但狩猎和体育用品除外；爆炸品、压缩气体、液化气体或在压力下溶解的气体、自燃品和放射性物质，如果这些物质在《国际货协》附件2第1，2，4.2和7表中没有列载。

（3）一件重量不足10千克，并且体积不超过0.1立方米的零担货物；在换装运送中，使用不能接盖棚车运送的一件重量超过1.5吨的货物。

（4）按《国际货协》各参加国铁路规定不准在一辆车内混装的货物。

四、国际铁路货物单证

（一）联运运单

1. 联运运单的作用

国际铁路货物联运运单是参加国际铁路货物联运的铁路与发货人、收货人之间缔结的运输合同。它体现了参加联运的各国铁路和发货人、收货人之间在货物运送上的权利、义务、责任和豁免，对铁路和发货人、收货人都具有法律效力。

2. 联运运单的组成

发货人（出口单位）或货运代理向铁路车站填报的铁路运单一式五联。第一联为运单正本，它随货走，到达终点站时连同第五联和货物一并交收货人；第二联为运行报单，也随货走，是铁路办理货物交接、清算运送费用、统计运量和收入的原始凭证，由铁路留存；第三联为运单副本，由始发站盖章后交发货人凭以办理货款结算和索赔用；第四联为货物交付单，随货走，由终点站铁路留存；第五联为“到达通知单”，由终点站随货物交收货人。

课堂讨论：铁路联运运单与海运提单在作用上有哪些不同？

（二）补充运行报单

它是指发货人为发送路和过境路铁路留底准备的必要份数的运行报单。

（三）添附文件

国际联运进出口货物经由国境站，需要履行海关查验、商品检验、卫生检疫等特定手续，发货人必须将为履行上述手续所需的随附单证附加在运单上。

运单的添附单证主要包括以下几种：出口货物报关单、品质证明书、商品检验证书、动植物检疫证书、兽医证明书等。其他有关该批货物数量、质量、规格等的单证则视合同的规定和货物不同要求而定，一般附有下列几种：磅码单、装箱单、发运清单、零件清单、化验单、清洁容器证明书等。

上述运单的添附单证，应由发货人记入运单的“发货人添附的文件”栏内，并牢固地附在运单上，随货物同行。

五、进出口程序

（一）出口

国际铁路联运操作程序包括发送站的发送作业、发送路国境站作业、过境路作业（如有的话）、到达路国境站作业、到达路的到发作业等环节。

在实际业务中，客户（发货人、收货人）往往委托国际货运代理办理国际铁路联运的进出口手续。以出口为例，国际货运代理需要经过接受委托——提报计划——制单（铁路联运运单）——配车——报检、报关——口岸交接（审核、换装、签署交接证件）——国外交货等业务环节。

1. 申请出口货物运输计划申请和组织准备工作

它主要包括向铁路申请出口运输计划，制订运输组织方案、车辆配载方案和装载加固/包装方案，缮制国际货协运单、装箱单以及报关报检单据等。

2. 出口货物发运工作

它主要包括办理报关报检工作、凭编制好的国际货协运单向车站请报日装车计划、装车和加固、对需押运的货物办理押运手续、交付运杂费取得加盖日期戳的国际货协运单。

3. 出口口岸车站的交接

它主要包括办理货物在口岸的报关报检、货物交接与查验、货运事故处理等事宜。

4. 境外运输

在《国际货协》参加国家，必须是在国家主管部门和铁路当局注册的运输公司才能从事外贸和过境运输业务。

5. 出口货物到达交付

货物运至到达站，收货人向铁路付清运单所载的一切应付的运送费用后，铁路必须将货物、运单正本和货物到达通知单（运单第1联和第5联）交付收货人；收货人必须支付运送费用并领取货物。

（二）进口

国际铁路联运进口货物运输与出口货物运输在货物与单据的流转程序上基本相同，只是在流转方向上正好相反。

1. 进口运输计划的申报

国际铁路联运进口运输计划申报和运单填制时，应注意，到站应是中国境内实际到站（如北京东站、上海西站等）而不能填写中国的国境站（如满洲里站、二连站等），否则，按国际货协运单到站满洲里，则认为一票运输截止，应在满洲里车站卸货、清关后，再申请国内运输计划装车发往国内实际到站，接收国铁路原则上不允许在国境站接收货物，而国境站发往国内运输计划十分难申请，会增加很多环节和费用。

2. 进口货物在国境站的交接与分拨

进口国境站有关单位根据货车预报和确报做好检查准备工作，货车到达后铁路会同海关接车，然后两国国境站交接所根据交接单，办理货物和车辆的现场交接，我国进口国境站交接所通过内部联合办公做好单据核放、货物报关验关工作，然后由铁路负责将货物调往换装线，进行换装作业，并按流向编组向国内发运。

3. 运送工具和空容器的返回

发货人在发运国际联运货物时，在发运站使用发运路的运送工具（如篷布、粮谷挡板等）随同货物运往到站或换装站时，发站应按车辆使用规则格式编制运送工具寄送单随同运送工具直至返还所属路。属于发货人的运送工具在到达到站后交给收货人处理。如发货人希望将不属于铁路的运送用具或空容器从到站返还发站时，应在运单"对铁路无约束效力的记载"栏内注明运送用具或空容器应予返还。

（三）国际铁路集装箱联运进出口操作流程的特殊规定

国际铁路集装箱联运，主要是利用相邻国家的各国铁路集装箱和货主自备箱开展的国际铁路联运。国际铁路集装箱联运执行我国铁路和《国际货协》规定，由于国际铁路联运是一份运单全程运输，所以使用国际货协运单，货物运输同时也要符合《国际货协》规定。

目前，我国主要同俄罗斯、哈萨克斯坦、蒙古国、越南四国开展邻国间的国际铁路集装箱联运业务，与整车货物联运相比，集装箱联运的最大差别在于集装箱的使用与管理。

1. 中俄、中哈之间

发往俄罗斯、哈萨克斯坦的集装箱货物，可使用中铁集装箱运输有限责任公司（以下简称中铁集）的集装箱，发货人需要提前与中铁集签订集装箱使用协议，支付押金和租金，可以指定在发运站提箱，由中铁集负责将箱调到指定发运站，同时，因中国铁路与俄罗斯、哈萨克斯坦国家铁路签订了集装箱相互使用协议，双方铁路集装箱可相互使用、保管并负责返运对方铁路集装箱，因而，无须货主自行安排返运集装箱。

2. 中蒙、中越之间

发往俄罗斯、哈萨克斯坦的集装箱货物使用中铁集装箱时，由中铁集按协议负责境外运输、交接和返箱事宜不同。中蒙、中越之间铁路集装箱既不得互换，同时货主租用中铁集的集装箱出境运输后，还应负责返空。因此，在发往蒙古、越南的铁路集装箱货物时，使用人需要与中铁集签订租箱协议，支付押金和租金，在发运站凭中铁集装箱提箱单提取中铁箱，用于中国到蒙、越的铁路运输，使用后按约定时间将空箱返运交到原出口国境站还箱。显然，发货人应向境外货运代理明确：使用中铁集装箱的注意事项、使用期限和返箱时间限制。

3. 中朝之间

目前，我国与朝鲜间不开通正常集装箱货物运输，如发运集装箱货物，应按整车货物办理，按整车货物发运。集装箱作为货物包装物和货物一体办理运输手续，不做空集装箱返回运输。

课堂讨论：与海运相比，铁路联运货运的操作流程上有何特别之处？

六、货损事故的索赔与时效

铁路对国际联运货物从承运起至到站交付货物时止，对货物全部或部分灭失或损坏或逾期运达所造成的损失应承担责任。

发货人或收货人向铁路索赔时必须提供下列文件。

(1) 货物全部灭失时，如由发货人索赔应提供运单副本；如由收货人索赔应提供运单或运单副本。

(2) 货物部分灭失、毁损或腐坏时，发货人或收货人都应提供运单和铁路交给收货人的商务记录。

(3) 货物逾期到达，收货人索赔时应提供运单。

(4) 铁路多收运送费用时，发货人或收货人都应按其已交付的运费提出索赔金额并须提供运单。在我国发货人可不提供运单，但收货人必须提供运单。

索赔时效：关于运送费用和损失的索赔应在 9 个月内提出；关于逾期运达的索赔应在 2 个月内提出。自提出索赔之日起，铁路必须在 180 天内给予审理并答复索赔人。凡超过时效的索赔则无效并不得提出诉讼。

任务三 国际铁路货物联运费用的计算和核收

任务描述：掌握国际铁路联运的运费核收方式。

国际铁路货物联运费用的计算和核收，必须遵循《国际货协》、《国际铁路货物联运统一过境运价规程》（简称《统一货价》）和中国《铁路货物运价规则》（简称《国内价规》）的规定。货物联运费用包括货物运费、押运人乘车费、杂费和其他费用。

一、国际铁路货物联运费用的构成与构成方式

国际铁路货物联运费用由发送路运送费用、到达路运送费用和过境路运送费用三部分所构成。在实践中，根据买卖双方约定，其运费支付方式主要有以下几种。

（1）发货人交纳全程运费，包括发运路费用、过境费用和到达路费用。

（2）发货人交纳发送路费用，过境费用和到达路费用由收货人支付。

（3）发货人交纳发送路费用和过境费用，到达费用由收货人支付。

二、国际铁路货物联运费用的计算与核收

国际铁路货物联运运送费用的计算和核收，必须遵循《国际货协》《统一货价》和中国《国内价规》的规定。

1. 发送路的运送费用、到达路运送费用

按本国铁路规章规定，以本国货币分别在发站、到站向发货人或收货人核收。

2. 过境路的运送费用

按《统一货价》进行计算。至于核收方式，在早期，过境货物运送费用规定为由《国际货协》参加国铁路间相互清算，即过境运送费用的核收是由发送国铁路或到达国铁路在发站或到站向发货人或收货人核收，然后再由各国铁路间相互清算。目前，许多国家如俄罗斯、哈萨克斯坦等前独联体国家以及蒙古国等国的铁路均要求货主通过代理结算费用，即发货人或收货人应自行或通过代理机构将过境费用支付给过境铁路指定的收费代理机构。

三、国际铁路联运费用核收方式与国际贸易术语的冲突及其化解

如前所述，在国际铁路联运下，当采用 EXW、FCA、CIP、CPT 等国际贸易术语时，会与现行的铁路运费核收方式产生冲突，比如，在 EXW 下，发货人无须支付铁路运费，但根据铁路核收规则，发货人却有义务支付发送路运费。因而，为了防止支付额外的铁路运费，贸易双方在签订贸易合同时，应对铁路货物联运费用的支付做出明确的规定，以便有效化解国际贸易术语与国际铁路货物联运费用核收方式的冲突。

四、国际铁路货物联运过境运费的计算

国际铁路货物联运过境运费是按照《统一货价》的规定计算的。其运费计算的程序及公式如下。

（1）根据运单记载的应通过的国境站，在《统一货价》过境里程表中分别找出货物所通过的各个国家的过境里程。

（2）根据货物品名，查阅《统一货价》中的通用货物品名表，确定所运货物应适用的运价等级。

（3）根据货物运价等级和各过境路的运送里程，在《统一货价》中符合该批货物的运价率。

（4）《统一货价》对过境货物运费的计算是以慢运整车货物的运费额为基础的（即

基本运费额)，其他种别的货物运费，则在基本运费额的基础上分别乘以不同的加成率。

任务四 对香港、澳门地区铁路货物的运输

任务描述：掌握对港澳地区铁路运输的特点。

一、对香港的铁路运输

（一）特点

对香港的铁路运输是由大陆段和港九段两部分铁路运输组成，其特点为“两票运输，租车过轨”。也就是出口单位在发送地车站将货物托运至深圳北站，收货人为深圳外运公司。货车到达深圳北站后，由深外运作为各地出口单位的代理向铁路租车过轨，交付租车费（租金从车到深圳之日起至车从香港返回深圳之日止，按车上标定的吨位，每天每吨若干元人民币）并办理出口报关等手续。经海关放行过轨后，由香港的中国旅行社有限公司（以下简称“中旅”）作为深圳外运在港代理，由其在港段罗湖车站向港九铁路另行起票托运至九龙，货到九龙站后由“中旅”负责卸货并交收货人。

（二）程序

1. 出口

（1）出口单位或货运代理（一般都是当地的外运公司）向当地铁路办理托运后，均凭托运地外运公司签发的“承运货物收据”（Cargo Receipt）向银行办理结汇。

（2）出口单位或货运代理均应委托深圳外运分公司为收货人办理接货、办理出口报关（如发货地有条件也可在发货地办理出口报关）、租车过轨等中转手续。

（3）出口单位或货运代理必须事先将有关单证如香港货物委托书、出口许可证、出口报关单、商检证、商业发票、装箱单或重量单等寄给深圳外运，货物装车后应及时拍发起运电报以便深圳外运办理中转。如单证不全或有差错，或拍发起运电报不及时，或发生货物破损、变质、被盗等情况，货车便不能过轨。

（4）凡具备过轨手续的货车，由深外运向海关办理出口报关，经海关审单无误后即会同联检单位对过轨货车进行联检，联检无问题的由海关、边检站共同在“出口货车组成单”上签字放行。

（5）放行后的货车由铁路运到深圳北站以南1千米与港段罗湖站连接处，然后由罗湖站验收并拖运过境。过境后由“中旅”向港段海关报关，并在罗湖站办理起票，港段承运后，即将过轨货车送到九龙站，由“中旅”负责卸车并将货物分别交付给各个收货人。

2. 进口

从香港进口货物的运输，自1980年5月1日起，凡属外贸进口物资、来料加工、补偿贸易、装配业务、合作生产、合作办厂以及代理外商加工生产的货物，均可利用回空车辆从深圳陆运进口。但对危险品、超重超限货物、需要保温车装运的鲜冻货物及需

要检疫报验的货物，必须事先与深外运、中旅等有关单位商定后才能办理。

（1）办理委托的手续

进出口公司与客户签约后，凡须通过铁路由深圳进口的货物应先将合同副本寄深圳外运公司，对来料加工、补偿贸易、装配业务、合作生产等除寄合同副本外，还要寄上级主管机关的批准文件。与此同时，订货部门或收货人应通知香港发货人向香港“中旅”办理委托发送手续。

香港委托人须填写委托书一式四份并应随附发票四份、装箱单四份、合同副本两份、有关证明的复印件四份以及其他必要的单证送交“中旅”。“中旅”应于货物进口前三天将上述有关单证送交深圳外运公司，以便深外运办理进口报关手续。货物办要进境手续后再由深外运代办国内段的铁路运输。

（2）货物进口的方式

① 在九龙装整车的货物或拼装同一到站的零担货物，均经深圳原车过轨并由深圳外运公司托运至内地目的站。

② 在九龙站以铁路包裹（快件）托运的，在罗湖桥由“中旅”与深外运办理交接，并由深外运就地分拨并以包裹、零担、邮件等方式运往内地各目的地。

二、对澳门的铁路运输

出口单位或货运代理在发送地车站将货物托运至广州，整车到广州南站新风码头42道专用线。零担到广州南站，危险品零担到广州吉山站，集装箱和快件到广州车站，收货人均为广东省外运公司，货到广州后由省外运公司办理水路中转将货物运往澳门，货到澳门由南光集团运输部负责接货并交付收货人。

配套实训练习

简答题

1. 简述国际铁路货物联运的办理种别。
2. 简述国际铁路货物联运的进出口流程。

附件 8-1：

中国对外贸易运输公司上海公司

承运货物收据

GARGO RECEIPT

第一联（凭提货物）

运编 No. ________

发票 No. ________

合约 No. ________

委托人： (Shipper)	银行： (Bank) 通知： (Notify)

自（from）上海（SHANGHAI）经由（Via）深圳（SHUMCHUN）至（To）香港（HONGKONG）

发　据 日期：　　　　车号：

装　车 (Date)　　　　Car No.

标　记 (Marks & No.)	件　数 (Packages)	货　物　名　称 (Description of Goods)	附　记 (Remarks)

运费交付地点：
(Freight Payable)
全 程 运 费 在 上 海 付 讫

请向下列地点接洽提取货件
(For Delivery apply to)
香港中国旅行社有限公司
(CHINA TRAVEL SERVICE
(H. K.) LTD.)
37. QUEENS ROAD CENTRAL
1ST. FLOOR HONGKONG

中国对外贸易运输公司上海分公司

押汇银行签收
(Bank's Endorsement)
____

收货人签收
(Consignee's Signature)
____

项目九

大陆桥及国际多式联运

任务一　大陆桥运输

任务描述：掌握世界主要大陆桥的情况。

一、大陆桥运输的概念

所谓大陆桥运输（Land Bridge Transport），是指使用横贯大陆的铁路、公路运输系统为中间桥梁，把大陆两端的海洋连接起来的运输方式。从形式上看，是海陆海的连贯运输，但实际在做法上已在世界集装箱运输和多式联运的实践中发展成多种多样。

大陆桥运输一般都是以集装箱为媒介，因为采用大陆桥运输，中途要经过多次装卸，如果采用传统的海陆联运，不仅增加运输时间，而且大大增加装卸费用和货损货差，以集装箱为运输单位，则可大大简化理货、搬运、储存、保管和装卸等操作环节，同时，集装箱是经海关铅封，中途不用开箱检验，而且可以迅速直接转换运输工具，故采用集装箱是开展大陆桥运输的最佳方式。

二、大陆桥产生的历史背景

大陆桥运输是在集装箱运输的基础上产生于20世纪50年代，日本的运输公司首先将集装箱经太平洋运至美国西海岸，然后再利用横贯美国东西部的铁路运至美国东海岸，然后装船继续运往欧洲，由此产生了世界上大陆桥的雏形——美国大陆桥。

1967年，大陆桥运输正式开始。当时由于战争原因，苏伊士运河被迫关闭，又赶上巴拿马运河拥挤堵塞，远东与欧洲之间的海上货船不得不改道绕航非洲好望角或南美洲得雷克海峡，导致航程和运输时间大大延长。当时又逢油价猛涨，海运成本增加，加之正值集装箱运输兴起，所以大陆桥运输应运而生，产生了两条远东、日本至欧洲的大陆桥路线。

大陆桥运输改变了以前单一的全程海运方式，达到了缩短运输里程、降低运输成本、加速货物运输的目的，取得了很好的经济效果，从此这种新兴的运输方式轰轰烈烈地发展起来。

三、世界主要大陆桥

（一）西伯利亚大陆桥（Siberian Land Bridge）

西伯利亚大陆桥是利用俄罗斯西伯利亚铁路作为陆地桥梁，把太平洋远东地区与波罗的海和黑海沿岸以及西欧大西洋口岸连起来。

此条大陆桥运输线东自海参崴的纳霍特卡港口起，横贯欧亚大陆，至莫斯科，然后分三路，一路自莫斯科至波罗的海沿岸的圣彼得堡港，转船往西欧、北欧港口；一路从莫斯科至俄罗斯西部国境站，转欧洲其他国家铁路（公路）直运欧洲各国；另一路从莫斯科至黑海沿岸，转船往中东、地中海沿岸。所以，从远东地区至欧洲，通过西伯利亚大陆桥有海/铁/海、海/铁/公路和海/铁/铁三种运送方式。

从 20 世纪 70 年代初以来，西伯利亚大陆桥运输发展很快。目前，它已成为远东地区往返西欧的一条重要运输路线。日本是利用此条大陆桥的最大货主。整个 20 世纪 80 年代，其利用此大陆桥运输的货物数量每年都在 10 万个集装箱以上。为了缓解运力紧张情况，苏联又建成了第二条西伯利亚铁路。但是，西伯利亚大陆桥也存在三个主要问题：（1）运输能力易受冬季严寒影响，港口有数月冰封期；（2）货运量西向大于东向约两倍，来回运量不平衡，集装箱回空成本较高，影响了运输效益。随着新亚欧大陆桥的正式营运，这条大陆桥的地位正在下降。

（二）北美大陆桥（North American Land Bridge）

北美大陆桥是指利用北美的铁路从远东到欧洲的“海陆海”联运。

该陆桥运输包括美国大陆桥运输和加拿大大陆桥运输，其中美国大陆桥运输的作用较为突出。美国有两条大陆桥运输线路：一条是从西部太平洋沿岸至东部大西洋沿岸的铁路和公路运输系统，全长约 3 200 千米；另一条是从西部太平洋沿岸至东南部墨西哥湾沿岸的铁路和公路运输系统，全长约 1 000 千米。美国大陆桥于 1971 年年底由经营远东/欧洲航线的船公司和铁路承运人联合开办“海陆海”多式联运线，后来美国几家班轮公司也投入营运。这些集团均以经营人的身份，签发多式联运单证，对全程运输负责。加拿大大陆桥与美国大陆桥相似，由船公司把货物海运至温哥华，经铁路运到蒙特利尔或哈利法克斯，再与大西洋海运相接。

北美大陆桥是世界上历史最悠久、影响最大、服务范围最广的陆桥运输线。据统计，从远东到北美东海岸的货物 50% 以上是采用双层列车进行运输的，因为采用这种陆桥运输方式比采用全程水运方式通常要快 1～2 周。例如，集装箱货从日本东京到欧洲鹿特丹港，采用全程水运（经巴拿马运河或苏伊士运河）通常约需 5～6 周时间，而采用北美陆桥运输仅需 3 周左右的时间。

在北美大陆桥强大的竞争面前，巴拿马运河可以说是最大的输家之一。随着北美西海岸陆桥运输服务的开展，众多承运人开始建造不受巴拿马运河尺寸限制的超巴拿马型船（Post-Panama Ship），从而放弃使用巴拿马运河。

（三）其他陆桥运输形式

北美地区的陆桥运输不仅包括上述大陆桥运输，而且还包括小陆桥（Mini Land Bridge）、微型陆桥（Micro Land Bridge）、海空联运等运输组织形式。

所谓小陆桥运输，也就是比大陆桥的海/陆/海形式缩短一段，海上运输，成为海/陆/或陆/海形式。例如，远东至美国东部大西洋口岸或美国南部墨西哥湾口岸的货运，由原来全程海运，改为由远东装船运至美国西部太平洋口岸，转装铁路（公路）专用车运至东部大西洋口岸或南部墨西哥湾口岸，以陆上铁路（公路）作为桥梁，把美国西海岸同东海岸和墨西哥湾连起来。目前，欧洲到美国东海岸转内地或其相反方向的运输，欧洲到美国墨西哥湾地区转内地或相反方向的运输，远东、日本到美国东海岸转内地或其相反方向的运输，澳大利亚到美国东海岸转内地或其相反方向的运输主要利用小陆桥运输的形式。

微型陆桥运输与小陆桥运输基本相似，只是其交货地点在内陆地区，比小陆桥更短一段。由于没有通过整条陆桥而只利用了陆桥的一段，因而微型陆桥运输又称为半陆桥运输，是指海运加一段从港口到内陆点的陆上运或反之亦然的运输方式。

海空联运又被称为空桥运输（Air Bridge Service）。在运输组织方式上，空桥运输与陆桥运输有所不同：陆桥运输在整个货运过程中使用的是同一个集装箱，不用换装，而空桥运输的货物通常要在航空港换入航空集装箱。不过。两者的目标是一致的，即以低费率提供快捷、可靠的运输服务。

海空联运方式始于20世纪60年代，但到20世纪80年代才得以较大的发展。采用这种运输方式，运输时间比全程海运短，运输费用比全程空运便宜。当然，这种联运组织形式是以海运为主，只是最终交货运输区段由空运承担。1960年年底，苏联航空公司开辟了经由西伯利亚至欧洲航空线。1968年，加拿大航空公司参加了国际多式联运。20世纪80年代，出现了经由中国香港、新加坡、泰国等至欧洲航空线。目前，国际海空联运线主要有：

（1）远东—欧洲。目前，远东与欧洲间的航线有以温哥华、西雅图、洛杉矶为中转地，也有以中国香港、曼谷、海参崴为中转地。此外，还有以旧金山、新加坡为中转地。

（2）远东—中南美洲。近年来，远东至中南美洲的海空联运发展较快，因为此处港口和内陆运输不稳定，所以对海空运输的需求很大。该联运线以迈阿密、洛杉矶、温哥华为中转地。

（3）远东—中近东、非洲、澳大利亚。这是以中国香港、曼谷为中转地至中近东、非洲的运输服务。在特殊情况下，还有经马赛至非洲、经曼谷至印度、经中国香港至澳大利亚等联运线，但这些线路货运量较小。

四、美国的OCP运输条款

“OCP”是Overland Common Points的简写，意即“内陆公共点地区”，简称“内陆地区”。其含义是：根据美国费率规定，以美国西部九个州为界，也就是以洛矶山脉为界，其以东地区，均为“内陆地区”范围，这个范围很广，约占美国全国2/3的地区。

按 OCP 运输条款规定，凡是经过美国西海岸港口转往上述内陆地区的货物，如按 OCP 条款运输，就可享受比一般直达西海岸港口更为便宜的优惠内陆运输费率，一般约低 3%～5%。相反方向，凡从美国内陆地区启运经西海岸港口装船出口的货物同样可按 OCP 运输条款办理。同时，按 OCP 运输条款，尚可享受比一般正常运输为低的优惠海运运费，每吨约低 3～5 美元。

采用 OCP 运输条款时必须满足以下条件。

（1）货物最终目的地必须属于 OCP 地区范围内，这是签订运输条款的前提。

（2）货物必须经由美国西海岸港口中转。因此，在签订贸易合同时，有关货物的目的港应规定为美国西海岸港口，即为 CFR 或 CIF 美国西海岸港口条件。

（3）在提单备注栏内及货物唛头上应注明最终目的地 OCP ×××城市。

例如，我国出口至美国一批货物，卸货港为美国西雅图，最终目的地是芝加哥。西雅图是美国西海岸港口之一，芝加哥属于美国内陆地区城市，此笔交易就符合 OCP 规定。经双方同意，就可采用 OCP 运输条款。在贸易合同和信用证内的目的港可填写“西雅图”括号内陆地区，即“CIF Seattle（OCP）”。除在提单上填写目的港西雅图外，还必须在备注栏内注明“内陆地区芝加哥”字样，即“OCP Chicago”。

五、新亚欧大陆桥

1990 年 9 月 11 日，随着中国兰新铁路与哈萨克斯坦土西铁路接轨，连接亚欧的第二座大陆桥正式贯通。新亚欧大陆桥东起中国连云港，西至荷兰鹿特丹，途经哈萨克斯坦、乌兹别克斯坦、吉尔吉斯斯坦、塔吉克斯坦、俄罗斯、白俄罗斯、波兰、德国和荷兰等国，全长 10 900 千米。该陆桥为亚欧开展国际多式联运提供了一条便捷的国际通道。远东至西欧，经新亚欧大陆桥比经苏伊士运河的全程海运航线，缩短运距 8 000 千米；比通过巴拿马运河缩短运距 11 000 千米。远东至中亚、中近东，经新亚欧大陆桥比经西伯利亚大陆桥，缩短运距 2 700～3 300 千米。该陆桥运输线的开通有助于缓解西伯利亚大陆桥运力紧张的状况。

新亚欧大陆桥在中国境内经过陇海、兰新两大铁路干线，全长 4 134 千米。它在徐州、郑州、洛阳、宝鸡、兰州分别与我国京沪、京广、焦柳、宝成、包兰等重要铁路干线相连，具有广阔的腹地，新亚欧大陆桥于 1992 年 9 月正式运营。至此，亚洲大陆地区运往欧洲、中近东地区的货物可经海运至中国连云港上桥，出中国西部边境站阿拉山口后，进入哈萨克斯坦国境内边境站德鲁日巴换装，再通过铁路、公路、海运继续运至西欧、东欧、北欧和中近东各国。而欧洲、中近东各国运往亚洲大陆的货物，则可经铁路进入中国西部边境站阿拉山口换装，经中国铁路运至连云港后，再转船继运至日本、韩国、中国香港、中国台湾和菲律宾、新加坡、泰国、马来西亚等国和地区。

▶ 知识窗：

新亚欧大陆桥运输优势

与西伯利亚大陆桥相比，新亚欧大陆桥的优势在于：

1. 地理位置气候条件优越。港口无封冻，自然条件好，吞吐能力大，可常年作业。

2. 运距短。比第一条缩短 1 040 千米，比海运节省运费 20%～25%。

3. 辐射面广。辐射亚欧大陆 30 多个国家和地区，总面积达 5 071 万平方千米。

4. 对亚太地区吸引力大。除中日韩外，东南亚国家均可利用此线路。

自运营以来，内外条件日趋改善，运量拓宽，客户已认识其优越性。尤其为中亚各国提供最便捷出海口，缩短时间，节省费用，简化手续，创造了良好条件。

任务二 国际多式联运

任务描述：掌握多式联运经营人性质及相关责任。

国际多式联运是一种利用集装箱进行联运的新的运输组织方式。它通过采用海、陆、空等两种以上的运输手段，完成国际间的连贯货物运输，从而打破了过去海、铁、公、空等单一运输方式互不连贯的传统做法。如今，提供优质的国际多式联运服务已成为集装箱运输经营人增强竞争力的重要手段。

一、国际多式联运的定义与特征

国际多式联运（International Multimodal Transport）是一种以实现货物整体运输的最优化效益为目标的联运组织形式。它通常是以集装箱为运输单元，将不同的运输方式有机地组合在一起，构成连续的、综合性的一体化货物运输。它与传统的单一运输方式有很大的不同。

根据 1980 年《联合国国际货物多式联运公约》（简称《多式联运公约》）以及 1997 年我国交通部和铁道部共同颁布的《国际集装箱多式联运管理规则》的定义，国际多式联运是指“按照多式联运合同，以至少两种不同的运输方式，由多式联运经营人将货物从一国境内接管货物的地点运至另一国境内指定地点交付的货物运输”。

根据上述定义，结合国际上的实际做法，可以得出，构成国际多式联运必须具备以下特征或基本条件。

（1）必须具有一份多式联运合同。该运输合同是多式联运经营人与托运人之间权利、义务、责任与豁免的合同关系和运输性质的确定，也是区别多式联运与一般货物运输方式的主要依据。

（2）必须使用一份全程多式联运单证。该单证应满足不同运输方式的需要，并按单一运费率计收全程运费。

（3）必须是至少两种不同运输方式的连续运输。

（4）必须是国际间的货物运输。这不仅是区别于国内货物运输，主要是涉及国际运输法规的适用问题。

（5）必须由一个多式联运经营人对货物运输的全程负责。该多式联运经营人不仅是订立多式联运合同的当事人，也是多式联运单证的签发人。当然，在多式联运经营人履行多式联运合同所规定的运输责任的同时，可将全部或部分运输委托他人（分承运人）完成，并订立分运合同。但分运合同的承运人与托运人之间不存在任何合同关系。

由此可见，国际多式联运的主要特点是：由多式联运经营人对托运人签订一个运输合同统一组织全程运输，实行运输全程一次托运、一单到底、一次收费、统一理赔和全程负责。它是一种以方便托运人和货主为目的的先进的货物运输组织形式。

二、国际多式联运组织模式

目前，大多数多式联运仍需在不同运输方式之间进行换装作业，但也出现了货物中途无换装作业的多式联运组合形式，比如，驮背运输、基于滚装船运输的陆海联运、基于火车轮渡的陆海联运等。

以海运为核心的多式联运主要包括公海联运、海铁联运、基于火车轮渡的陆海、基于滚装船运输的陆海联运等。由于内河与海运在航行条件、船舶吨位、适用法规上有所不同，因此，江海联运、载驳运输/子母船运输往往也视为多式联运。

（一）海铁联运

海铁联运具有快速、安全、运能大、成本低等突出优势，成为当今国际上多式联运的重要模式。目前，加拿大、澳大利亚等国家的海铁联运量一般占总量的 30% 以上。但我国海铁联运发展缓慢，在我国国际多式联运中，海铁联运的比重很低，仅占约 1.5%。

（二）江海联运与载驳运输

伴随着近年来我国水路运输的强劲发展，以长江、珠江等国内内河水系为依托发展江海联运已经成为共识。

1. 长江江海联运与载驳运输

长江江海货物运输，除了采用江海直达运输（即使用江海两用船，运送途中无须中转换装）方式，还采用以下两种方式：一是江海联运，也称江海中转运输。它是指使用河船和海轮分段运输，由海船和内河船分段完成海上和内河运输任务，货物在河口港进行海船与内河船之间的换装作业。二是载驳运输，也称子母船运输。它是指先将专用子驳积载在母船上，到河口将载货子驳卸入内河，然后由推船或拖船牵引子驳，将货物运到内河港口或货主指定的卸货地点。

2. 黑龙江内贸跨境运输：中—俄—中

2006 年，我国经与俄罗斯协商，双方共同提出了经牡丹江市过境至俄罗斯符拉迪沃斯托克港、东方港、纳霍德卡港装船，经日本海、黄海、东海至宁波、上海和广州等港口的内贸集装箱运输方案。2007 年 2 月 14 日，海关总署发布了《海关总署关于开展内贸货物跨境运输试点工作的公告》，同意开展内贸货物跨境运输业务试点。

所谓内贸货物跨境运输是指国内贸易货物由我国关境内一口岸启运，通过境外运至我国关境内另一口岸的业务。它具有限口岸和运输路线、限参与企业、限货物范围及运输方式、接受海关监管并实行专项管理、人民币结算等特点。

3. 基于火车轮渡或滚装船运输的陆海联运

（1）基于火车轮渡的陆海联运。一般而言，火车轮渡是指以装载旅客或货物的火车作为一个运输单元，由火车司乘人员驾驶直接驶上、驶离船舶进行的运输。

基于火车轮渡的陆海联运，是指借助于火车轮渡实现铁路—海运—铁路多式联运，它是指以火车轮渡为载体，利用水运衔接两端的铁路运输，衔接方式采用在装货港将载货列车开上船舶，船舶到达卸货港后，由原载货列车开下继续运送至目的地的陆海陆联运模式。这种模式既可因节省大量货物在装卸港的上装下卸而缩短了货物的在途时间，又在很大程度上弥补了传统水路运输的不足，当然，火车轮渡仍然没有摆脱水运的特点，仍然要受轮船航速和装卸时间的限制。

（2）基于滚装船运输的陆海联运。滚装船运输与火车轮渡的主要差别在于前者以道路机动车辆或移动机械作为运输单元，而后者以火车作为运输单元。

同样，与火车轮渡类似，借助于滚装船运输，也可实现公路—海运—公路的多式联运。近几年，在此基础上又进一步与甩挂运输（Drop And Pull Transport）结合起来，形成陆海联运甩挂运输，它是指在装货港，由牵引车将载有集装箱的挂车直接开上滚装船，停妥摘挂后离去，滚装船运行至卸货港后，等候在卸货港的牵引车上船，挂上载有集装箱挂车，直接运往目的地的陆海陆联运模式。

三、多式联运经营人的性质和责任范围

《多式联运公约》对多式联运经营人所下的定义：多式联运经营人，是指其本人或通过其代表订立多式联运合同的任何人，他是货主，而不是发货人的代理或代表或参加多式联运的承运人的代理人或代表，并且负有履行合同的责任。表 9-1 为国际多式联运经营人、无船承运人和传统货运代理的比较。

表 9-1 国际多式联运经营人、无船承运人和传统货运代理的比较

比较项目		多式联运经营人	无船承运人	传统货运代理
相同点		他们均属于运输中间商，其主要业务是为供需双方提供运输服务或代理服务，以求赚取运费或代理费		
不同点	涉及运输方式	至少两种运输方式	海运	海、陆、空
	法律地位	对货主而言是承运人，对各区段承运人而言是货主	对货主而言是承运人，对船公司而言是货主	代理人
	资金占用	很大	较大	很少
	是否拥有船舶	必要时可以拥有	禁止拥有	禁止拥有
	是否拥有陆运与空运工具	必要时可以拥有	必要时可以拥有	禁止拥有
	是否有自己的提单	有	有	无
	是否有自己的运价表	有	有	无
	收入性质	运费（差价）	运费（差价）	代理费或佣金

多式联运经营人的责任期间是从接收货物之时起到交付货物之时止，在此期间对货

主负全程运输责任，根据多式联运责任制的范围和索赔限额，目前国际上一般有三种类型和做法。

（一）统一责任制（Uniform Liability System）

统一责任制又称同一责任制，就是多式联运经营人对货主负有不分区段的统一原则责任，也就是说经营人在整个运输中都使用同一责任向货主负责。即经营人对全程运输中货物的灭失、损坏或延期交付负全部责任，无论事故责任是明显的，还是隐蔽的；是发生在海运段，还是发生在内陆运输段，均按一个统一原则由多式联运经营人统一按约定的限额进行赔偿。但如果多式联运经营人已尽了最大努力仍无法避免的或确实证明是货主的故意行为过失等原因所造成的灭失或损坏，经营人则可免责。

统一责任制是一种科学、合理、手续简化的责任制度。但这种责任制对联运经营人来说责任负担较重，因此目前在世界范围内采用还不够广泛。

（二）分段责任制（Net Work Liability System）

分段责任制又称网状责任制或混合责任制，就是多式联运经营人对货主承担的全部责任局限在各个运输部门规定的责任范围内。也就是由经营人对集装箱的全程运输负责，而对货物的灭失、损坏或延期交付的赔偿，则根据各运输方式所适用的法律规定进行处理，如海上区段按《海牙规则》处理，铁路区段按《国际铁路运输公约》处理，公路区段按《国际公路货物运输公约》处理，航空区段按《华沙公约》处理。在不适用上述国际法时，则按相应国家的国内法规定处理。同时，赔偿限额也是按各区段的国际法或国内法的规定进行赔偿，对不明区段的货物隐蔽损失，或作为海上区段按《海牙规则》处理，或按双方约定的原则处理。

网状责任制是介于全程运输负责制和分段运输负责制这两种负责制之间的一种责任制，故又称混合责任制。也就是该责任制在责任范围方面与统一责任制相同，而在赔偿限额方面则与区段运输形式下的分段负责制相同。

目前，国际上大多采用的就是网状责任制。我国自“国际集装箱运输系统（多式联运）工业性试验”项目以来，发展建立的多式联运责任制采用的也是网状责任制。

（三）修正统一责任制（Modified Uniform Liability System）

联合国国际货物多式联运公约对于多式联运经营人的责任制形式采用了“修正统一责任制”。根据这一责任形式，多式联运经营人对货损的处理，不管是否能确定造成货损的实际运输区段，都将适用本公约的规定。但是，多式联运公约又做了这样的规定：如果货物的灭失或损坏发生于多式联运的某一特定区段，而对这一区段适用的一项国际公约或强制性国家法律规定的赔偿责任限额高于本公约规定的赔偿责任限额，则多式联运经营人应按照该国际公约或强制性国家法律予以确定。

显然，该规定却又是完全的网状责任制形式。根据这一规定，一旦发生货物的灭失或损坏，多式联运经营人对货损的赔偿首先要依据所适用的法律规定来确定所适用的责任制形式。

多式联运公约中采用的这种责任形式，使国际多式联运中出现了双层赔偿责任关系，即多式联运经营人与货主（托运人）之间的赔偿责任关系，以及多式联运经营人与其分包人之间的赔偿责任关系。前者的赔偿责任关系受制于多式联运公约的规定。由于多式联运公约的强制性，这一规定中多式联运经营人不能放弃或降低赔偿责任限制，也不能将自己承担的责任转嫁货主。而对多式联运经营人与其分包人的赔偿责任，多式联运公约并未做任何规定，这在国际多式联运中极易产生纠纷。如海运方面至今采用的是“不完全过失责任制”，航空方面则采用“完全过失责任制”，而陆路运输方面无论是公路，还是铁路均采用“严格责任制”。

四、国际多式联运的优越性

国际多式联运是一种比区段运输高级的运输组织形式。20 世纪 60 年代末，美国首先试办多式联运业务，受到货主的欢迎。随后，国际多式联运在北美、欧洲和远东地区开始采用；20 世纪 80 年代，国际多式联运已逐步在发展中国家实行。目前，国际多式联运已成为一种新型的重要的国际集装箱运输方式，受到国际航运界的普遍重视。1980 年 5 月在日内瓦召开的联合国国际多式联运公约会议上产生了《联合国国际多式联运公约》。该公约将在 30 个国家批准和加入一年后生效。它的生效对以后国际多式联运的发展产生了积极的影响。

国际多式联运是今后国际运输发展的方向，这是因为，开展国际集装箱多式联运具有许多优越性，主要表现在以下几个方面。

（一）简化托运、结算及理赔手续，节省人力、物力和有关费用

在国际多式联运方式下无论货物运输距离有多远，由几种运输方式共同完成，且不论运输途中货物经过多少次转换，所有一切运输事项均由多式联运经营人负责办理。而托运人只需办理一次托运，订立一份运输合同，一次支付费用，一次保险，从而省去托运人分别同不同承运人办理托运手续的许多不便。同时，由于多式联运采用一份货运单证，统一计费，因而也可简化制单和结算手续，节省人力和物力。此外，一旦运输过程中发生货损货差，由多式联运经营人对全程运输负责，从而也可简化理赔手续，减少理赔费用。

（二）缩短货物运输时间，减少库存，降低货损货差事故，提高货运质量

在国际多式联运方式下，各个运输环节和各种运输工具之间配合密切，衔接紧凑，货物所到之处中转迅速及时，大大减少货物的在途停留时间，从而从根本上保证了货物安全、迅速、准确、及时地运抵目的地，因而也相应地降低了货物的库存量和库存成本。同时，多式联运是通过集装箱为运输单元进行直达运输，尽管货运途中须经多次转换，但由于使用专业机械装卸，且不涉及箱内货物，因而货损货差事故大为减少，从而在很大程度上提高了货物的运输质量。

（三）降低运输成本，节省各种支出

由于多式联运可实行门到门运输，因此对货主来说，在货物交由第一承运人以后即可取得货运单证，并据以结汇，从而提前了结汇时间。这不仅有利于加速货物占用资金的周转，而且可以减少利息的支出。此外，由于货物是在集装箱内进行运输的，因此从某种意义上来看，可相应地节省货物的包装、理货和保险等费用的支出。

（四）提高运输管理水平，实现运输合理化

对于区段运输而言，由于各种运输方式的经营人自为政，自成体系，因而其经营业务范围受到限制，货运量相应也有限。而一旦由不同的运输经营人共同参与多式联运，经营的范围可以大大扩展，同时可以最大限度地发挥其现有设备作用，选择最佳运输线路组织合理化运输。

（五）其他作用

从政府的角度来看，发展国际多式联运具有以下重要意义：有利于加强政府部门对整个货物运输链的监督与管理；保证本国在整个货物运输过程中获得较大的运费收入分配比例；有助于引进新的先进运输技术；减少外汇支出；改善本国基础设施的利用状况；通过国家的宏观调控与指导职能保证使用对环境破坏最小的运输方式达到保护本国生态环境的目的。

五、发展国际多式联运应具备的条件

国际多式联运涉及多种运输方式，是由多种运输方式组合而成的综合性的一体化运输。因此，开展国际多式联运应具备比单一运输方式更为先进、更为复杂的技术条件。这些条件包括以下几方面。

（一）建立国际多式联运线路与集装箱货运站

国际多式联运的线路，从理论上说，可以是从某一国的任何一地到另一国的任何一地。但事实上这是不可能的，世界上许多经营多式联运的公司通常只能是重点办好几条多式联运线路。确定建立一条多式联运线路，首先需要进行国际货物流向流量的调查，在此基础上，选择货物流量较大且较稳定的路线；其次要考虑联运线路的全程应具备适当规模的运输能力。此外，由于国际多式联运通常是以集装箱运输为主，所以联运线路需要有一定的装卸、运送集装箱的设备条件。

（二）建立国内外联运网点

国际多式联运是跨国运输，不可能仅由一国家完成，需要国内外有关单位的共同合作才能进行有效的联合运输。因此，经营国际多式联运必须根据业务的需要建立国内外业务合作网，负责办理国内外运输、交接手续。

（三）制定多式联运单一费率

采用单一费率是国际多式联运的基本特征之一，因此经营多式联运要制定一个单一的联运包干费率。由于多式联运环节多，费率又是揽取业务的关键，所以制定单一费率是一个复杂而又重要的问题，需要综合考虑各种因素，使制定的费率具有竞争性，以利于联运业务的顺利进行。国际集装箱多式联运全程运费主要由运输费用（国内外内陆段运费、海运段运费或国际铁路、航空运费）、经营管理费用以及利润等三大部分组成。该单一费率因货物的交接地点和业务项目的不同而异。

（四）制定国际多式联运单据

作为国际多式联运经营人必须具有自己的多式联运单据或提单。多式联运单据是经

营人与货主之间的运输合同的证明，它具有有价证券的性质，可以进行转让和向银行抵押贷款。

至于多式联运业务中分承运人出具的各种承运单据，如海运提单、铁路、公路、航空运单等，仅是总、分承运人之间的运输合同或其书面证明，与货主无关。因此，在填制这些单据时，“托运人”一栏应填写多式联运经营人的名称和地址，“通知人”一栏则填写该程运输终端总承运人的代理人名称和地址，“收货人”一栏一般均填“凭指示”（to Order）。

（五）建立科学的组织管理制度

要确保国际多式联运货物快速、安全的运抵目的地，必须建立科学的组织管理制度，使各部门、各环节紧密衔接，从而从组织上保证货物迅速安全运输。根据实践检验，应着重组织好以下各方面的工作：（1）保证各部门之间的工作紧密衔接。（2）建立掌握货运信息的工作制度。（3）要有一个统一的管理机构。

资料卡：我国的国际多式联运

近年来，为适用和配合我国对外贸易运输的发展需要，我国对某些国家和地区已开始采用国际多式联运方式。目前，我国已开展的国际多式联运路线主要包括我国内地经海运往返日本内地、美国内地、非洲内地、西欧内地、大洋洲内地等联运线以及经蒙古国或苏联至伊朗和往返西、北欧各国的西伯利亚大陆桥运输线。其中，西伯利亚大陆桥集装箱运输业务发展较快，目前每年维持在 10 000 标准箱左右。我国办理西伯利亚大陆桥运输主要采用铁/铁（Transrail）、铁/海（Transea）、铁/卡（Tracons）三种方式。除上述已开展的运输路线外，新的联运线路正不断发展，其中包括举世瞩目的新亚欧大陆桥（Eurasia Bridge）。

配套实训练习

思考题

1. 世界现有陆桥有哪些？路径怎样？何谓“OCP”运输条款？
2. 何谓国际多式联运？具有哪些特点？
3. 国际多式联运经营人的赔偿责任制有哪些？

参 考 文 献

1. 姚大伟. 国际贸易运输实务［M］. 北京：对外经济贸易大学出版社，2002.
2. 黎孝先. 国际贸易实务［M］. 6 版. 北京：对外经济贸易大学出版社，2016.
3. 张立玉，何康民. 国际贸易进出口实务［M］. 武汉：武汉大学出版社，2003.
4. 诸葛霖. 对外贸易实务英语读本［M］. 北京：对外经济贸易大学出版社，2000.
5. 吴百福. 国际货运风险与保险［M］. 北京：对外经济贸易大学出版社，2002.
6. 中国国际货运代理协会. 国际货运代理基础知识［M］. 北京：对外经济贸易大学出版社，2005.
7. 中国国际货运代理协会. 国际海上货运代理理论与实务［M］. 北京：对外经济贸易大学出版社，2005.
8. 中国国际货运代理协会. 国际航空货运代理理论与实务［M］. 北京：对外经济贸易大学出版社，2005.
9. 金乐闻，武素秋. 国际货运代理实务［M］. 北京：对外经济贸易大学出版社，2000.
10. 曾凡华. 集装箱运输实务［M］. 北京：机械工业出版社，2005.